国家出版基金项目
NATIONAL PUBLICATION FOUNDATION

"十三五"国家重点出版规划项目

国家出版基金资助项目

阿拉伯文化中的中国形象

现当代卷

·上·

薛庆国

——著

湖南文艺出版社
HUNAN LITERATURE AND ART PUBLISHING HOUSE

图书在版编目（CIP）数据

阿拉伯文化中的中国形象. 现当代卷. 上 / 薛庆国
著. -- 长沙：湖南文艺出版社，2022.6
ISBN 978-7-5726-0479-9

Ⅰ. ①阿… Ⅱ. ①薛… Ⅲ. ①文化交流－文化史－中
国、阿拉伯国家－现代 Ⅳ. ①K203②K371.03

中国版本图书馆CIP数据核字(2021)第250693号

本书为北京外国语大学"双一流"建设重大标志性项目——
"一带一路"中阿友好文库暨扎耶德文库的成果

阿拉伯文化中的中国形象. 现当代卷. 上

ALABO WENHUA ZHONG DE ZHONGGUO XINGXIANG. XIANDANGDAI JUAN. SHANG

著　　者：薛庆国
出 版 人：陈新文
责任编辑：耿会芬
项目策划：易　见　耿会芬
责任校对：黄　晓　刘　波
整体设计：陈　筠
内文排版：钟灿霞

出版发行：湖南文艺出版社
　　　　　（长沙市雨花区东二环一段508号 邮编：410014）
网　　址：http://www.hnwy.net
印　　刷：长沙超峰印刷有限公司
经　　销：新华书店
开　　本：880mm×1230mm 1/32
印　　张：16.5
字　　数：276千字
版　　次：2022年6月第1版
印　　次：2022年6月第1次印刷
书　　号：ISBN 978-7-5726-0479-9
定　　价：132.00元

（若有质量问题，请直接与本社出版科联系调换）

周恩来总理接见阿尔及利亚思想家马利克（1964）

叙利亚作家马鲁海（前左）和奥贝德（前右）在北大任教期
间和同事合影（20 世纪 70 年代）

伊拉克思想家阿莱维和夫人在北京寓所与同事们合影（1994）

埃及作家黑托尼访华期间与莫言交流（2007）

埃及裔思想家萨米尔·阿明在中国（2012）

叙利亚学者费拉斯与薛庆国切磋翻译
中国文化经典（2017）

叙利亚诗人阿多尼斯在黄山（2018）

阿多尼斯祝贺鲁迅文学院建立 70 年的
贺信手稿

阿卜杜勒·阿齐兹翻译的老舍剧作
《茶馆》封面

哈奈·米纳的中国题材小说
《北戴河纪事》封面

阿卜杜勒·凯里姆的缩译本　　　　　　艾敏·扎维的中国题材小说
《红楼梦》封面　　　　　　　　　　《女王》封面

阿拉伯国家书店摆放的《毛泽东选集》

米拉翻译的鲁迅作品《狂人日记》

哈赛宁翻译的莫言小说《红高粱家族》封面

张洪仪翻译的《金瓶梅》书影

前　言

　　这本研究现当代阿拉伯文化中的中国形象的著作，其假定读者是对阿拉伯文化并无太多知识储备的一般读者和研究人员。因此，在进入这一跨文化的主题之前，有必要放远视线，先了解一下中国和阿拉伯两个民族相似、相近或不同的历史境遇和文明特色，以及中阿两大文明在历史上相遇、相识、互动、对话的主要过程、形式和节点。因为这样的知识背景，有助于我们理解阿拉伯文化中的中国形象之特色及其形成的原因。

一

　　在世界文明的版图中，中华文明和阿拉伯文明[1]都占有极

1　文明就其本质而言就是文化。我国学者李慎之认为：亨廷顿在研究世界主要文明时，把"文明"定义为"文化的实体"，在行文中常把文明与文化混用，这其实并无不妥。张申府先生在《文明与文化》一文中，也曾详论两者实无区别。本文中对文明、文化的表述，有时不作刻意区分，亦取此意。

为重要的地位，都属于卡尔·雅斯贝尔斯所称的"轴心文明"。中华文明和阿拉伯文明的交流和对话，有着深厚的历史基础，也产生过深远的影响和启示。不同文明之间有效对话的基础，是对相关文明的特色有起码的认知；而对话，不仅有助于不同文明的成员更好地了解他者，而且有利于他们借助他者之镜，更好地认识自身。中国和阿拉伯世界相距遥远，各自生活环境和生存条件也不相同，在不同时空形成的两大文明必然具有许多差异性。同时，两大文明还具有诸多共性或相似性，这源于人类在生理特征、生存经验、认知结构上的一致性和共通性，以及同为古老的东方文明所共有的若干特性，还源于相似的历史遭遇和忧患磨难，以及源远流长的交往经历。可以说，中阿两大文明间的共性大于差异，这些共性构成了双方从古至今一直友好相处、心心相印的精神基础。中阿两大文明之间主要有以下共性，但这些共性并不意味着完全等同，相反，共性之中也隐含了某些差异。

第一，中阿文明都是历史悠久、内涵丰富、成就辉煌、影响深远的伟大文明。

古代中国社会在四五千年前便已步入文明的门槛，并呈现出多元发展的轨迹。在广袤的中国大地上，除了在黄河流域出现的较为成熟的中原文化外，还出现过多个特色鲜明的文化圈。中国的语言文字、文学艺术、科学发明、生活方式、道德礼仪，特别是以儒家和道家思想为主干的思想学说，构成了一脉相传、未曾中断的中华文明的主体。在人类文明的版图上，中华文明一直是为数不多、被人仰慕的高峰之一。千百年来，这一伟大文明不仅塑造了中华民族无数个体的文化特征和精神气质，而且深刻影响了广大的周边地区，成为亚洲的主导性文明之一，还对整个人类文明产生了不可磨灭的影响。

阿拉伯文明同样源远流长。早在公元前13世纪，阿拉伯半岛西南部的也门一带就出现了氏族社会和国家，建于公元前7世纪的马里卜水坝，表明当时该地区已经出现了高度文明。阿拉伯文明还在不同程度上受到历史更为悠久的尼罗河文明、两河流域文明、迦南—腓尼基文明等古文明的影响。公元7世纪，伊斯兰教兴起，并迅速成为阿拉伯文明的主导性元素。此后，阿拉伯人走出半岛，为了传教而远征拓疆，不仅将宗教传播到亚洲、非洲、欧洲的辽阔区域，还与被征服地的人民一起，创造了灿烂辉煌、丰富多元的阿拉伯伊斯兰文明，其成就不仅体现在宗教、哲学、历史、地理、文学、艺术等人文社会科学方面，而且也体现在医学、数学、天文学、化学、物理学、建筑学等自然科学领域。中世纪的大马士革、巴格达、开罗、科尔多瓦等阿拉伯文化的中心城市，和中国的长安、洛阳、开封、杭州等名城遥相辉映，成为中世纪人类文明夜空中最为明亮的灯塔。

第二，中阿两大文明都是统一文化。文化的统一性体现为整体性而非单一性，体现为出于多元而又凝为一体的深厚底蕴。

自秦、汉开始，中国就形成了统一的国家和文化体系。中华文明虽以汉族文化为主体，但也包括各少数民族的文化。在漫长的历史发展进程中，虽然也出现过暂时的动乱和分裂，但统一的政权和社会一直是中国历史的主流。中国政治与社会的统一是和文化的统一相辅相成的。统一的政治与社会促进了统一文化的发展，统一文化的发展又巩固了政治与社会的统一。在中国社会发展的进程中，统一文化始终是塑造各民族对国家的认同感、保持族群和谐的决定性因素。在人类文明史上，中国是唯一的国度，能在一个幅员辽阔、人口众多的国家内，保持政治、社会和文化的长期统一。

阿拉伯文明也是统一文化，这是由其文化的宗教性质决定的。阿拉伯民族的所有成员使用同一种语言——阿拉伯语，绝大多数人信仰同一门宗教——伊斯兰教，这构成了阿拉伯统一文化的主要特征。尽管从古至今，阿拉伯民族在政治上常常处于整合和分离的动态之中，但共同的宗教信仰、语言文化和历史传承，一直凝聚着阿拉伯人的思想感情和价值观念。"从历史上来说，阿拉伯国家处于'分裂'状态的时间要长于'统一'的状态，但是永远是'分'而不'裂'，就是因为宗教、语言等文化因素又把它们联系在一起。"[1]

　　第三，中国文明与阿拉伯文明都有很强的包容性、适应能力和同化能力，这一特性都极大地丰富了两大文明的内涵。

　　公元前 2 世纪开始出现的丝绸之路，成为中国与外部世界交流沟通、互学互鉴的重要通道。中华文明在漫长的演进过程中，总体上呈现出开放、包容的胸怀，到了大唐盛世，更展示出海纳百川、兼收并蓄的宏大气魄。佛教、基督教、伊斯兰教、祆教、摩尼教等外来宗教纷纷传入中国，统治者对外来宗教的包容态度，体现了中国文化自身的开放性。唐太宗在贞观十二年（638 年）曾为景教（基督教的聂斯托利派）下了一道诏书，其中有"道无常名，圣无常体，随方设教，密济众生"一段话，表明他相当开明、开放的文化观念：外来的文化，只要有利于

1　李振中：《中国文化与阿拉伯文化》，载 2014 年第 3 期《西北民族研究》，第 111 页。

民生福祉、人伦风化，就是与"道"一致的，应该得到容纳。恰是这种对外来文化的包容性和开放性，使得盛唐呈现出深受后世称道、广为外族艳羡的蓬勃朝气和繁荣景象。中国对外来思想和文化的吸收，不仅体现出很强的包容性，还表现出强大的同化力。在元朝和清朝，异族驱入中原、君临中国的过程，也是他们自身汉化的过程。元朝和清朝不仅大体上继承了原先的政治制度，而且都把孔子奉为先师，把儒家思想尊崇为主流的意识形态。

　　同样，阿拉伯文明也具有很强的包容性。伊斯兰教的最高宗教经典《古兰经》，就包含了极其丰富的文化内涵。《圣经》新、旧约中的许多传说，近东一代流传已久的神话、寓言，在《古兰经》中都以一种简洁明快的风格被叙述、加工。因此，伊斯兰教是对古代中近东一带文化成果、宗教遗产的认可、总结与融会。伊斯兰教兴起后，阿拉伯人开拓疆域、建立庞大帝国的过程，也是阿拉伯人接触、吸收、消化、发展被征服民族文化的过程。可以说，阿拉伯伊斯兰文明的成形和繁荣，是古代东西方诸多文明撞击、融合的结果。阿拔斯王朝前期以巴格达为中心的将希腊、波斯和印度典籍译成阿拉伯文的"百年翻译运动"，以及安达卢西亚时期以托莱多为中心的将阿拉伯文译成拉丁文的翻译运动，对于东西方文明的传承、交融与进步功不可没。通过翻译等形式的文明交流，古代欧洲、波斯、印度乃至中国的文明成果被阿拉伯文明吸纳，阿拉伯文明又反哺了中世纪的欧洲，对于欧洲走出中世纪、迎来文艺复兴起到重要作用。

和中华文明一样，阿拉伯文明也具有很强的渗透和同化能力。伊斯兰教兴起后拓疆时期阿拉伯大军所到之处，不仅意味着军事和政治上的征服，而且意味着阿拉伯伊斯兰文化在当地的扎根、生长和传播。

第四，两大文明的演变呈现出相似的历史轨迹：都经历过由盛转衰的过程，都受到西方殖民主义的侵略，近代以来都为实现文明的复兴而苦苦求索。

明清以降，经历了漫长兴盛期和稳定期的中华文明逐渐失去了革新、进步的动力，中国传统文化和政治中与现代性抵牾的某些消极面日益凸显，统治者对于工业革命在世界范围内引发的历史性大变动、大转折无动于衷，甚至采取错误的闭关锁国政策。在此背景下，中国逐渐沦为时代的落伍者。于是，从鸦片战争开始，中国闭锁的门户被西方的坚船利炮打开，曾经显赫一时的东方大国，迅速坠入落后挨打的境地。与此同时，从天朝旧梦中幡然惊醒的中国人，为文化的赓续、革新与复兴，为民族的独立、自由与富强，付出了艰苦卓绝、前仆后继的努力。新中国成立后，尤其是改革开放以来，中国的面貌焕然一新，成就举世瞩目。但要实现中华民族伟大复兴的梦想，仍然需要一代代中国人前赴后继地不断努力。

阿拉伯文明从阿拔斯王朝后期就步入了颇为漫长的式微期。统一的哈里发政权逐渐名存实亡，诸王割据独立。1096年，罗马教廷发起了持续近200年的"十字军东征"，削弱了阿拉伯伊斯兰世界的力量。1258年，蒙古人攻陷巴格达，以极为血腥的方式终结了阿拔斯王朝政权。与此同时，阿拉伯人又被欧洲人逐出安达卢西亚。至此，曾经盛极一时的阿拉伯帝国陷入四面楚歌的境地。在随后的马穆鲁克王朝和奥斯曼帝国时期，阿拉伯人处于异族统治之下，其文明日益衰落。1798年，拿破仑入侵埃及，揭开了阿拉伯近代史的大幕。阿拉伯大众的民族独立意识被唤醒，政治和文化精英对本族文化和西方先进文化之间的巨大鸿沟有了体认，立志通过变革实现古老文明的复兴。从近现代直至当代，无数阿拉伯仁人志士都在艰难困苦中探索着文明复兴的道路。站在21世纪的今天回首历史，尽管当今的阿拉伯民族也取得若干成就，少数阿拉伯国家的经济发展水平甚至跻身世界前列，但一个令人无奈的事实是：一个多世纪以前阿拉伯复兴运动的先驱者所预言、企盼、孜孜以求的现代复兴，却没有在完整意义上成为现实；今天，阿拉伯的大地仍然被战火炙烤；恐怖主义这一当今人类之患，仍然困扰着阿拉伯世界；人类现代史上历时最久的冲突——巴以冲突的最终解决，似乎依然遥遥无期；多数阿拉伯国家仍未摆脱贫困、落后和专制的重压。

第五，自近代开始，中阿两大文明都遭遇了西方文明的激烈冲击，经历了传统与西化紧张而复杂的互动。与西方的互动，对两大文明的未来走向都产生了至为重要的影响。

1840 年鸦片战争的炮声震惊世界。对于中国，这场战争是一个分水岭，标志着文明古国在外敌逼迫下迈入近代的第一步。鸦片战争及之后西方列强对中国的殖民侵略，让中国人饱尝丧权辱国之痛，也暴露了思想观念依然停留在中世纪的中国与近代西方的全方位差距，并唤起了先进中国人改革旧物的意识和"开眼看世界"的渴求。"从一定意义上说，一部中国近代文化史，就是一部传统文化和西方文化冲突交会的历史，就是传统文化在西方近代文化的冲击和影响下向近代文化过渡转变的历史，也就是传统与西化相斥相纳的历史。"[1] 与西方罪恶的殖民主义和帝国主义作抗争，向西方先进的思想文化及科学技术学习，并行不悖地构成中国近现代历史的主旋律。经过山重水复、峰回路转的艰难摸索，最终，由西方传来的社会主义思想，被"五四"前后中华民族的出类拔萃之辈接受，这一有着深刻的社会原因与历史必然性的事实，为中国的前途命运带来一次历史性转机。

在历史长河中，阿拉伯伊斯兰文明与西方文明既有过惠及双方的交流与融合，也曾发生过漫长的冲突与对抗。在十字架与新月数个世纪的复杂互动中，伊斯兰世界起初占据上风，将基督教罗马帝国控制的许多疆域纳入版图。中世纪，基督教西方在罗马教廷的组织下发动"十字军东征"，予以反击。文艺复兴和工业革命后，西方在同阿拉伯伊斯兰世界的对峙中逐渐取得压倒性优势。从拿破仑入侵埃及起，西方掀起了新一轮征服伊斯兰东方的狂潮。欧洲的殖民和入侵冲击了阿拉伯人及穆斯林的思想与文化，其中的有识之士开始意识到传统文化之不足，倡导学习西方，改革图新。正如中世纪的阿拉伯伊斯兰文

---

1 陈旭麓：《近代中国社会的新陈代谢》，北京：中国人民大学出版社，2012年，第 381 页。

化曾经影响、启迪了西方，近现代的西方变成了阿拉伯人和穆斯林学习、效仿的导师和楷模。自 19 世纪初阿拉伯复兴运动肇始以至当代，以西方为师，一直是阿拉伯知识精英的主流认知。及至二战以后，阿拉伯伊斯兰各国在民族解放运动的推动下纷纷独立，民族主义思想逐渐盛行。20 世纪中叶起中东地区经历的重大事件，如巴勒斯坦的沦陷，阿拉伯人在几次中东战争中的失败，海湾战争的爆发，"9·11"事件及随后反恐战争的扩大化，"阿拉伯之春"沦为"阿拉伯之冬"……种种事端，使得阿拉伯伊斯兰世界与插手其事务、觊觎其利益的西方之间，矛盾乃至敌意不断加深。亨廷顿的"文明冲突"之说似乎不断得到印证。另一方面，以美国为首的西方又继续在阿拉伯世界实行 21 世纪的"分而治之"策略，不断分化阿拉伯和伊斯兰世界的内部，利用其矛盾实现自己的战略图谋。

第六，作为具有代表性的东方文明，中阿两大文明共有一些相近、相似的价值观。

中华民族在漫长的历史演进过程中，形成了自己的民族性格和民族精神。自强不息、厚德载物、居安思危、乐天知足、追求和谐、讲究中庸、注重群体、崇尚礼仪，等等，构成了中华文明的若干基本特征。就中国文化，尤其是儒家文化的主要价值取向，杜维明先生认为："作为精神性人文主义的儒家，提出了每一个有良知理性的知识人都必须关注的四大议题：一、个人的身体、心知、灵觉与神明如何融会贯通；二、人与人之间如何通过家庭、社会、国家和世界形成健康的互动；三、人类和自然如何取得持久的和谐；四、人心与天道如何相辅相成。"[1] 他还高度肯定中国伦理文化中"五常"（仁、义、礼、智、信）的当代价值："仁就是我们今天讲的同情与慈悲；义就是公正、公平；礼就是人与人沟通的最基本的文明礼貌；还有智慧和诚信。这些不仅是儒家价值也是亚洲价值，而且是扎根在儒家，扎根在亚洲。"[2]

作为一门世界性的伟大宗教，伊斯兰教倡导仁慈、宽容、和平、平等、正义等崇高价值，鼓励求知，注重道德，追求"两世吉庆"。在阿拉伯伊斯兰世界颇有影响的一位宗教学者曾对伊斯兰教的精髓有过一段概括，这与杜维明先生阐述的儒家价值取向颇为契合："我们信奉并倡导的宗教，在发扬理性与继承遗产之间调和；它从过去获得启示，而又正视现在，瞻望未来；它兼顾精神与物质、个人与集体、今生与来世、理想与现实、

---

1 杜维明：《儒家人文精神的普世价值》，载2014年第8期《人民论坛》，第77页。
2 杜维明：《中国传统文化的当代价值》，载2011年第3期《江海学刊》，第6页。

权利与义务；它号召人们之间以兄弟相待，主张与他人对话，以宽容对待异己；它视协商与公正为决断的基础，主张全社会和睦相处、人人平等。"[1]

中国文化与阿拉伯文化还有不少相同或相似之处，如我国学者丁俊认为："中华传统文化倡导不狂不狷的'中庸之道'，强调'敬天法祖'，追求'天人合一''和而不同'的和谐之境；伊斯兰文化倡导敬主爱人，强调守正不偏，追求人与造物主、人与人、人与社会以及人与自然的中正和谐。"[2]对于儒家思想与伊斯兰教的共通之处，明末清初时期许多回族学者曾有过深入而精当的论述。

第七，不容讳言，作为典型的东方传统文化，中国和阿拉伯文化还具有某些相似的弊端和陋习。

近代，曾有过辉煌历史的中国和阿拉伯世界都沦落到积贫积弱、受人宰割的境地。在沉痛现实的刺激下，一批接受了西方近代思想洗礼的中国和阿拉伯知识精英，在观察自己身处的古老东方的社会与文化时，视野显得异常开阔，眼光也分外冷

---

1 优素福·盖达维：半岛电视台《教法与生活》2002 年 1 月 20 日专题：《伊斯兰与现代及后现代》。
2 丁俊：《"中庸之道"与"真忠之道"——中华文化与伊斯兰文化中的和谐之道》，载 2014 年第 1 期《西北民族研究》，第 155 页。

峻。他们对本民族的落后状态有切身感受，并且尝试探索其症结之所在。纵览中国和阿拉伯近现代有代表性的思想和文学作品，我们发现其中呈现的中国与阿拉伯两大东方民族的传统文化，存在着一些颇为相似的弊端。如：两者都具有膜拜权威、压抑个性的专制主义倾向；都具有尊古贬新、保守封闭、自大排外的痼弊；都包含着某些反科学、反理性的迷信、玄学与宿命成分；等等。作为对本民族传统文化的反思与批判，中国和阿拉伯世界在 19 与 20 世纪之交及 20 世纪前叶都出现了启蒙主义思想。但这样的思想启蒙，并没有、也不可能毕其功于一役，中国与阿拉伯文化的进步，依然任重道远。

此外，中国文化中的禅宗，与伊斯兰文化中的苏非神秘主义也有异曲同工之妙。两者都强调感悟和神通，注重认知过程中的非理性和神秘性因素，都倡导摆脱繁文缛节的束缚，追求精神价值和个性自由。

中华文明与阿拉伯文明，既有上述相似之处，但作为不同地域、环境和历史的产物，中阿两大文明又有着一些各不相同的特色。主要体现为中华文明是农耕文明，阿拉伯文明主要是游牧文明；中华文明本质上是世俗文明，阿拉伯文明主要是宗教文明。因篇幅所限，在此不再详述。

二

中阿两大文明的交往历史可远溯至两千多年以前。《汉书·张骞传》提及的西汉遣使条支（即阿拉伯），是中国古籍关于中阿交往的最早记载。阿拉伯伊斯兰文化传入中国，最早可追溯至唐朝。据《旧唐书》记载，唐高宗永徽二年（651 年），阿拉伯帝国第三任哈里发奥斯曼曾遣使中国。而在民间，阿拉伯和波斯的商队通过古丝绸之路络绎来华，其中不少人留居各地，并世代繁衍。宋辽时期，中阿友好交往继续发展。及至元朝，伴随蒙古大军征服中国，阿拉伯等地穆斯林大量来华，形成"元时回回遍天下"的状况，伊斯兰教在中国呈现繁荣景象。在明朝，中阿交往经历了由盛而衰的变化。清代开国不久，朝廷即厉行海禁，将"宁可求全关不开"作为国策，中国与阿拉伯等外部世界的往来大为减少。总体而言，中阿两大文明在历史上的互动，体现出交往频繁、友好相待、互利互惠的特点。以下择取两大文明古今交流过程中具有代表意义的若干呈现方式和节点，作一简要回顾。

1. 中阿古籍中关于对方的记述

在中国古籍中，唐代杜环的《经行记》、宋代周去非的《岭外代答》与赵汝适的《诸蕃志》、元代汪大渊的《岛夷志略》、明代郑和下西洋的随行人员马欢、费信和巩珍分别撰写的《瀛涯胜览》《星槎胜览》《西洋番国志》等著作，都或多或少记载了作者们所闻所见的阿拉伯伊斯兰世界的风土人情与习俗文化。北宋朱彧的《萍洲可谈》、南宋岳珂的《桯史》、郑所南的《心史》则涉及了在华穆斯林侨民的生活情况。这些古籍对阿拉伯伊斯兰社会（及其在华侨民）的描述，总体上客观正面，而且与实情大致吻合，具有很高的史料价值。

在阿拉伯古籍中，关于中国的记述十分丰富，在数量上远超过中国古籍对阿拉伯情况的记载。这其中既有曾经游历中国的阿拉伯商人苏莱曼、旅行家伊本·白图泰等人确凿可信的见闻，也充斥着大量知识与想象、真实与虚构相混杂的文字。在阿拉伯古籍中呈现的中国形象，总体上是正面、美好的，而且具有一贯性和延续性，几乎形成了一种关于中国的文化程式。阿拉伯古籍中的中国形象，对当时及后世阿拉伯人民如何看待中国，产生了重要的积极影响。

中国和阿拉伯古籍中关于对方的记述，都有一个共同的特点，即用本民族的文化概念对不熟悉的异族文化概念作比附性描述，或将其套用于对方。中国古籍中常用佛教术语表达伊斯兰教的礼俗，如杜环把阿訇每周五在清真寺讲坛上的宣教（卧尔兹），称为"登高座为众说法"，郑所南把每天5次召唤穆斯林做礼拜的宣礼，记述为"登楼上，大声叫佛不绝"[1]……阿拉伯古籍也有用伊斯兰教观念比附中国习俗的情况，如商人苏莱曼写道："中国人崇拜偶像，他们在偶像前做祷告，对偶像毕恭毕敬。"[2] 史学家伊本·奈迪木在传述他与一位景教徒的对话中写道："中国人崇拜偶像，并非针对偶像本身，而是视其为接近真主的一种方式。"[3]

中国和阿拉伯古籍中对对方的记述，虽然都仅止于对风土人情的表面描述，而很少深入探究对方人民的精神世界，但也为中阿文明日后的深入对话做了必要的知识铺垫。

2. 明末清初的"以儒诠经"活动

明末清初之际，以王岱舆、马注、刘智、马德新等人为代表的杰出穆斯林学者，为了宣扬伊斯兰教教义，消除教内外对宗教的误解和隔阂，开展了成果丰硕、影响深远的"以儒诠经"

1　转引自高占福：《从外来侨民到本土国民》，载2013年第1期《世界宗教研究》，第165页。

2　苏莱曼：《中国印度见闻录》，穆根来、汶江、黄倬汉译，北京：中华书局，1983年，第23页。

3　舍姆斯丁·基拉尼：《阿拉伯文化视野中的中国》，阿曼《宽容》杂志电子版，2007年总第19期，见 http://tasamoh.om/index.php/nums/view/23/448。

活动。其核心是用中国文化和哲学，尤其是儒家学说的话语传统和学术范畴，译介伊斯兰教经典，阐释其微言大义。这种对伊斯兰教进行本土化实践的文化探索，不仅仅"以中土之汉文，展天方之奥义"，而且有许多创新立异、精彩发挥之处，留下了诸多关于"伊儒相通"的重要论述。如："吾教大者在钦崇天道，而忠信孝友略与儒者同。"（王岱舆《正教真诠》）"虽载在天方之经，而不异乎儒者之典；遵习天方之礼，即犹遵习先圣先王之教也。圣人之教，东西同，今古一。"（刘智：《天方性理·自序》）"西域圣人之道同于中国圣人之道，其立说本于正，知天地化生之理，通幽明死生之说，纲常伦理，食息起居，罔不有道。"（马注《清真指南》）尤为重要的是，"回儒"进一步提出了"二元忠诚"的社会道德伦理观——"忠主忠君"，从而"实现了伊斯兰教在中国从'一元忠诚'到'二元忠诚'的变革，迈出了'会通儒学'以进一步适应中国社会的最大一步"。[1]

　　鉴于参与诠经著译活动的"回儒"学者具有双重文化身份，即同时是阿拉伯伊斯兰文化和中国传统文化这两大文化的承继者、阐释者和沟通者，这场"以儒诠经"活动，是中国文化与

1　金刚：《"回儒"与"西儒"之比较》，载 2007 年第 3 期《孔子研究》，第 106 页。

阿拉伯伊斯兰文化成功的交流与互动，既创立了中国伊斯兰教的哲学体系，也丰富了世界伊斯兰思想的体系和中华文明的内涵，并成为伊斯兰教中国化成功的早期实践，对中国伊斯兰教的未来发展也富有启示意义。

3. 新中国成立后阿拉伯世界逐渐升温的"中国热"

近代以来至 1949 年新中国成立之前，阿拉伯人和中国人眼中关注的"他者"，主要是与各自命运休戚相关的西方发达国家，因此，阿拉伯知识精英笔下只有关于中国的零星记述。新中国成立后，随着 20 世纪 50 年代后半叶中阿外交关系的开启，阿拉伯世界对中国的关注开始增多。中国实行改革开放以后，特别是进入新世纪以来，由于中国的各方面建设取得举世瞩目的成就，综合国力和国际地位得以迅速提升，阿拉伯各国普遍出现了"向东看"的趋势，官方和民间的"中国热"逐渐升温。在这一背景下，中阿双方的人员往来也日益增多。进入新世纪以来的短短 20 年间，许多阿拉伯文化名流应中国的政府部门、文化团体、新闻媒体、学术机构之邀，前来中国各地作参观访问、学术交流乃至旅游观光，中阿文化交往出现了前所未有的繁荣景象。一大批当代阿拉伯世界的一流作家和知识分子，都曾到访中国。其中不少人在华期间，与中国文化界有过深度交流，大多数人回国后还通过写作和媒体访谈等形式，表达了他们到访新世纪中国的印象和感受。

与此同时，阿拉伯媒体对中国的关注也日益增多，很多主流媒体都推出了有关中国话题的专题访谈和深度报道，中国的内政外交和社会文化，经常成为阿拉伯民众热议的焦点。中国题材的各类学术著作、通俗读物也大量推出，阿拉伯诗人、作家笔下还出现了中国题材的文学作品。阿拉伯世界各类媒体、图书涉及中国的报道与写作，视角丰富，观点多元，总体上对中国持友善、理解的立场，有助于阿拉伯民众客观了解中国；但其中也有一些人云亦云、受西方话语影响、怀有意识形态的先入之见的不实、偏颇的声音。新世纪以来，汉语教学也在多个阿拉伯国家得到快速发展，掌握汉语、了解中国文化和国情的阿拉伯汉学家也开始脱颖而出，他们为在阿拉伯民众中传播中国语言和文化做出了重要贡献。

4. 官方与学界主导的中阿文明对话

2004 年，中国和阿拉伯国家共同宣布成立"中国与阿拉伯国家合作论坛"，标志中阿双方的友好合作关系在新世纪迈上新的台阶。在中阿合作论坛框架内，建立了每两年举行一次"中阿关系暨中阿文明对话研讨会"的机制。自 2005 年迄今，已分别在阿拉伯国家和中国多地举行了 9 次"中阿关系暨中阿文明对话研讨会"。来自中国和阿拉伯世界的专家、学者和友好人士，就中阿关系和中阿文明交往的历史与现状等广泛议题，进行了深入的研讨。由中国和阿拉伯各国政府及阿拉伯国家联盟共同组织的这一研讨会，虽然具有官方色彩，但也因其议题集中而广泛、参与人数众多，而得到中阿双方舆论界和学术界的关注和重视，为全方位发展中阿双边关系做出了文化和学术层面的贡献。

21 世纪初，针对亨廷顿提出的"文明冲突"理论，在国际冲突趋于频繁和激烈的形势下，杜维明、孔汉思、侯赛因·纳斯尔等世界著名学者，积极倡导不同文明的对话、沟通与理解，发起了由哈佛大学－燕京学社和中国有关学术机构联合举办的文明对话国际学术研讨会。国际儒学联合会和中国与阿拉伯国家的部分高校也举办了一些主题和形式多样的中阿国际学术研讨会。在这些范围广泛的对话研讨中，中华文明和阿拉伯伊斯兰文明之间的对话占有十分重要的分量，也取得了丰硕的学术成果。国内外多学科、多领域的学者，探讨了阿拉伯伊斯兰文明与中华文明互动的历史、现实与前景，两大文化的对比、互鉴与融会等众多议题。这些对话及其产出的学术成果，在中阿学术界、文化界引起了不小反响，对于推动中国文化与阿拉伯伊斯兰文化的沟通与理解起到了促进作用。

5. 中阿文学、文化经典作品的互译

文学、文化等经典作品的译介，无疑是文明对话最重要的前提和手段之一。阿拉伯经典作品第一次译成中文，可以追溯到 1899 年。当时，中国穆斯林学者马德新将中古时期埃及诗人薄绥里的宗教诗《衮衣颂》译成中文出版，这也是近代中国最早译介的外国文学作品之一。此后，现代中国的文化名人周作人、茅盾、冰心、刘半农等人都从外文转译过阿拉伯文学、学术著作中的片段或整部作品，为中国人民接触阿拉伯文化与文学做出过贡献。阿拉伯文学作品的翻译，在新中国成立后依然势头不减，虽然在"文革"期间有所停顿，但在改革开放后，迅速迎来了前所未有的高潮。迄今为止，译成汉语的阿拉伯文化、文学经典作品已达数百种，其中大多数译作都于最近 30 多年完成。阿拉伯民间文学巨著《一千零一夜》显示出经久不衰的魅力；现当代阿拉伯世界的杰出作家与诗人纪伯伦、马哈福兹、阿多尼斯、达尔维什等人的作品，也受到中国文化界乃至普通读者的好评和喜爱；阿拉伯古今学术名著《历史绪论》《黄金草原》《伊本·白图泰游记》《阿拉伯伊斯兰文化史》

等作品的译介，也引起学界高度关注。总之，对于爱好文学与学术、喜爱读书的中国读者来说，阿拉伯世界并不陌生，阿拉伯人民有血有肉、亲切真实地存在于他们的阅读记忆中。

正如阿拉伯的作品深受中国读者，乃至中国文化名人的厚爱，越来越多的阿拉伯读者和知识精英也认识到中国文学、文化作品的独特价值。努埃曼、迈卡维、阿莱维、萨迪、阿多尼斯、黑托尼等著名阿拉伯文学家、思想家，都对中国文化表示出浓厚兴趣，积极鼓励、推动中国文化在阿拉伯世界的传播，甚至亲自从事中国文化、文学作品的翻译。迄今为止，译成阿拉伯语的中国文化、文学作品也有数百部。得益于阿拉伯汉学家、中国的阿拉伯语翻译家、在华工作的阿拉伯专家，以及一些爱好中国文化的阿拉伯人士的努力，诸子百家的学说，李白和杜甫的诗篇，中国古代小说的四大经典，毛泽东的思想和诗作，鲁迅、老舍、巴金、王蒙、霍达、莫言、余华等现当代作家的小说，都引起了阿拉伯读者越来越多的兴趣和关注。

三

本书对现当代阿拉伯文化中的中国形象研究，正是在上述

历史、文化和现实的背景下开展的。全书由上、下卷构成。上
卷是对现当代阿拉伯文化中中国形象的研究——描述、解读、
分析和阐释；下卷则收入了现当代阿拉伯文化名流、知识精英
笔下关于中国和中国文化的各类作品（部分作品为节选），其
中不少内容都是首次公之于中外学界，也是首次译成中文，具
有较高的文献价值。

　　上卷是本书的主体，分为上篇和下篇两部分。上篇分别探
讨了阿拉伯作家笔下现当代三个时间段的中国形象，即1840—
1948年的近代中国，1949—1999年的现代中国，新世纪以来
的当代中国。在对中国形象作描述性呈现的同时，还力图揭示
这一形象的特点、形成原因和启迪意义。上篇研究依据的文本，
主要是在阿拉伯文化界有重要影响力的著名作家、学者、报人
关于中国文化、社会、历史、现实的书写，包括小说、散文、
诗歌、游记、随感、文化评论、人物传记、访谈录等题材作品，
一般不涉及同时期阿拉伯政治学者、经济学家、一般媒体人士
发表的相关领域的学术著作、论文和文章。下篇主要探讨现当
代阿拉伯文化中呈现的中国文化形象，特别是中国文化的古今
经典作品在现当代阿拉伯的译介、传播及其产生的影响；涉及
中国思想在阿拉伯传播的总体情况，并分别对老子《道德经》

和毛泽东著作这两个典型案例，做了较为深入的译介、传播和影响研究；还涉及中国文学在阿拉伯的接受概况，并对鲁迅作品在阿拉伯的译介和影响做了深度的个案研究。下篇涉及的文本，主要有中国文化、文学经典作品的各种译本，译者撰写的具有学术价值的前言、序言等文字，阿拉伯作家、学者关于中国文化的研究、评述类作品，以及作家们受中国经典影响或启发而创作的文学作品。

本书依据十分翔实、得之不易的第一手中外文资料，对阿拉伯现当代作家和知识精英关于中国题材的书写、阿拉伯汉学家及翻译家对中国经典的翻译和研究成果，做了全面、系统的搜集、整理和研究，从中归纳出阿拉伯现当代文化中的中国和中国文化形象。其中涉及的许多文本、人物和事件，尽管十分重要，但并不为国内外学术界熟知，因而本书对此的梳理和呈现显得弥足珍贵。但本书并不满足于仅仅呈现、描述中国形象，还一直在行文过程中试图回答以下一系列问题：现当代阿拉伯知识界投射中国的目光，受到哪些因素的影响或制约？阿拉伯现当代文化中的中国形象，究竟是怎样生成的？较之古代阿拉伯文化中的中国形象，以及其他文化中的中国形象，这一形象具有哪些特点？在不同的阿拉伯国家和不同的年代呈现的中国形象，是否具有某种同一性？又体现出怎样的多样性？它和中国的真实形象之间，在多大程度上是吻合的，或是偏离的？这一形象和历史、政治、权力、国际关系、意识形态、经济贸易等因素之间有哪些错综复杂的关系？它在言说中国这一"他者"的同时，又在多大程度上言说了阿拉伯的"自我"？一些杰出的个体（作家、学者、译者等）在这一形象的塑造中起了怎样的重要作用？中国形象对于现当代阿拉伯的意义何在？中国在阿拉伯的形象对于当下中国的意义又何在？一个更现实也更重要的问题是，本研究对于在阿拉伯世界更好地呈现中国形象、传播中国文化有何启示？

由于种种主观、客观的原因，本书对现当代阿拉伯文化中的中国形象的呈现和研究，对上述一系列问题的思考与回答，一定还存在诸多不足。在研究中阿文化、文学关系和对阿传播中国的学术事业中，本书只是完成了一项奠基性的工作，希望学界同行在将来不断拓展、深化相关领域的研究，并期待读者和同仁不吝赐教。

薛庆国

2022 年 6 月于北京

目录
Contents

上篇

第一章

| 阿拉伯作家笔下的近代中国（1840—1948）

第二章

| 阿拉伯作家笔下的现代中国（1949—1999）

下篇

第四章

| 中国古代思想在阿拉伯

第五章

|《道德经》在阿拉伯的译介和影响

第八章

| 鲁迅作品在阿拉伯

上篇

第一章
阿拉伯作家笔下的近代中国
（1840—1948）

中国近代史始于 1840 年第一次鸦片战争，止于 1949 年中华人民共和国成立。一百多年的中国近代史，是一部中国沦为半殖民地和半封建社会的苦难史，也是一部中华民族抵抗外来侵略、实现民族解放和追求国家富强的抗争史。在阿拉伯世界，以 1798 年拿破仑入侵埃及为标志，阿拉伯世界也开始进入近代。近代阿拉伯与近代中国走过了一段颇为相似的历程；一部阿拉伯近代历史，既是西方殖民主义对阿拉伯世界进行军事侵略、政治统治、经济掠夺和文化渗透的历史，也是阿拉伯各国人民反抗帝国主义与殖民主义，为争取民族独立、解放而斗争的历史。

在近代之前，由古代海陆两条丝绸之路连接的中国和阿拉伯世界的友好交往已经盛景不再。明清以降，中国实行闭关锁国的政策，自 16 世纪中叶后，中国商船已几乎从马六甲海峡以西绝迹，维系中阿之间商贸往来的海上丝绸之路已告中断。在近代，中国与阿拉伯世界共同遭受西方殖民主义和帝国主义的侵略，均面临救亡图存的严峻考验。"师夷长技以制夷"，通过认识、学习西方，最终达到摆脱西方殖民乃至抗衡西方的目的，成为中国和阿拉伯世界许多仁人志士不约而同的选择。因此，近代中国和阿拉伯眼中关注的"他者"，就主要是与各自命运休戚相关的西方发达国家。中国与阿拉伯世界两大东方民族之间，近代只有零星的人员交往和商贸往来。在这一背景下，近代阿拉伯各类作品中对于中国的记述，和近代中国文献对于阿拉伯的记载一样，都十分稀少。可以说，近代中阿关系是中阿关系的历史长河中一个特殊而薄弱的时期。

然而，一个庞大、古老、曾经对人类做出巨大贡献的中国，一个在世界文明版图上占据独特而重要地位的文明，是不可能彻底消隐于阿拉伯近代知识精英的视野之外的。实际上，近代阿拉伯部分文学家、思想家、学者，也曾在其作品中或多或少地涉及中国。呈现在他们笔下的近代中国是什么形象？这是中国和阿拉伯学术界均涉猎不多的一个领域。但是，对这一领域作一探究极有意义，因为它或许会解答这样一些发人深省的问题：较之于文明昌盛的古代中国和逐渐强大、全面崛起的现当代中国，一个积贫积弱、灾难深重同时又不屈不挠、救亡图存的近代中国，是以怎样的形象呈现于阿拉伯人视野的？阿拉伯古人对中国怀有的良好印象，在多大程度上继续对近代阿拉伯人的中国认知产生影响？在政治、经济、军事、文化诸方面支配世界的西方，又在多大程度上制约，乃至塑造着近代阿拉伯人的中国认知？在多少有点同病相怜的阿拉伯人眼里，身染沉疴的贫弱中国病症何在，未来中国的出路何在？近代中国对于阿拉伯知识分子的意义何在？

一、早期阿拉伯作品中的近代中国

笔者通过多种途径，搜集了不少近代阿拉伯知识分子关于中国的相关记述。其中最早的出版物，是 1899 年埃及国立知识印书社出版的翻译小说《中国姑娘》，小说原文是法语，作者不详，译者为萨利赫·焦戴特。根据封面介绍，这是一部"历史、文学、爱情小说"，其背景是明代崇祯年间的中国。小说里的"中国姑娘"是一位个性鲜明、崇尚自由、大胆追求爱情的新女性；而小说中的中国男性基本都以负面形象出现，颇符合 18、19 世纪西方文学对中国人的想象。译者萨利赫·焦戴特选择翻译这样一部反映封建传统的中国社会之女性追求自由的小说，其用心可谓良苦。众所周知，阿拉伯社会也是一个典型的东方式男权社会，阿拉伯妇女解放运动的先驱卡西姆·艾敏曾在 19 世纪末如此描写阿拉伯妇女的处境:"女人在男人面前丧失了人格,世界之大,却只有家中隐蔽的角落才是她容身之处。妇女被认为应该是无知的,应该蒙上黑暗的面纱。男人把她作为寻欢作乐的工具,随心所欲地玩弄,随时又可弃若敝屣。"[1]显然,作为生活在男权色彩浓厚、妇女地位低下的 19 世纪阿拉伯社会的知识分子,译者翻译这样一部小说,旨在借中国故事,传播女性解放的理念,激励埃及和阿拉伯世界的女性以"中国姑娘"为榜样,反抗传统压迫,追求平等与自由。

1900 年,八国联军发动侵华战争,这一重大历史事件震动了全世界。作为近代阿拉伯世界的文化中心,埃及也因此出现了一个关注中国的小高潮。1900 年 10 月,在阿拉伯近代文化复兴运动中引领思潮的著名文化刊物《新月》刊登了两期有关中国的文章,封面人物分别是慈禧太后和晚清政治人物李鸿章,其中侧重介绍了中国时局。1900 年,曾任埃及上诉法院院长的学者艾特拉比·艾布·伊兹和友人阿卜杜勒·阿齐兹·哈迈德合作出版了著作《中国一瞥》,这可能是近代阿拉伯学者撰写、

---

1 卡西姆·艾敏:《解放妇女》,转引自伊宏编:《思想的金字塔》,天津,百花文艺出版社,2001 年,第4—5页。

出版的第一部关于中国的著作。作者在简短的前言中写道：

当下中国发生的事件吸引了全世界目光，令人对其历史和现实深感好奇。中国人口占世界三分之一，面积超过整个欧洲，我们撰写这本小书，以期对中国作简要介绍，实有必要。本书涵盖了解中国的必要知识，但愿能为读者接受。[1]

该书内容分地理、历史、伊斯兰教在中国、政体、中国文明、宗教和语言、道德风尚等 7 个部分，对中国的介绍总体上客观，如对中国古代文明有很高评价："中国古代文明之盛，非他国所能媲美；其威名远播，亦非他国所能匹敌。当其他民族尚在黑暗中摸索、徘徊之时，中国人已形成一个伟大民族，得益于科学，致力于劳动，笃奉勤勉之道。他们留下的文明遗产矗立至今……"[2] 但在论及当时中国人的道德风尚时，作者却不乏负面评价："中国人聪明而吝啬；容易记仇，一旦结下冤仇，虽数十年乃至数个世纪后仍然耿耿于怀。中国人胆怯，常有人见其在中日战争中丢弃兵器，不战而逃。"[3] 考虑到此书出版于八国联军侵略中国之际，而此前中国又在 1894 年甲午战争中战败，作者对当时的中国人有如此评价实属正常。

1　艾特拉比：《中国一瞥》，开罗，辛达维出版社，2014 年，第 7 页。

2　同上，第 32 页。

3　同上，第 37 页。

　　1902 年，著名的黎巴嫩文学家、史学家乔治·宰丹出版了
两卷本《19 世纪东方名人传》。其中所收入人物，大多为阿
拉伯各国的王公贵族、文化精英和商界巨贾，同时也收入部
分来自波斯、印度、中国、日本等其他东方国家的名人。在
该书上卷，作者各以一章篇幅介绍了两位中国人——慈禧太
后和李鸿章。书中有关慈禧的叙述总体上负面，但在最后一段
写道：

　　读了以上文字，读者或许以为此女子是个天生恶人，或是
人面兽心之徒。但也有见过她或研究过她品行的人士，对其评
价与上述迥异。一位英国作家谈及她在朝廷犯下的种种暴行时
认为，在外人眼里，她德行高尚而举止端庄，丝毫不亚于维多
利亚女王。一个英国人对她有如此评价，着实不易。有些人还
提及她的其他好处。与此同时，有的人却认为她罪行累累，十
恶不赦。真相究竟如何，我等一时难辨。显而易见的是，此女
心机过人，但贪求无厌。[1]

　　关于李鸿章，作者叙述时立场比较中立，侧重介绍了他应
对国内外各种矛盾时的纵横捭阖。值得一提的是，作者将李鸿

1　乔治·宰丹：《19 世纪东方名人传》（上卷），开罗，辛达维出版社，2012 年，
第 181—182 页。

章与伊斯兰历史上的著名枭雄、伍麦叶王朝第一代哈里发穆阿维叶一世类比，并写道：

> 李鸿章与外国使节相处时，当对方显得软弱，他便强硬；当对方表现强硬，他便软弱。在这方面他和穆阿维叶一世哈里发颇为类似。穆阿维叶曾有名言："若凭口舌可以解决之事，我避用刀剑；我和别人之间若有一根毫发相系，也不会断开。"手下人问道："哈里发，此话怎讲？"他回答："别人拽紧，我便放松；别人放松，我便拽紧。"[1]

1　同上，第303页。

二. 谢基卜笔下的《中国之未来》

在 1900 年前后书写中国题材的阿拉伯作家中，值得重点介绍的是黎巴嫩思想家谢基卜·阿尔斯兰，其撰写的关于中国的系列文章内容丰富、持论公允、见解深刻，是研究中阿近代文化交流的极为宝贵的文献。

谢基卜·阿尔斯兰（1869—1946），黎巴嫩著名的思想家、作家、政治家，享有"文辞之王"的美誉，早年曾师从穆罕默德·阿卜笃、布特罗斯·布斯塔尼等阿拉伯近代启蒙思想先驱，并曾游历欧洲及阿拉伯多国，后专事写作，著有《阿拉伯人征服欧洲史》《安达卢西亚遗闻》《为什么穆斯林落后而他人进步》等重要著作，并常年为阿拉伯各国报章撰文，倡导借鉴西方文明、复兴阿拉伯伊斯兰文化。1900—1901 年，谢基卜在发行于

埃及、面向整个阿拉伯世界的近代最重要学术刊物之一《文摘》
上发表总题为《中国之未来》的系列文章[1]，介绍近代中国的方
方面面，并分析中国的现状，展望其未来。促使谢基卜撰写这
一系列文章的直接原因，是 1894 至 1895 年爆发的中日甲午战
争，作者在发表于《文摘》（1900 年 8 月）的首篇文章中开宗
明义：

　　众所周知，几年前的中日战争，撕破了中国的篱墙，去除
　　了中国的威严，将其弱点袒露于西方各国面前。从此，西方列
　　强开始觊觎这个广袤的王国。之前，这还不过是欧人心中的窃
　　念和妄想，现在却成了他们的夙愿和笃志。如此变故，皆因这
　　一庞大国度极像一面大鼓，其体积看来硕大，其声响传之遥远，
　　但只要用手割破，便会发现其内里空空如也。于是，其体积不
　　复巨硕，其声响也告中断。[2] 自中日战争后，欧洲人脑中便生出
　　欲念，欲将中国置于因文明落后而臣服于欧洲的东方帝国之列。
　　毕竟，愚昧终究对科学称奴，落后者必定沦为前行者之附庸。

　　鉴于中国乃是情形最奇特、面积最广阔、人口最繁多、历

1　上海纽约大学教师、美国乔治城大学博士温爽女士在国外留学期间，为笔者提
供了《文摘》杂志的相关扫描资料，在此特向她致以诚挚感谢。
2　以体大实空的皮鼓比喻外强中干之物，源自阿拉伯古代文学名著《卡里来和迪
木乃》。

史最悠久的帝国，是欧洲列强最欲获取的东方帝国，众多观事者不免想知道：欧洲能令中国俯首称臣，并获取其利益吗？抑或这是难以实现的愿望，实乃至今无法跨越的障碍？中国军事之羸弱，足以导致其政垣坍塌、国体溃散吗？抑或在其军力之外，另有足以维系其统一的其他要素和凝聚之力？另，北京当局一旦崩溃，整个中国都将随之崩溃吗？抑或中国凭借其紧连之血脉、坚固而柔韧之肢体，将依然屹立于西方势力面前，独立于其控制之外？总之，中国到底是欧洲人嘴里一块易于咀嚼的美食？抑或是梗塞其喉咙的一根鱼刺？我于匆匆间撰就数文，依理凭据，研究何以中国将坐以待毙，为欧洲人所征服吞并，或中国何以能挽狂澜于既倒，救溃堤而除险，脱黎民于水火……我将分析中华帝国内部富有活力之要因，指出各国立足安稳、长治久安之道，同时指出中国内部的弊端所在；凡此诸多弊端，都弱其身体、损其寿数、令人预测其一蹶不振。[1]

随后，作者分别从中国的工业、农业、商业、政治、军事、宗教、道德等方面，分析了中国社会与文化的优势与弊端，并据此预测了中国的未来。呈现于这一系列文章中的中国形象，

---

1 《文摘》1900 年 8 月刊，汇编本 25 卷第 124 页。

主要有以下几个特点：

一、对中国总体上怀有好感

谢基卜发表于 20 世纪初年的这一系列关于中国的文章，依然延续了阿拉伯古代形成的叙述中国的话语传统，总体上对中国仍持较为正面的叙述方式。其中许多说法，还沿用了阿拉伯古代著作家们对中国的程式性表述。如在《中国之工业》一文之初，作者就指出："有种广为流传的说法，言真主将智慧赋予希腊人的脑、阿拉伯人的舌和中国人的手。地理学家、历史学家和旅行家一致认为，中华民族擅长手工艺，其工艺禀赋得天独厚，他人难以匹敌。在许多人看来，中国之工业，领先于东西方各国。"[1] 作者还从《伊本·白图泰游记》等古典作品及西方近代汉学家的作品中旁征博引，说明中国刺绣、缂丝、镶嵌、织染、绘图、制陶、雕塑等技艺的精湛，并盛赞中国是造纸术、印刷术等重要工艺的发明者，为人类进步贡献巨大。

在《中国之农业》一文中，作者高度赞扬中国悠久的农耕传统和独特的农艺：

1　《文摘》1900 年 8 月刊，汇编本 25 卷第 126 页。

农业是中国身体上另一强健而富有活力的器官。无论中国人工业多么先进、多么傲视群雄，无论他们的巧手怎样化腐朽为神奇、采矿产为所欲，他们在农耕方面的技能还要更高一筹。或者说，中国的农业即使未能超越工业，起码也和工业并驾齐驱，各擅胜场。这一帝国得以生存、繁衍，主要依靠其工业与农业。中国人极为敬重农事，以至赋予其神圣色彩，在他们眼中，农耕者乃是侍养百姓、衣食众生之人。[1]

诚然，中国农民不像欧洲农民那样懂得对土地作科学分析，也未从农艺书籍中获得土壤特性等知识，但实践经验弥补了他们理论之不足。凭经验他们也知道每一块土地之特性，懂得土地该轮种何种庄稼，播撒何类种子，施放何种肥料。他们用双手犁地、掘坑、播种、锄草、培土。他们还深谙畜养家禽之术。

他们知道某些禽鸟会在白昼的特定时辰啼鸣，因此可以用鸟鸣替代挂钟知道时辰。他们手脚灵快，足智多谋，有时甚至能徒手捕捞用渔网、鱼钩都无法捕获的活鱼。他们以如此坚韧之力应对自然，因而成为技艺娴熟的农民，实不足为奇。

中国很少被荒废闲置的农地。那里所有适耕之地，无不开垦为农田，甚至在海拔三千米以上的高地，也能见到农田，这

1　《文摘》1900 年 10 月刊，汇编本 25 卷第 321 页。

种情形在他国实为罕见……中国虽然幅员辽阔，但因人口众多，耕地其实不足。若非精心利用土地，则无法养活众多人口，其人民也必遭受更多饥馑。令人颇为称奇者，中国粮食能够自给，极少依赖进口。自给之余粮，还出口西方各国，成为其重要贸易货物。[1]

在《中国之商业》一文中，作者指出，中国的商业一向不如工农业发达，但随着西方人进入中国，中国人也开始经商。他对中国人诚信经商的美德予以好评：

自从外国人进入中国，其国人也开始喜爱经商，并与外国人不遑多让。而且中国人素不贪婪，满足于应得之份。为商之道，知足而趋稳，实胜于好强而冒险。不少西人著书时均提及，中国商人比欧洲商人更讲信用，更守承诺；中国商人处事之沉稳、审慎，实为欧洲商人所不及。因此，商业对于中国裨益颇大，在西人进入中国之后，本地经商人士大为增加，若干商埠，已完全为中国商人掌控。[2]

对于中国人的道德、品性，谢基卜总体上也颇有好感：

普天之下，再无一邦如中国那样尊崇习俗与礼节，也再无

一方人士如中国人那样响应人道之教化。性格温顺，是中国人与生俱来的德行，无论老幼，都秉有这一德行。他们以兄弟自称，有"四海之内皆兄弟"之说；同辈之间，皆视若兄弟，同辈之谊，与兄弟之情无异。（824）

中国人性格温顺，略举一例为证：外国游客无论游历在人口稠密的湖北、四川等地，或踏访远地僻壤，都不会遭受丝毫欺辱，也无人遇到任何伤害……在中国的繁华都市，尽管街头拥挤熙攘，但你不会见到一位醉汉。倘若你想寻觅醉汉踪影，就需前往欧洲人与当地人混居的港口城市，这些城市街头，如同欧洲街头一般，或能见到烂醉如泥的醉汉……中国学生举止端庄，敬重师长，决不轻易动怒，对求学抱有令人惊异之恒心。观者察其言行举止，定能心生感触：这等学生虽未及弱冠之年，但堪称文明之士，日后定能担当大任。[1]

中国人尊崇学问，置学问于万般之上，堪与宗教相比。求学，被视为所有男性公民不可推辞之义务，每个村庄都有当地政府斥资兴建的学堂。在中国人看来，学问、学者、写作乃至字纸，都意义重大，务必虔敬事之。[2]

1　《文摘》1901 年 9 月刊，汇编本 25 卷第 824 页。

2　《文摘》1901 年 10 月刊，汇编本 25 卷第 923 页。

谢基卜还在文中记录了一段巴哈伊教创始人、原籍伊朗的著名宗教家阿巴斯·阿凡迪谈及中国的言论，弥足珍贵：

中国人虽勇气不足，雄心欠缺，但有恒心，精于工艺，是天生注定的工业民族。在此方面，欧洲人欲取胜中国，殊为不易。我曾就此与巴哈伊教首领阿巴斯·阿凡迪议论，此君一向睿智明达，富有卓见，他说："欧洲人用刀剑强取中国，并非难事；然而他们染指海外，意在通商而获利，唯与中国人交往并获利，非易事也，因为欧洲人获取中国不久，其种种技术，就会被中国人掌握。"[1]

二、客观指出中国社会文化之弊端

在谢基卜撰写、发表这一系列文章之际，中华民族正在经历内忧外患、灾难深重的艰难岁月。鸦片战争之后，中国门户洞开，西方列强鱼贯而入，纷纷瓜分势力范围。甲午战争中国惨败于日本，令世人震惊。与此同时，中国王朝之腐朽、文明之衰微，在世人面前也显露无遗。谢基卜在文章中一针见血地指出，中国社会与文化存在种种弊端，中国从世界级文明古国沦落到受人欺凌、任人宰割的地步，主要归结于内因。在他看

1　《文摘》1900年10月刊，汇编本24卷第131页。

来，中国虽工农业领先于世界，但军队是羸弱的，科技是落后的，而且政府与民众故步自封，不思进取：

中国军队，无论在人数、装备还是科学、勇气上，均无法满足国家之需要。八旗军曾是中国之砥柱，现已沦为国家之负担，满族和蒙古族子弟已不如以往勇武，何况今日战争主要取决于科学，仅有匹夫之勇已无济于事。

倘若中国人重视备战，则应留用英国籍舰长朗氏对中国海军实行改革。此人对中国海军大有裨益，但因施行改革受阻，愤而去职。中国人接受其辞呈，未能得其才而用之。同样，中国陆军也未实行改革，依然沿用陈旧之兵法。而此类旧法，已被时代抛弃，如同黑夜被阳光替代。难怪西方人仅以少量军力，足以抗衡中国兵将众多的大军；这并非因为西方人血液与众不同，而在于科学之缘故。日本人一如中国人，也属东方民族，虽然身材矮小，肌肉纤弱，却拥有骁勇善战、不输于所有西方军队的强大军队。中日战争，便可看出分晓，日军一次次击败中国军队，中国人屡战皆输，何故？愚昧面对科学，一刻不能维持也。[1]

中国人不愿使用西方采矿技术，因为他们自满于传统工艺，

1　《文摘》1900 年 11 月刊，汇编本 24 卷第 407 页。

故步自封，不承认西方人技术领先。其实，欧洲科学与工业已取得非凡进步，中国人尚能独占鳌头、引以自豪之领域，已屈指可数。[1]

他还指出，中国人民族性中缺乏刚烈勇武的血性，以及敢为人先的勇气：

中国人安于逸乐，耽于和平，数百年以来，知足于其强盛、荣耀、学术之发达、疆土之广袤，不欲与外人动武，故早已荒疏用兵之道。中国人受此思想潜移默化，已有数百年之久，以致忘却了战争之含义。其结果，虽战火燃至国境，国之要地遭人践踏，国民依然不为之所触动，一味追求太平，终于陷入战祸。中国服膺和平之道，希冀以工业、农业、商业等建设成就以固国本，然而各业建设固然重要，坚兵利器仍不可缺少。即以人体为喻，红细胞固然为健康身体所必需，但白细胞用以抗御病毒之入侵，也必不可少。中华帝国之躯，并不缺少红细胞，但白细胞几告匮无。[2]

中国人之不足，在于心志柔弱，缺乏个人勇气，其果敢、志向不及欧洲人，而以毅力、忍耐见长。世人皆知中国人吃苦

1　《文摘》1900 年 11 月刊，汇编本 24 卷第 129 页。

2　《文摘》1900 年 11 月刊，汇编本 24 卷第 408 页。

耐劳，勤勉谋生；他们立身之道，在于勤劳而非胆略；他们与许多民族不同，极少有政治抱负，也缺乏争强好胜、敢为人先、统领万邦的气质。他们爱好和平，天性柔顺，在各民族中实为罕见；其诗文、歌谣中勇武、强健意味之匮缺，在各民族中也属少见。其诗歌多为咏唱农耕、劳作之作，仿佛他们只对和平题材怀有兴趣。[1]

他还批评中国人盲目自大，拒绝变革，对世界和自我缺乏客观认识：

中国之变革至今仍然缓慢，则是因为中国人自满自大，不承认落后，依然幻想自我文明最为优胜，中国是世界上唯一的开化民族。显然，抛弃此种幻念，转而承认自己远远落后于欧洲人，绝非朝夕之事。

中国人认为自己的文明高出欧洲文明一筹，称欧洲人为"西蛮"，并以欧洲人相互并吞蚕食，战场上凶残冷酷，精于杀戮、灭绝之术为证。[2]

此外，谢基卜还批判了中国传统社会活人殉葬、溺杀女婴等恶习，以及以身殉夫的节妇烈女观、君臣父子的封建等级观，

1　《文摘》1901 年 9 月刊，汇编本 26 卷第 825 页。
2　《文摘》1901 年 10 月刊，汇编本 26 卷第 922 页。

等等。

三、同情中国人民反抗外来侵略的斗争，认识帝国主义侵华战争的本质

鸦片战争之后，中国人民为反抗列强侵略，争取民族独立，开始了救亡图存的探索，进行了可歌可泣的斗争。1851 年，洪秀全在广西发起旨在反清反帝的太平天国农民起义，被清政府和欧美武装联合绞杀。19 世纪末，以"扶清灭洋"为口号的群众性武装组织义和团发动起义，最终被清军和八国联军携手剿灭。难能可贵的是，来自同样遭受过殖民主义、帝国主义侵略的阿拉伯世界的思想家谢基卜，对中国人民反抗外来侵略的斗争表现出颇为鲜明的同情态度，对西方列强联手清政府镇压人民起义的真实意图，对于列强针对中国发动的鸦片战争的侵略本质，也都有十分透彻的认识。他在文中写道：

日前在中国起事的义和团，并非针对欧洲人的第一次起义，也不会是最后一次。1848 年（实为 1851 年——编者注）兴起的太平天国之乱，曾蔓延至整个中国，几乎推翻清帝国。太平天国表面针对政府，其实针对洋人，旨在让中国摆脱外国势力之钳制，为国家注入青春活力。因此，列强为消除其患，与中

国政府携手，协力镇压太平天国。此番协作，并非出于偏爱中国政府，而是旨在消弭变革之力量。

列强在中国势力愈大，立足愈稳，其割据的都邑、港口越多，中国民众的仇恨则愈甚，对洋人的憎恶也愈深。此次义和团起事，皆因周遭群敌环绕，而帝国行将崩溃，中国民众怒不可遏所致。

西方列强意识到，义和团之乱实为一场重要的精神运动，因而唯恐其日后招致大祸。他们本想彻底击溃中国，但又怕列强之间因利益、政策冲突而引发大乱，担心在协力降伏中国之后，相互间如猛兽争食，陷入内斗。于是，西方列强伙同东方日本，一起镇压义和团，但又各怀鬼胎，相互提防，都想以对己最有利方式解决问题。[1]

中国人一向礼待外国人，直至欧洲人从四面八方敲开中央帝国的门户，带来枪炮、弹药，且相互间纷争倾轧不断，以致中国人视其若蛮夷、屠夫。更有甚者，欧洲人还在部分商铺销售鸦片，招致中国人怨怒，于是欧洲人尝试以武力逼迫中国人接受鸦片，英国由此于1840年发动鸦片战争，战后，中国被迫开放5个通商口岸。

1　《文摘》1900年8月刊，汇编本24卷第125页。

鸦片战争之后，中国与欧洲列强因条约引起纠纷，第二次战争随之爆发，英法于 1856 年向中国宣战，并占领广东，最终缔结和约。随后又起纠纷，并爆发第三次战争，英法两军万余士兵占领首都北京，大肆掠夺著名的圆明园，并将财宝窃为己有。与此同时，太平天国也兴兵起事，中国政府只得求助外国人予以镇压。港口一个个向洋人开放，中国人对国门洞开极为不满，而列强之骄横也日甚一日，待中日战争爆发，中国之弱点崭露无遗，引得各方心生贪念，垂涎欲滴，在中国实行所谓"门户开放"。西方列强争先恐后，欲进入中国，但又恐相互间为争利而兵戎相见，故采取长期租借领土之策。各式人等，从四面八方纷至沓来，近日之义和团起义，乃由此而兴。[1]

四、预测中国之未来："取决于中国是否善于学习！"

在 1901 年 10 月发表于《文摘》最后一篇题为《中国之未来：尾声》的文章中，谢基卜写道：

至此，我们已充分阐述了这一帝国的情形，借此足以一探其究竟；并对其病状作了确切的诊断，或可预知其未来发展。现在，可以谈论本文之宗旨——中国之未来。倘若中国之未来，

1　《文摘》1900 年 10 月刊，汇编本 25 卷第 324—325 页。

一如世界各国之未来，取决于与欧洲及西方文明的关系，我们有必要在此探讨中国人与西方人的相互关系。[1]

他依据一份统计指出：1879 年在华的欧洲人不过 5000 人，此后虽增长迅猛，但与中国总人数相比，仍属沧海一粟。然而，欧洲人已在中国产生巨大影响，在语言、习俗、思维方式、价值观念等方面均有所体现。与西方接触、碰撞以后，中国已无法与世隔绝，发生变化已不可避免。

最终，我们提出这一问题：未来中国将依然属于中国人，抑或落入欧洲人之手，被强行改变，乃至瓜分豆剖？提出这一问题，是我撰写"中国之未来"之本意。中国何去何从，明达之士自然见仁见智，各有高见。[2]

谢基卜简述了当时国际上对中国未来的几种猜想：一是落入欧洲人之手，被欧洲列强瓜分；二是纳入东邻日本之囊中；三是被最强大的邻国俄罗斯吞并；四是被中国内部的伊斯兰势力同化，成为一个伊斯兰国度。

在文章的最后，谢基卜做出了自己对中国未来的预测：

在我看来，中国人口众多，种族单一，疆土广袤，是欧洲

---

1 《文摘》1901 年 10 月刊，汇编本 26 卷第 919—920 页。
2 《文摘》1901 年 10 月刊，汇编本 26 卷第 922 页。

不易吞咽的美食；然而，中国毕竟已是垂死之鸵鸟，衰朽之帝国，除非其如同日本一样，师法欧洲。日本借西方文明之力，借现代科技之功，得以跻身发达国家之列，其国力在东亚足以抗衡俄罗斯，其一兵一卒，足以匹敌中国之十人、十五人。中国仍以人口众多、人种单一、幅员辽阔而自恃，然而，其神秘面纱终将被外人揭开，刀剑终将置于中国人之颈项，除非他们告别旧梦，幡然省悟。人虽多而愚，则不为多，人虽少而智，则不为少。中国之未来，取决于中国是否善于学习！[1]

至此，有必要对谢基卜的上述文章做一总结和阐释。

第一，谢基卜这些文章总体上延续了古代阿拉伯人对中国积极、正面的话语传统，他对中国人民的禀赋、道德与才能怀有好感，对近代中国深受外敌欺凌的遭遇也怀有同情。还可以看出，文中有关中国工匠手工之精湛、农民农艺之娴熟、民众性格之温顺、对学问之尊崇、对诚信之恪守等细节的理想化表述，也延续了《伊本·白图泰游记》等阿拉伯古代作品对中国的正面叙述程式。

第二，从谢基卜的生平可知，他一生中其实并未到过中国。因此，他对当时中国的了解，只能通过阅读、听闻等间接途径

---

1 《文摘》1901 年 10 月刊，汇编本 26 卷第 924—925 页。

获得。鉴于 19 世纪来到中国的阿拉伯人十分稀少，也未曾见到由阿拉伯人撰述的介绍中国的作品，所以谢基卜对中国的认知极有可能以西方信息源为基础。正如汉学界所周知，马可·波罗时代以后西方对中国的美好印象，在 18 世纪末发生急剧而根本性的逆转，1742 年英国海军上将安森的《环球旅行记》，1748 年法国哲学家孟德斯鸠的《论法的精神》等影响深远的著作，以及随后相继问世的旅行家、传教士和文学家的相关作品，让一个邪恶、专制的天朝帝国形象和一个堕落、愚昧的东方民族形象，在西方得以逐渐确立。中国在西方人眼里野蛮、落后的形象一旦成型，无疑可以为鸦片战争和殖民统治的侵略、掠夺提供"正义的理由"。一个野蛮、落后的民族，其存在的意义只在于"被解放、被开化"。知识和权力这种不可分离的关系，已经被福柯和爱德华·萨义德等人揭示。值得注意的是，阿拉伯人谢基卜的近代中国观并没有被西方的主流话语左右，而是体现了他自己的取舍和判断，突显了一个东方阿拉伯人独特的视野和立场。他对中国的书写，不仅与西方的近代中国观形成对比，反衬出西方强权对话语方式的影响和操纵，而且也表明：东方知识、东方视野自有其独特价值。

第三，谢基卜在同情中国的同时，也对 19、20 世纪之交中国社会的严重弊端有清醒认识，他在文章中列举的近代中国人因循守旧、不思进取等宿弊，与他在《为什么穆斯林落后而他人进步》等著作中指出的阿拉伯穆斯林之痼疾颇为相似；"中国之未来，取决于中国是否善于学习"这一论断，也反映了他认为阿拉伯民族应该通过学习西方，以实现文明复兴的一贯理念。正如美国汉学家史景迁所言："中国在很长一段时间内一直是作为一个'他者'出现的，中国有用之处正在于此。"[1] 苦难深重的近代中国这一"他者"对于谢基卜的意义，也正在于被引以为戒，以警示、启发阿拉伯穆斯林"哀之而复鉴之"。

第四，1844 年，我国学者马德新在赴麦加朝觐后顺访埃及，在各地游历半年之久，回国后著有《朝觐途记》记述埃及之行，成为我国迄今有案可稽的访埃第一人。其中他以艳羡的笔调写道："谜思尔（埃及），巨域也"，亚历山大"极壮丽……商贾辐辏"，埃及"诸凡制造无求于他国"，"条建树，蓄货殖，各种技艺由甫浪西（法兰西）习来"。几乎与此同时，林则徐在其主持编译的《四洲志》中也写道："埃及军伍昔强，惜未

1　史景迁：《文化类同与文化利用》，廖世奇、彭小樵译，北京大出版社，1990 年，第 145 页。

娴纪律。近得欧罗巴训练之法，队伍雄甲东方……今复设武备馆，延欧罗巴教师以训少年。"在时隔一个多世纪以后的今天，重温中阿先贤当年的文字，联想到两个古老民族一百多年走过的曲折历程和当今的不同境遇，我们不禁百感交集。谢基卜的世纪之问"为什么穆斯林落后而他人进步"，在今日更显沉重；百年后凤凰涅槃的中国与陷入怪圈的阿拉伯之命运形成戏剧性对比，这一"世纪之问"又被许多阿拉伯人以中阿对比的方式提出。不过，历史尚未终结，眼下还远远不是中华民族沾沾自喜的时候。揽镜自照，以人为鉴，有太多的经验值得总结，太多的教训值得吸取。

三、文学大师笔下的近代中国

在新中国成立之前，好几位第一流的阿拉伯文学大师也曾关注过中国。呈现在他们的作品和言谈中的中国，虽然只是一鳞半爪，但也折射出他们对中国的态度。总体而言，阿拉伯文学大师们延续了古代阿拉伯叙述中国时正面、友好的话语传统；有些人则如谢基卜一样，把笔下的中国作为一面反观自身的镜子，一个探寻民族未来时的参照物。

哈利勒·穆特朗（1872—1949）是阿拉伯复兴派诗歌的主要代表，他出生于黎巴嫩、成名于埃及，因而享有"两国诗人"之誉。他与埃及诗人邵基、哈菲兹并称阿拉伯近代"诗坛三杰"。他的重要性在于，在时间上跨越19、20两个世纪，在诗歌创作上既是"新古典派"诗人群体的一员，也是创新的"浪漫主义派"的先驱。他曾写过一首题为《中国长城》的诗，收入1908 年出版的《穆特朗诗集》第一卷。在诗中，一位诗人与中国皇帝展开对话，诗人如此发问：

> "皇帝为何辗转反侧通宵不眠？
>
> 难道鎏金的御榻把烦恼载着？
>
> 您就是希望，您还希望什么？
>
> 您就是威慑，您还惧怕什么？"

皇帝答曰：

> "我不幸得到的是在屈辱中发酵的民族
>
> 知足常乐是他们饮酒的好去处
>
> 没有什么忧愁能激怒他们，哪怕灭顶之灾
>
> 一个不会发怒的民族还有什么远大前途？"
>
> …………
>
> 朕欲为他们建一条永恒的城墙
>
> 像大地那样不会倒塌，不会败腐
>
> …………
>
> 朕以它来保卫国土坚不可破
>
> 跃跃欲试的野心家在它面前踏上退路
>
> …………

人们以为，朕之年代即开天辟地之时

如此，朕孜孜以求的荣耀非朕莫属

面对这位既因为臣民的不思进取而感困惑，又深信建筑长城足以永固江山的皇帝，诗人一方面赞美皇帝的功绩和仁慈：

啊，皇上，您的功绩

高过我们的颂扬和赞誉

多少奇怪的侵略以你为敌

您的宽宏大量举世称奇

宝剑出鞘之际，您却把多少

仁慈套在异邦他族的脖颈

您赐给奴隶多少恩惠

如太阳催生芳林，染抹黄金

这足以使您在天地间万世流芳

存留之物最清白的是：德行

另一方面，诗人又以冷峻而颇具预言性的口吻警示皇帝：

假如您正视现实，就会看到

美名不能追回正在逝去的生命

即使您把城墙筑得再高

直到星辰在它的顶端站定

即使用山岭充当它的基石

紧密叠合，水泼不进

人们仍能创造出比它更

伟大、精湛、新奇的珍品

制造出喷吐炽烈烟云的

炸药，燃亮崇山峻岭

白种人仍能向北京城进军

肆无忌惮地掠抢、夺取

舰队载着他们越海而来

犹如风暴中乱舞的精灵

人们家园四周的围墙又有何益

当他们的心灵软弱，战战兢兢

比禁锢他们的天地更好的

是大大开拓他们的天地

苟安杀死了他们的英气

国家存亡在于他们严密的警惕

任凭什么也保护不了衰弱的民族

除去经历过劫难考验的勇气

它才是抵御敌寇的坚壁

它才是不可抗拒的威力[1]

　　显然，在这首题为《中国长城》的诗中，诗人借与中国皇帝的对话，意在警示同样有着古老文明的埃及：灿烂的历史，善良的禀性，貌似坚不可摧的城墙，都不足以抵御敌寇、享受安宁、振兴国家。诗人在这里"运用象征手法，激励埃及人民的斗志，告诉他们，只有奋起反抗英国殖民主义者，才能真正享受和平与安宁"[2]。

　　塔哈·侯赛因（1889—1973）是埃及现代著名的文学家、思想家、教育家，他出生于埃及的穷乡僻壤，自幼失明，但毕生勤勉求学，笔耕不辍，著作等身，创造了从乡村盲童成长为文化巨人的现代神话，是埃及乃至阿拉伯世界公认的一代文豪，学界宗师。1932 年，塔哈在一次题为"阿拉伯文学和世界文学"的演讲中认为："可以称得上世界级伟大文学的，为数很少。不妨列举以下四种：古希腊文学、古罗马文学或拉丁文学、波斯文学以及阿拉伯文学……这些文学，我们是可以花些工夫加以探讨的，从而看看我们阿拉伯文学在其中究竟占

1　译文引自郭黎译《阿拉伯现代诗选》，湖南文艺出版社，2000 年，第 78—83 页。
2　同上，第 78 页。

据怎样的位置。……但这并不意味着排除印度文学与中国文学。只是因为对这两种文学我们知之甚少。"[1] 从这番言论不难看出，20 世纪上半叶的中国还处于与世界相对隔绝的封闭状态，中国文学在阿拉伯世界尚不为人知，但作为文化巨人的塔哈自然了解中国文化有着悠久而灿烂的历史，并且相信如此悠久的文明一定具有深厚的文学传统。他对中国人民充满友好情谊，对中国与阿拉伯世界的文化交流也充满期待。1929 年，他曾多次和访问开罗的中国青年作家、学者盛成会晤，对盛成创作的法文小说《我的母亲》给予高度评价，认为这部小说和他的自传体名作《日子》犹如"前后呼应的姐妹篇，都通过自己的亲身经历反映了东方两个文明古国的社会变革……"[2]。1933 年，他在接见马松亭阿訇率领的中国穆斯林访埃代表团时说："埃中两国都是文明古国，都有悠久的历史，我们两国的文化交往，无疑会给人类的文明和进步产生巨大影响。让我们携起手来，共同努力！"[3]

1　中国社会科学院外国文学研究院编：《东方文学专集》（一），中国社会科学出版社，1979 年，第 199 页。

2　杨孝柏：《回忆当年天方行——访盛成教授》，载《阿拉伯世界》，1983 年第 3 期，第 20—21 页。

3　杨孝柏、马为公：《一代阿訇——记马松亭先生》，载《阿拉伯世界》，1984 年第 4 期，第 33 页。

纪伯伦（1883—1931）是著名的黎巴嫩诗人、作家兼画家，阿拉伯现代文学史上占有重要地位的"旅美派文学"的旗手，也是最具世界性声誉的阿拉伯文学家。他的作品已被译成世界上所有主要语言，在东西方都拥有大量读者。早在 20 世纪 30 年代，茅盾、冰心等中国文学名家就已意识到纪伯伦作品的巨大价值，开始将其译介到中国。冰心翻译的纪伯伦英文代表作《先知》，已被公认为中国翻译文学的经典之一，受到了一代代读者的喜爱。今天，在众多阿拉伯文学译者、研究者的努力下，纪伯伦业已成为最为中国读者熟知和喜爱的阿拉伯乃至世界文学大师之一。值得一提的是，纪伯伦的作品中，也有几处与中国及中国文化有关的文字。在一篇题为《你们有你们的思想，我有我的思想》的散文中，他写道：

你们的思想认为各民族的光荣是靠他们征讨的英雄，于是将尼禄、尼布甲尼撒、拉美西斯、亚历山大、恺撒、汉尼拔、拿破仑赞颂。而我的思想认定的英雄则是孔子、老子、苏格拉底、柏拉图、阿里、安萨里、扎拉丁·鲁米、哥白尼和巴斯德。[1]

显然，在纪伯伦看来，能够为民族带去光荣的，不是那些战功赫赫、耀武扬威的将领，而是那些彪炳于人类思想史、文

1　《纪伯伦全集》（下），伊宏编，甘肃人民出版社，1994 年，第 396 页。

明史的哲人智士，而其中位居前列的，是中国的大思想家孔子和老子。

　　纪伯伦对中国文化有一定认知，这与他侨居美国时的个人经历不无关系。他曾和许多阿拉伯新移民一样，在美国波士顿简陋的唐人街栖居多时，因此，他对中国人的生活方式、价值观念与文化特点都有所了解。他对中国人的艺术和精神特质作过一些评论，在一篇题为《情与思》的散文中他写道：

　　埃及人的艺术在深蕴，迦勒底人的艺术在决心，希腊人的艺术在和谐，罗马人的艺术在呼应，中国人的艺术在崇敬，印度人的艺术在善恶……[1]

　　纪伯伦的女友玛丽·哈斯凯尔 1912 年 6 月 5 日在日记中也记录了一段纪伯伦的谈话：

　　中国人的精神是年轻的，它的艺术是原始的。埃及的艺术是朴素的，但它并不原始，因为它表现了精神，表现了实质。中国的艺术用朴素的风格表现事物的外表。如果说中国艺术是长到八十个年头才结出果实的大树，那么阿拉伯人就像长到七个年头就结果的树木。中国人不轻易被撼动，他们慢慢地成熟。阿拉伯人容易被外界撼动，成熟得也快。今天，如果中国人命

1　《纪伯伦全集》（下），第 449 页。

该被欧洲吞噬，那就真的会这样。但如果他们能够避免被他人吞噬，他们就会改变自己的命运。既然中国还保持着朝气蓬勃的精神，它就不会轻易成为他人的盘中美食，它将依然自强不息。中国人对生活没有伟大的见解，他们不是很注重精神的民族。但是，他们有一套很好的道德规范。对他们而言，生活是一系列精美的器物，而不意味着一个普遍存在的、必须遵循的原则。[1]

在这段文字中，我们可以发现，纪伯伦认为中国艺术以原始、朴素的风格表现了事物的外表，这一判断恐怕有失偏颇，表明他对中国艺术的接触和了解不多。他认为中国人不很注重精神，更重视"精美的器物"，倒是不无道理，可能比较贴切地反映了唐人街华人留给他的印象。对于当时落后而贫弱的中国之命运，他不无担忧；但他还是相信："既然中国还保持着朝气蓬勃的精神，它就不会轻易成为他人的盘中美食，它将依然自强不息。"由此，我们可以体悟到他和近代阿拉伯思想家谢基卜等人一样，对古老而不幸的中华民族怀有一种信念和期许。

1　Virginia Hilu: Beloved Prophet: The love letters of Khalil Gibran and Mary Haskell, Alfred A. Knopf, New York, 1972, P.79—80.

　　较之纪伯伦，另一位阿拉伯旅美文学家努埃曼与中国的关系更加密切。米哈依尔·努埃曼（1889—1988），和纪伯伦及艾敏·雷哈尼一起，被公认为阿拉伯"旅美派"文学的三巨头。他是位多才多艺多产的作家，在小说、戏剧、诗歌及文学批评领域均有重要建树。努埃曼对中国与中国文化情有独钟，他在晚年撰写的回忆录《七十述怀》中，透露自己客居纽约时曾遇到生活和工作问题，经友人推荐，他前往一个阿拉伯侨商店里的菲律宾刺绣品部工作，他接受这份工作的一个重要原因就和中国有关。他说：

　　特别使我愿意在他那里工作的另一个理由，是他在中国有办事处，负责进口中国刺绣，而办事处的负责人恰恰是我的朋友伊斯肯德尔·雅齐吉。[1]

　　努埃曼之所以对中国情有独钟，主要原因可能是他对中国文化和思想有着浓厚的兴趣。他对老子代表的道家思想极为推崇，他曾在《七十述怀》中记录了自己与想象中"被钓的鱼儿"的一段对话：

　　你面前的这个钓手绝非一般……他是柏拉图、塔里斯、菩萨、老子、耶稣、穆罕默德及一切天才的文学家、诗人和艺术

1　努埃曼：《七十述怀》，王复、陆孝修译，甘肃人民出版社，1993年，第361页。

家的朋友。[1]

关于老子及道家思想对努埃曼的重要影响，还有着许多确凿的证据。本书将在第五章中予以详述。

阿巴斯·马哈茂德·阿卡德（1889—1964）是埃及著名的文学家、思想家和文艺理论家，也是阿拉伯现代文学革新运动的旗手之一。他曾和几位诗人一起，创立了阿拉伯现代文学中一个重要的浪漫主义流派——"笛旺诗社"（或意译为"诗集派"）。阿卡德毕生著述丰富，共出版各类著作近90部，涵盖诗歌、小说、文学评论、政论、宗教、哲学、人物传记等多个领域，为阿拉伯现代文化、文学的发展做出了重要贡献。1952年，他出版了中国题材著作《孙中山：中国之父》。鉴于作者在阿拉伯文化界具有广泛影响力，这部著作又是新中国成立后阿拉伯人撰写的最早的中国题材著作之一，因此，该书对于阿拉伯各界了解中国起到了重要作用。

阿卡德的这部著作，是关于中国革命先驱孙中山先生的人物传记。为了帮助阿拉伯读者了解人物背景和近代中国，作者以将近一半篇幅介绍了中国历史，特别是鸦片战争以后中国沦为半殖民地、半封建社会的苦难史和斗争史。他对近代中

---

1 努埃曼：《七十述怀》，王复、陆孝修译，甘肃人民出版社，1993年，第357页。

国的看法，和谢基卜在《中国之未来》系列文章中的看法颇为一致，很可能受其影响。他认为中国历史进程中有许多经验教训，值得各个民族重视。中国历史悠久，文明灿烂，是相对独立于外部世界的东方文明。而相对独立、自成一体的古老文明既有其利也有其弊，这种利弊在中国体现得尤为典型。作者写道：

中国有资格傲视他国；在它眼里，其周边无非是野蛮、粗鄙、愚昧之邦，而中国却曾发明指南针、造纸术、印刷术、火药、丝绸、锦缎、纸币等等，并留下有关智慧、知识、礼仪的丰富典籍。中国与外部世界的遭遇，也加深了它对外邦的鄙夷，以及对自我道德功绩的自负……如此，中国一如既往地以其文明优越而自负，虽不无道理，但由于自我封闭，导致文明僵化，而其他民族却顺时而进，勠力争先，且善于向先进民族学习。最终情况发生逆转，由于自负，中国惧怕的一切终于到来，而它却依然不明就里，不知所措。[1]

与此同时，阿卡德也驳斥了殖民主义者为了瓜分中国而宣传的一种谬论，即称中国并非独立的主权国家而只是一个地理概念的说法。他认为将中华民族维系在一起的，不仅有统一的

---

1 阿卡德：《孙中山：中国之父》，埃及开罗，辛达维出版社，2012年，第19页。

地理因素和民族起源，还有从未间断的共同历史和相近的文化；因此，中国毫无疑问是一个历史悠久的主权独立国家，殖民者以各种借口瓜分中国是不义非法的侵略之举。鸦片战争以后，骄横的外国人以领事保护为名，侮辱中国人民，令他们在自己的国度深感丧权辱国之痛。因此，双方几乎每天都发生冲突和摩擦，外国人称之为"骚扰洋人的狂热之举"，而中国爱国人士则称之为"捍卫尊严的自卫之举"。在阿卡德看来，"太平天国运动是病人发出的一声呐喊，而非医生开出的一剂药方。当太平天国运动被平息后，许多人以为中国已病入膏肓，行将就木；但其实，它在等待一场集病人之呐喊与医生之药方于一体的革命，这就是孙中山领导的争取民族主权的革命。这场革命切中了自满自足的病灶，并以科学对症下药，其药方是学习现代文明的一切成果"[1]。

阿卡德认为，孙中山找到了中国传统政治中的两个积弊：对外封闭，以天朝自居；对内则上政不能下达。孙中山之前的历次革命都没有提出革命性的理念，因而均以失败告终；只有孙中山领导的辛亥革命是现代意义上的革命，所以他是当之无愧的现代中国之父。阿卡德尤其肯定孙中山提出的"知难行易"

1 《孙中山：中国之父》，第 21 页。

的认识论思想，认为这与中国人历来遵奉的"知之非艰，行之惟艰"的说法大为不同。在他看来，传统旧说不能激励人们的进取精神，只会助长畏难苟安的心理，而这正是中国近代之所以积弱衰败、革命事业不能取得成功的重要原因。孙中山提出的"知难行易"命题，有助于人们破除陈旧的传统观念，鼓舞人们"无所畏而乐于行"。阿卡德赞同西方一位作传者对他的评价："他是集早期基督教先知、拿破仑和中美洲革命者于一身的领袖。"[1] 在本书的前言中，阿卡德也对孙中山及其对中华民族的贡献做出了自己的评价：

> 孙中山是一位真正的梦想家，如果他不是一位真正的梦想家，就不会为人民做出贡献。本书将阐释一个伟大的梦想，因为那是一个伟人的梦想。他在为整个民族而梦想，而之前，这个民族缺乏类似梦想。只有那些在民族的历史上留下不朽功绩的伟人，才能为整个民族而梦想。[2]

除上述以外，20 世纪上半叶埃及出版的与中国相关的阿拉伯文图书还有：1939 年翻译出版的毛泽东著作《中国共产党在

1　《孙中山：中国之父》，第 68 页。
2　同上，第 11 页。

民族战争中的地位》（未署译者名）；1941 年出版的扎基·哈桑著作《中国和伊斯兰艺术》；1945 年出版的美国作家赛珍珠创作的抗战题材小说《诺言》[1]（*The Promise*，阿拉伯文版副标题为"中国抗战的不朽壮举"）。

　　此外，这一时期留学埃及的中国穆斯林也有多部阿拉伯文著作、译作问世，如马坚先生 1934 年出版的著作《中国伊斯兰历史及穆斯林状况概观》，他还于 1935 年翻译出版《论语》，这是我国传统文化经典首次从中文直接翻译到阿拉伯文。1945 年，庞士谦先生出版《中国和伊斯兰》一书。1950 年，海维谅先生出版著作《阿拉伯和中国关系史》[2]。这些著译作品，对于埃及和阿拉伯世界了解中国文化、伊斯兰教在中国的历史和现状起了重要作用，是近代中阿文化交流中的珍贵文献。

1　1946 年（民国三十五年），位于上海的现代出版社出版该书中文版，书名为《生路》，译者为述云、王玢。
2　根据作者撰写的后记，该书完稿于 1941 年。

第二章

阿拉伯作家笔下的现代中国

（1949—1999）

　　1949 年 10 月 1 日，中华人民共和国宣告成立。这一重大历史性事件不仅揭开了中国历史的新篇章，而且极大地改变了世界的政治格局，对世界历史进程产生了深远影响。然而，社会主义新中国成立之初，并未在阿拉伯世界迅速打开外交局面。当时的阿拉伯国家有些是意识形态相对保守的君主制国家，有些则受西方国家控制，另有些国家则独立不久，政权尚不稳固，不敢贸然采取重大外交举措。总体而言，当时的阿拉伯各国在政治、文化和外交上受英、法、美等西方国家影响较深，对共产党领导下的新中国多有隔阂、误解。因此，在新中国成立后的最初几年，这些国家并未与新中国建立外交关系。这种局面在万隆会议后得到了改变。1955 年 4 月在印尼万隆举办的首次亚非国家会议，是现代国际关系史上具有划时代意义的一个里程碑。会议期间，周恩来总理率领的新中国代表团首次与阿拉伯国家领导人正式接触，增进了相互了解，为中阿关系的突破性进展创造了契机。次年，埃及、叙利亚、也门相继与中国建立外交关系。此后几年里，中国又迎来与阿拉伯国家的建交高潮。1971 年，联大在讨论恢复中国在联合国合法席位的"两阿提案"时，13 个阿拉伯国家投了赞成票，为提案通过起到重要作用。至 1990 年，中国同所有 22 个阿拉伯国家全部建交，中国与阿拉伯国家的关系进入了全新的历史时期。

　　值得一提的是，新中国在成立之后的数十年间，不仅受到以美国为首的西方国家的打压和封锁，其自身在探索革命和建设道路的过程中也经历了严重曲折。因此，自新中国成立至改革开放初期，中国的大门并未向世界完全敞开，中阿之间联系不多，人员往来也依然有限。这种情况在中国实行改革开放后才逐渐得到改观。总体而言，阿拉伯知识精英和普通民众一样，对社会主义新中国充满好奇，随着中国在国际舞台上的作用与日俱增，他们对中国的关注度也不断提升。一些阿拉伯作家因为各种机遇，得以前来中国长期工作或短期访问，留下了关于中国见闻的珍贵记载；未曾到访中国的部分作家，也书写了他们心目中的中国。

　　社会主义新中国在阿拉伯作家笔下以怎样的形象呈现？这一形象和西方人笔下的现代中国有何差异？现代中国的形象，和古代、近代中国的形象又有何不同？阿拉伯作家们如何看待新中国革命和建设中的成就与挫折？"文化大革命"、中苏关系的变化、中国改革开放等重大事件，如何影响了阿拉伯作家对现代中国的认知……这些，正是本章试图解答的问题。

一、讴歌中国革命和建设

在 20 世纪中叶前后，阿拉伯世界和中国的知识分子一样，大都对社会主义有过或多或少的信仰或好感，这一契合绝非偶然。对饱受帝国主义、殖民主义压迫和侵略的人民而言，社会主义思想不仅代表了对于他们遭受的帝国主义、殖民主义侵略的批判，而且代表了对于旧文化传统的革命，还意味着一种比建立在金本位基础上的资本主义更人道、更公正的选择。"如果置身于 20 世纪上半叶的国际背景，一个人不信仰点社会主义，才真正有点不可思议。"[1] 因此，我们很自然地发现，对于中国新民主主义革命和社会主义建设取得的胜利和成就，许多阿拉伯作家都表示了赞美和钦佩。

1　许纪霖编：《二十世纪中国思想史论》，上海，东方出版中心，2000 年，序第 8 页。

　　阿拉伯世界关于新中国的第一部重要著作，大概是埃及著名作家、记者穆罕默德·奥达（1920—2006）于1952年完成的著作《人民中国》。奥达享有"埃及甘地"之称，因为坚持自己信奉的社会主义原则毫不妥协，曾先后被法鲁克国王、纳赛尔总统、萨达特总统送进监狱。据作者自述，《人民中国》是他完成的第一部作品。按照当时惯例，他写完这本书后将书稿交给出版机构审查；但因为当时埃及尚未承认新中国，审查者认为题材过于敏感，不敢擅自决断，以至于惊动了纳赛尔总统。纳赛尔总统阅读了书稿后，指示不加删节照原样出版。因为经历了这番风波，该书到了1955年10月才由开罗纳迪姆出版社出版。

　　《人民中国》一书通过简洁明快、激情洋溢的语言，生动活泼、娓娓道来的叙事手法，讲述了从晚清末年到新中国成立，中国人民为实现民族独立和国家解放而英勇斗争的历史。在作者笔下，蒋介石是一位优柔寡断、性格病态的"变节者"，早年怀有远大抱负的他后来转变为一位自大狂，权力的欲望使他变得眼光狭隘、思想浅薄。与他相反，革命领袖毛泽东虽然出身农民，却富有献身精神，且思想深邃，长于理论思考，又善于将理论付诸实践。毛泽东成功地找到了近代中国落后的根源，即压在中国人民头上的三座大山，并领导中国人民为推翻三座大山不懈奋斗，最终取得胜利。

在新中国成立不久后完成的这部以鲜明态度赞美中国革命的著作，对于埃及乃至广大阿拉伯读者了解中国、同情中国起到了重要作用。埃及前驻华大使努阿曼·杰拉勒、埃及著名中国问题专家穆罕默德·赛义德·萨利姆等人都曾表示，该书是他们了解中国的启蒙读物。埃及著名报人、《今日世界报》主编赛阿德·希吉拉斯曾撰文记录了年少时阅读《人民中国》带给他的震撼。他坦言，作为一位曾在埃及农村接受过落后教育的少年，他对于中国的共产主义革命曾有过各种可怕的想象，然而，"这本书颠覆了我之前一切荒诞的想法，让我意识到之前的想象都是无稽之谈。这本书之所以产生这么大的震动，在于它同时具备天才手笔的简洁和令人惊叹的深刻；而且，它不同于通常枯燥、呆板的历史著作，采用了小说和戏剧的结构方式，令人读来妙趣横生"[1]。如果考虑到纳赛尔总统阅读后亲自同意出版此书，我们或可以断定：此书对纳赛尔总统的中国观形成也起了颇为重要的作用。因此，也就

1　赛阿德·希吉拉斯：《穆罕默德·奥达：一座移动的大学》，参见：https://www.ahewar.org/debat/show.art.asp?aid=83749。

不难理解埃及在 1955 年万隆会议后成为首个与新中国建交的阿拉伯国家。

马利克·本·奈比（1905—1973）是阿尔及利亚著名思想家、社会学家，也是 20 世纪伊斯兰文明革新和现代化的主要倡导者之一。他关于伊斯兰文明、东西方关系、人类社会发展规律的大量著述，在阿拉伯世界产生过深远影响。马利克在研究阿拉伯伊斯兰社会的同时，也一直关注中国等亚非国家的发展，对中国革命和建设的独特经验怀有好感。1964 年 4 月，时任高等教育总署长的马利克率领阿尔及利亚文化代表团访问中国，受到毛泽东、周恩来等中国领导人的接见。马利克虽然并未出版过专门探讨中国问题的作品，却经常在相关学术著作和媒体采访中谈及中国。例如，针对西方人污蔑、指责中国革命的言论，他在《亚非主义思想论》一书中写道：

中国革命在改变传统结构时遵循一种自然的逻辑，即为了改变人，就必须改变人所处的文化环境，并建立一种新的环境取而代之……西方人指责中国革命将人变为"蓝色蚂蚁"，仅仅因为中国人被要求统一穿着蓝色制服。这种说法，只表明西方人面对中国革命产生了一种"心理悲剧"，而并非有关革命的真实而客观的描述。我们似乎能看到这些西方人在表达失望感，在用美学的语言哀叹，因为他们看到毛泽东手持坚实有力的羽毛，在一幅古老而令人生畏的画布上描画新中国的面孔。而酷爱异国情调的欧洲人，只能欣赏古老中国面孔上残存的那种雅致。因此，我们能理解他们面对革命时的惊慌失措，高喊着"野蛮"指责革命。我们想要问的是，他们做出这番评判，是以崇尚美的文人墨客身份，还是以客观公正的社会历史学家身份？ [1]

从中可见，马利克作为一位富有见地的阿拉伯社会学家，对西方人针对中国的"东方主义"式的片面指责不以为然。他对新中国改变旧文化、旧传统的胆识和努力予以肯定，对西方人看来不可思议的"蓝色蚂蚁"现象能够予以理解。他在探讨阿拉伯伊斯兰社会的发展之路时，曾对传统社会的文化包袱之沉重、文化革新之艰难有过深切感受，对某些保守人士把文化身份、民族特性等同于面纱、头巾、大胡子等外在标志的肤浅认知嗤之以鼻。因此，他能从改变传统社会的文化环境之必要性这一角度，去看待人民统一着装等问题，其视野较之西方人更加宏大，见解更为深刻，立场也更为公允。

1　马利克：《亚非主义思想论》，大马士革，思想出版社，2006年，第144页。

对于新中国登上国际舞台这一历史性事件，黎巴嫩著名文学家努埃曼在1959年完成的回忆录《七十述怀》中，也以赞赏的笔触写道：

在更广大的世界范围中，中国披着鲜红的旗帜，出现在国际舞台上，该是近年最令人瞩目的事件了。这个有着4亿多人口的幅员广大、支离破碎的国家，在过去漫长的岁月中，时断时续地遭受着外来野心家的抢劫和国内的饥荒、腐朽的传统和统治的破坏。但是，在它接受了马克思列宁主义之后，竟在突然之间变成了国际场合中备受尊敬的国家，这块共产主义的土地竟如此广大，几乎包括了地球上四分之一的土地和三分之一多的居民。亚洲从沉睡中苏醒起来，亚洲的人民，一个接一个地拂去眼帘上呆滞的灰尘，砸碎了欧洲殖民主义的野心套在他们脖子上的枷锁。非洲也紧跟上，像亚洲一样，那里变成了一口鼎沸的锅炉。我觉得，沸腾已变成我们生活时代中最显著的特征。[1]

努埃曼是阿拉伯旅美派文学的杰出代表之一，曾旅居美国生活、学习20年之久。他于1932年回国定居，潜心思考写作。考虑到他的祖国黎巴嫩一直深受西方政治和文化的影响，

1　努埃曼：《七十述怀》，王复、陆孝修译，甘肃人民出版社，1993年，第573页。

直至 1971 年才与中国建交；因此，努埃曼在《七十述怀》中
对社会主义新中国有如此高的评价，实属难能可贵。这恐怕
不仅归结于他对中国人、中国文化一直怀有好感，而且也出
于他自己在第二次世界大战以后的思想变化。他对给人类造
成巨大灾难的战争深恶痛绝，对资本主义的本质有了清醒认
识，也对冷战时期美苏两大阵营的对峙及其危害充满警惕。
在《七十述怀》中他还写道："一种诞生于资本主义并消灭
它的新制度总有一天会出现。对此我深信不疑。既然如此，为
什么要如此歇斯底里？为什么要匆忙地武装？那种可能只会使
人类留下残肢断臂的战争对两大阵营有什么好处？它决不会成
为裁决两种制度——资本主义制度和共产主义制度谁优谁劣的
最后断语。"[1]

　　1973 年，埃及出版了著名报人穆罕默德·哈赛宁·海卡尔
（1923—2016）涉及中国题材的著作《与太阳约会：话说亚洲》，
这是一部在阿拉伯世界产生很大影响的著作。海卡尔是埃及和
阿拉伯世界著名的新闻记者及时事评论员，他曾担任阿拉伯世
界第一大报《金字塔报》主编 17 年之久，被许多埃及人称为"金

1　《七十述怀》，第 569 页。

字塔之王"。他是埃及总统纳赛尔的知己，曾参与了纳赛尔时代一系列重大问题的决策，并一度担任总统新闻顾问。萨达特总统执政初期，他也担任其顾问。1973 年，他率《金字塔报》代表团访问中国、印度、巴基斯坦等亚洲国家，在中国期间受到周恩来总理的接见。回国后，他在《金字塔报》连载亚洲纪行，并于当年结集出版单行本。

在《与太阳约会：话说亚洲》一书中，海卡尔以一大半篇幅记录了他的中国之行，并以"东方红"作为中国纪行各章的总标题。他用简洁明快又妙趣横生的手法，叙述了在中国的所见所闻和对中国的总体印象，并详细记录了与周恩来总理的会谈，对中国的内政外交予以很高评价。海卡尔在书中写道，他在中国发现了一种其他国家没有的"冲动的力量"，"这一力量无止境地推动中国向前"[1]。而且，中国的一切都让他想到"奇迹"这个字眼，中国之所以能够屡创奇迹，在他看来主要有三个原因：一、每个中国人都是劳动者[2]；二、人尽其才，物尽其用；三、周密的计划和管理。他以《人民日报》总编辑吴冷西宴请埃及代表团时的一桌烤鸭宴，形象地说明了中国人如何

---

1 海卡尔：《与太阳约会：话说亚洲》，埃及旭日出版社，2003 年，第 30 页。
2 在埃及和多数阿拉伯国家，普遍存在严重的失业现象，而且许多女性不外出工作。

"人尽其才，物尽其用"：

一只鸭被做成七道菜。

第一道凉菜是五块鸭翅。

第二道是煎鸭肝。

第三道是芥末鸭掌。

第四道是切成小块的红烧鸭心。

第五道是鸭舌、鸭肠、鸭胗炒蔬菜。

第六道才是主菜：烤鸭。

最后是第七道：鸭架子汤。

我笑着对吴冷西说：接下来只剩鸭毛了，但愿不会给我们上鸭毛吧！

他很认真地回答：鸭毛是要卖的，会有工厂来收购。[1]

海卡尔还以两章的篇幅，介绍了他和周恩来总理关于国际时局的长时间讨论。他眼里的周恩来，既足智多谋，又平易亲切、任劳任怨。因此，他毫不掩饰对周总理的钦佩：

如果有人读了我的文字，感觉我在其中对周恩来总理表达了明显的钦佩，那么他的这种感觉是正确的。我不想对此加以掩饰；相反，我一开始就承认这种钦佩，这样我反而没有

1　海卡尔：《与太阳约会：话说亚洲》，埃及旭日出版社，2003 年，第 33—34 页。

了负担。我也想让读者注意到这点，但愿他们能区分我文字
中的主观和客观因素。钦佩不同于喜爱。喜爱不需要诉诸理性，
但钦佩却离不开理性。要钦佩一个人，一定需要有足够的符合
理性的理由。[1]

海卡尔还写道，他结束亚洲之行回国后，利比亚领导人卡
扎菲曾来到开罗向他询问："中国领导人和民众保持思想一致
的奥秘何在？"海卡尔稍作思考后给出了五点答案：一、中国
革命和建设总体上成功，民众普遍受益；二、领导人以身作则，
身先示范；三、领导人和民众互相信任；四、用浅显易懂的方
式，让民众领会并接受领导人的理论（如"深挖洞，广积粮，
不称霸"）；五、党、政、军与民众保持密切联系。[2]

在前往中国之前，海卡尔就听过一种说法：去过中国的人
们要么极度喜爱中国，要么极度讨厌中国，但不会有人对中国
毫无感觉。从《与太阳约会：话说亚洲》的字里行间可以看出，
海卡尔无疑是一位十分喜欢中国的埃及人。

对中国革命的同情，对中国革命领导人的讴歌，在现代阿

1　《与太阳约会：话说亚洲》，第43页。

2　同上，第38—39页。

拉伯诗歌中也有所体现。伊拉克诗人阿卜杜勒·瓦哈卜·白雅帖（1926—1999）是现代阿拉伯世界最负盛名的诗人之一，他信奉马克思主义，又深受存在主义的影响，其诗作既体现了鲜明的革命性，又有独特的艺术价值。1954 年，他写过一首题为《致诗人毛泽东》的诗作，其中写道：

> 啊，长夜漫漫！
>
> 雄鸡的鸣唱，自我们大洲深处
>
> 预示天下将白！
>
> 啊，长夜漫漫！
>
> 历来，死亡的山峦覆盖着浓雾、
>
> 白雪、死者和群狼
>
> 还有长城的城墙
>
> 我们受伤诗人的双眼
>
> 停息在一行古诗上
>
> 北京衣不蔽体的儿童
>
> 终将在岩石上播种玫瑰
>
> 让黎明升起，自如磐的夜晚
>
> 自暴君的神话里
>
> 啊，长夜漫漫！

雄鸡的鸣唱，自我们大洲深处

预示天下将白！

啊，长夜漫漫！

只需两个时辰

伟大的黎明即将升起

从工厂，从田野

从母亲的泪花

从革命者的火炬

一唱雄鸡天下白

孩子们放飞的一只白鸽

飞越被照亮的广场，飞越港口和大海

那里，幸福的人们在等待

亚洲的一次重生！

不难发现，这首诗与毛泽东主席在新中国成立之初的词作《浣溪沙·和柳亚子先生》[1]存在明显的互文性。不妨说，这是阿拉伯诗人白雅帖在遥远的他乡，与中国革命领袖兼诗人毛泽东的唱和，其中对中国革命的赞颂和期待溢于言表。

1　毛泽东《浣溪沙·和柳亚子先生》原文如下："长夜难明赤县天，百年魔怪舞翩跹，人民五亿不团圆。一唱雄鸡天下白，万方乐奏有于阗，诗人兴会更无前。"

也门诗人阿卜杜勒·阿齐兹·麦卡里赫（1937—　）是当代阿拉伯最有影响的诗人和文学评论家之一，他也曾写过一首感人至深的赞美中国革命、向往首都北京的诗篇——《致北京的吻》：

我何时才能在你红色的广场

欢庆胜利的城楼下走过

吻一吻那前额

你绿色的前额，啊，北京

我以绿色也门的名义放一只

洁白的鸽

我何时才能行走

在白昼的历程进军的路，哪怕几米

那是毛泽东、人民、支持者的历程

一切善良人们的历程

何时

我何时见到你，北京？

……

北京

我心驰神往的绿洲，尽管相隔遥远

我们仍相会在

伟大征途的火把下

在暗无天日的夜里

我们给进军的人希望的火把

巨大希望的火把

当"纸老虎"把我们钉上十字架的夜晚

你，来自东方的、绿色的慧眼

向薄暮的窗口临视

注视着人民怎样创造他们的黎明

在冷峻、聋哑的群山凿出

胜利和光明道路上的第一条线

今天，在拥抱着白云的我的城市

群星拥抱着

高高的尖塔[1]

1　诗人在回答中文译者的问题时表示："这里的'尖塔'，指中国援建也门的萨那纺织厂的烟囱，它是也中人民友谊的象征。"

它正用烟和汗书写

音调和谐的故事

北京啊，那是永不消失、永不灭亡的爱情故事[1]

叙利亚诗人、学者阿卜杜勒·穆因·马鲁海（1917—2006）曾于 20 世纪 70 年代三度来华，在北京大学担任阿拉伯语外教，后因患脑血栓于 1978 年回国治疗。回国康复后，他于 1998 年出版诗集《中国启示》，收入他在华期间创作的诗作。其中，他于 1977 年 10 月 8 日写过两首献给毛泽东主席的短诗：

毛主席纪念堂

你唤醒中国，然后沉睡

自由中国的眼睛却不再昏睡

你撼动世界，然后安息

世界革命的火焰已燃烧不熄

为毛主席灵柩洒泪

（有人见我在毛主席灵柩旁落泪，颇为不解。）

---

[1] 译文引自：《阿拉伯现代诗选》郭黎译，湖南文艺出版社，2000 年，第 333—334 页。

他问：你为什么为他落泪

你是阿拉伯人，他是中国人？

我答：我落泪，因为他让十亿人

从奴役中解放

他问：你为什么为他落泪

你是阿拉伯人，他是中国人？

我答：我落泪，因为他让十亿人

从瘟疫、从饥馑中获得拯救

人们问：光明自何处闪耀？

我答：自天安门广场的这座灵柩里闪耀

在同年 10 月 10 日，马鲁海还写了一首诗作——《献给周恩来总理》：

你的骨灰撒在群山

撒在平原和江湖

你生前与人民相依

你死后与大地共存

你的微笑挂在人民脸上

点亮了他们的眼睛和额头

你的劳绩续存于

工人移山劈地的臂弯里

二、记录中国人文和自然

　　阿拉伯世界与中国虽然同属东方国家，但两地地理环境、历史背景与文化习俗都有很大不同。中国壮丽的河山、悠久的历史、独特的文化、勤劳的人民，都给那些到访过中国的阿拉伯作家留下深刻印象，并被记录在他们创作的游记、散文和诗歌中。其中不少篇什，堪称阿拉伯现代文学中的精品。

　　埃及小说家马哈茂德·巴达维（1908—1986）是现代埃及重要的短篇小说作家，一生共发表近 400 篇小说。他的作品主要描写农村生活，关注农民，尤其是上埃及农民的生活境遇，探讨农村落后的深层原因。巴达维喜爱鲁迅，称鲁迅对他的文学有过很大影响。1957 年，他曾作为埃及文化代表团成员访问中国北京、上海、南京、杭州等地。回国后，他根据自己在中国的所见所闻创作了游记，于 1958 年在埃及《时代杂志》发表，1963 年又结集为单行本《梦幻之城》出版，其中包括《宫殿之城：北京》《中国最美丽的城市：上海》《雨城：南京》《多湖之城：杭州》等 16 篇游记，以及以访华经历为灵感创作的《英雄》《金色的船》等 12 篇短篇小说。

　　在《梦幻之城》里，巴达维不仅描写了北京、上海、南京、杭州等地的名胜古迹和自然风光，还记录了他眼中那个年代中国人民的生活状态和风俗习惯。在北京，"大街上很少看到私人汽车，自行车却数不胜数，估计一大半北京人都在骑自行车……不到清晨五点钟，就有自行车上路；五点以后，有轨电车、无轨电车和公共汽车才纷纷上路……中国人都很文明地上下公交车，没有人在车上吸烟，也从来不会有人说脏话"[1]。在南京，他对中山陵的印象最深，认为它是世界上最伟大的陵墓：

　　　　中国人为革命先行者孙中山先生建造了这一伟大的陵墓。虽然世界上有无数伟人的陵墓，其中有的是用大理石、雪花石、花岗岩建造，有的甚至镶嵌着宝石、黄金……但是孙中山先生

1　见该书网络版，网址为：مدينة الأحلام ـ أدب الرحلات ـ المكتبة الإلكترونية المصرية
http://elbadawy58.blogspot.com/。以下该书引文不再标明出处。

的陵墓与它们截然不同。它的伟大不在于其建造材料，而是陵墓的所在地……中山陵依山而建，气势宏伟。但墓室的设计却很简单……这里，静静地躺着一位为民众而奋斗，为正义而呼唤，毕生以"天下为公"为追求的伟人。

在上海，他感慨于这座"东方冒险家乐园"在解放后的巨变："外国侵略者的俱乐部变成了中国人的操场和剧院。法国人建造的竞赛俱乐部，现在成了容纳三万多人的剧场，可以举办大型音乐会和演讲会。英国人的赛马场，现在成了广阔的人民广场，广场中间坐落着呈演讲姿势的毛泽东雕像。昔日的赌场也变成了文化知识中心。"他还注意到，"上海女性的穿着打扮和北京的不一样，这里的女性一律都戴文胸、穿裙子和风衣，颜色也有不同，她们穿蓝色或者白色的外套、黑色或者灰色的裤子。"

巴达维对杭州的印象尤为深刻。他对"开阔如海"的西湖赞不绝口，认为"西湖是三千年来东方的溪流汇聚而成，并留下了历史上许多文人墨客的足迹和踪影"。他还赞许杭州的女性之美："杭州的女人是中国最美丽的女人，中国古代著名诗人白居易曾写过有关杭州美女的诗歌，那些古代美女因此已经被神化。"但是，令巴达维感到遗憾的是："这美丽的杭州、美丽的西湖却无人欣赏，整个城市弥漫着严肃的气氛，很少有人消遣。"在他看来，西湖在世界上所有自然湖泊中最值得一游，但很可惜的是，杭州"深在闺中无人知"："如果这个城市在欧洲，那它一定会变成各国游客的青睐之地，带来大量外汇收入，让欧洲的平原和海滩相形见绌。可是在中国，杭州依然是个孤独的城市，仿佛一个没有情人的美女。"

巴达维还对当时中国社会比较保守的男女关系颇感诧异。有一次，他在杭州看到一位漂亮姑娘，便请中国朋友告诉她"你是我在中国见到的最美的女孩"，但朋友笑着说"我不能翻译这句话"，因为"这种话就是调情，我们不能在女孩子面前这样说"。后来，巴达维又询问这位朋友，假如这位姑娘有了男朋友，恋人间会怎么相处。他俩便有了这段对话：

"他可以带她上山吗？"

"她愿意就可以。"

"他们的订婚期要多久？"

"半年到一年。"

"在这段时间他们可以接吻拥抱吗？"

"接吻就意味着结婚。"

巴达维还曾多次访问香港，并根据香港见闻创作过游记和小说。在香港游记中，他惊叹于香港的美丽，站在俯瞰香港的山上，他感慨："如果是在晚上，你会为人类创造的杰作感到惊诧；如果是在白天，你会从高楼的阳台放眼而望，欣赏那夺目之美。同时，你也会和我一起诅咒世界上那些挑起战争、破坏自然和人文之美的坏人。"他还注意到在香港的中国人与英国人之间存在巨大差距："香港是一座奇迹之城。在香港，一边生活着穷苦窘迫的数十万中国人，而另一边只有几十个英国家庭，他们住在赤柱的美丽别墅里，过着奢侈的生活。而在皇后大道等地，你能看到大约一千个流浪者和乞丐，还有一千多个人力车夫。"他还记录了香港的小偷、妓女、盗窃案；而这些，是在他的中国大陆游记中从未出现的现象。"当船离开九龙驶向香港岛的时候，我思绪万千。回想起那块写着'当心小偷'的英文标牌，这是英国人想破坏香港人的名誉？还是因为小偷确实猖狂？在某种程度上，偷盗盛行确是个事实，中国香港真的比世界上其他国家有更多的白奴、妓女和小偷。"

综上所述，巴达维的中国游记作品既有很高的文学价值，也有丰富的历史和文化价值。他在作品中表达了对中国人民和社会文化的兴趣与尊重，并无太多猎奇心态，而且对新中国的变化和进步给予积极评价。同时，对于他不太理解的一些社会风尚和现象，也予以客观真实地呈现。因此，巴达维的中国游记《梦幻之城》已成为"了解 20 世纪 60 年代前后中国人民生活和风俗习惯的重要资料，尤其是《多湖之城：杭州》，几乎成为所有阿拉伯读者的旅行指南"[1]。对于今天的中国人而言，阅读埃及作家巴达维半个多世纪前写下的这些文字，恐怕会产生恍若隔世之感。这也从一个侧面表明，在过去的半个多世纪里，中国的经济、社会、文化等各个领域，都发生了翻天覆地的巨变。

在马哈茂德·巴达维之后，埃及著名记者、作家艾尼斯·曼苏尔（1924—2011）也曾经到过、写过香港。曼苏尔的文学创作成就主要体现为散文和游记。《世界二百天》是作者游历了十几个国家和地区后撰写的游记，1963 年出版后不仅畅销阿拉伯世界，而且被译成英、法、德、意、汉等多种文字，受到世界各国读者的广泛喜爱，成为埃及现代游记文学的一部经典杰作。曼苏尔以诙谐而生动的笔触，描绘了沿途各国、各地区的

1　哈赛宁：《现代中国文学在埃及》，北京，社会科学文献出版社，2020 年，第179 页。

自然景观、风土人情和奇闻逸事，也对有关国家的政治、经济情况发表自己独到的见解。

该书中有一篇专门记述香港之行的游记，题为《香港》，包括《海之珍珠》《还有这些怪事？》《你要像个外国人！》三节，描写了作者眼中20世纪60年代初的中国城市香港和深圳（宝安）农村。在作者的心目中，香港宛如大海的珍珠或佩戴珍珠的美女："这片海港，这个一分两段的河道，宛如少女的裙缝，裙子是浅蓝印红花的，上面点缀着珍珠……香港宛如一个披红挂绿的美女，她戴着项链和戒指，戴着珍珠耳环，曲膝坐在一块绿色的地毯上，仿佛她就是山鲁佐德，正在向山鲁亚尔国王讲述《一千零一夜》的故事。"[1]

在这篇游记中，曼苏尔以简明扼要的笔调介绍了香港历史，描写了香港的风光之美丽、生活之多彩、人民之勤劳，还写出了这座城市富有资本主义特色的纸醉金迷："她位于八亿人民中国的边缘。香港是全世界最明丽的一块橱窗。这里有金钱，有美女。这里体现了最浅显的道理，这道理是我们祖先曾冀望的：如何鸿运高照，变土为金；也有人人皆知并终日履行的简单义务：挥金如土，一掷千金。""香港是个富丽堂皇的

---

[1]　曼苏尔：《世界二百天》，石铁译，北京，新华出版社，1986年，第310页。

城市。这里有金钱，有美女；人们喜爱它，又躲避它，其中必有什么奥妙。这奥妙就是这里的狂欢。这里的夜生活，令人目不暇接。"[1]

曼苏尔还在游记里记叙了他乘坐火车从九龙前往深圳的经历："列车的一边，是稻田，是中国农民的小房屋。他们的生活很原始，稻田被划分成许多小块天地……中国妇女在田间活动，她们一般坐在一种凳子上，宛如我们埃及茅厕里的凳子一样。田野错落有致，其间横着河道。农民干活儿，全靠双手，而不用任何先进的机器。"[2] 这些生动形象的文字，真实地展示了深圳——这个今天举世瞩目的国际大都市——半个世纪前的面貌。如果曼苏尔先生至今健在，并有机会再去深圳，不知他会为眼前的沧桑巨变发出什么感慨？

萨拉迈·奥贝德（1921—1984）是叙利亚德鲁兹族[3]诗人、作家、语言学者。1966 年，奥贝德先生曾作为叙利亚作家代表团副团长访华，来京参加亚非作家紧急会议，受到毛泽东

1　《世界二百天》，第 329 页。

2　同上，第 344—345 页。

3　德鲁兹族是居于叙利亚、黎巴嫩的阿拉伯穆斯林中一个特殊族群。他们信奉轮回，普遍认为德鲁兹人死后要托生为中国人，而中国人可能是他们先辈转世托生的。因此，德鲁兹人对中国人怀有特殊好感。

主席等中国领导人接见，并参观访问了北京、上海、武汉、长沙、南昌等地。回国后，他于当年创作出版《东方红》一书，记录了此次中国之行。在全书开篇，他提及了此访的缘由：

> 我知道亚非作家紧急会议要在中国首都北京举行，但没想到我也接到了参会邀请。我毫不犹疑地表示同意，因为在我们山区，人们都相信德鲁兹人的先贤就住在长城之外，等到复活日来临便会现身，在这不公、不义的世界播撒正义。[1]

在书中，奥贝德翔实地介绍了访华期间深入中国城市和农村，在民宅、学校、工厂、实验室、庙宇、剧场、名胜等地参观访问的情况，介绍了中国独特的风土人情、中国人民的生活状况和精神风貌。在回答自己提出的"一个外国人来到中国大城市，会有什么感受"时，他写道：

> 外国人来到陌生的中国，跟他到了任何一个陌生城市一样，难免会产生孤独、迷失和不适感。但在中国城市，他的迷失感会更加强烈，因为这里外国人很少，中国人大都不懂外语，起码都不说外语。尽管中国有许多迷人风光和名胜古迹，但还不是一个旅游国家。为数不多在此工作的外国人，大都生活在有

1　奥贝德：《东方红》，1966年，引自该书网络版第2页。见其个人网站：http: //salamaobeid.com/。

着围墙的区域，如北京的友谊宾馆。[1]

令他倍感新鲜和有趣的，是中国的杂技和京剧，以及姑娘扎辫子、儿童穿开裆裤等习俗，还有中国人生活中使用的筷子、算盘、杆秤等物件。他还发现中国几乎完全实现了两性平等，在他看过的现代京剧样板戏中，如《红灯记》《白毛女》《沙家浜》等等，主角基本都是女性，而《红色娘子军》更是一部由清一色女性出演的剧目。关于中国人的性情特点，他写道：

我们此行发现：中国民众诚实，社会安全，这让我们联想起《伊本·白图泰游记》中有关旅行者和商人觉得中国十分安全的记载。我们还发现，中国的服务员不收小费。此外，中国人普遍谦虚，尽管这种谦虚往往掩饰了他们的自豪和自尊。[2]

在全书的最后，奥贝德写道：

中国自古以来就以智慧和丝绸闻名。现在，她正在转变为光耀夺目的红色东方。我们阿拉伯人真应该去理解这种根本性转变的奥秘所在。这奥秘或许也能照亮我们的道路，激励我们的意志，改变我们的时代。[3]

---

1 《东方红》，第36页。
2 同上，第89页。
3 同上，第173页。

　　侯萨姆·哈提卜（1932—　）是原籍巴勒斯坦的作家、评论家，曾任大马士革大学阿拉伯语系主任、叙利亚高教部长助理等职。1984 年秋季，他曾随叙利亚代表团访华，回国后在叙利亚《革命报》发表了一篇描写香山之美的散文，文章写得如诗如画，美不胜收，其中写道：

　　我一向以为，大自然之美总体上可分为两类：一种是妩媚的，娇憨的，晶莹的，宁静的，让人一下子为之陶醉的美；一种是辉煌的，饱和的，炫目的，劈面而来夺人心魄令人几乎窒息的美。

　　在北京的一个叫做香山的郊区，静卧着一片乐园，虽不是人间或天上的仙境，我却有幸在它的身旁度过了七个昼夜。目之所及，无不令人惊奇、诧异。在一座大山的怀抱里，雄踞着连绵的峰峦、高坡。举目远望，更增添了我的惊异。首先映入眼帘的，是绵延于山脊的茂盛树林，不同的树木为景致之间勾画了界限。这些树木得天独厚，生长在俯瞰两侧的山头，可以尽享周围的风光：千百种色彩组合在一起，斑斓缤纷，令人目不暇接；千百种树木散发着芬芳，那麝香一般、琥珀一般、茉莉一般的芳香，还有无数有名称或无名称的芳香，总要令我心生妒羡。它凌驾于地平线之上，覆盖了山界与关隘；它是大地伸向天际的手掌，是有限传达给无限、受着拘牵的传达给无拘无束者的音讯。在这无边无际的林木下方，更有无数种树木、灌木、花草、枝叶、卵石、山岩……一切都奇妙地交错在一起，在殊异中显示和谐，呈现出令人惊叹的多样性。更为奇异的是，这一切都仿佛一幅用神话般的巧手编成的中国地毯：每一条丝线的挑选，每一细针的缝合，每一种色彩的搭配，都是那么独具匠心。在这缤纷如茵的背景中，还簇生着许多野杏树，仿佛翻卷起一道道茫无涯际的白浪，向着远方推进。在白昼的每一时刻，都为这整体的景致涂上一种特殊色彩，增添一种不同风格，这景致也因而分外绮丽……每当你凝眸远望，一睹这流光溢彩的装饰与点缀，这错落交织的色彩与形状，这洒脱疏放的构图与造型，你会发现这并不只是天然偶成，而是妙手织绘而就，犹如织毯、绘画，或如中国式丝袍上的刺绣那么精妙。

有一回，我的一位画家朋友告诉我，他花了七年工夫想学习中国画的技巧，但未获成功。现在我要告诉他：中国画、中国刺绣及中国书法的奥秘，乃是蕴于中国的自然之中，蕴于大自然第三种美之中。这种美，人或可以感知，却终不能加以形容。[1]

艾哈迈德·法格海（1942—　）是利比亚最著名的小说家之一。其长篇小说三部曲《我将献给你另一座城市》《这是我的王国的辖区》《一个女人照亮的隧道》被誉为"当代的《一千零一夜》"。1997年，法格海应武汉大学之邀，前往该校出席其长篇小说《昔日恋人》的中文版研讨会。回国后，他在阿拉伯文重要报刊《中东报》撰文记述此行，字里行间流露出对中国的友好情谊，他尤其对武汉大学风景如画的校园留下深刻印象：

武汉大学是一所具有百年历史的古老的大学，大学校园美极了，宛如一个大公园，芳草萋萋，绿树成荫，有松树、柏树等多种树木。人们在湖面浩瀚的东湖水里洗脚，湖中有绿色的小岛，远方青山绿水一色，武汉大学和东湖也成为最受游人喜爱的武汉市著名景点。

当我置身于武汉大学，看到中国建筑师先驱设计的富有中国特色的传统建筑，感到心旷神怡……在大学校门口没有持枪

1　侯萨姆·哈提卜：《是自然造化，抑或丹青刺绣》，薛庆国译，选自李琛编：《阿拉伯经典散文选》，北京，华文出版社，2017年，第212—213页。

的卫兵守卫，这所像公园一样美丽的大学向所有人敞开了大门，校园中到处可见男女老少，有的在拍婚纱照，有的在观赏校园的历史建筑和人物雕塑，有的坐在草地上嬉戏，有的漫步在湖边，有的在登山。我看到一些夫妇手挽着手行走在林间小道，他们轻声交谈，给人一种十分祥和宁静的感觉。当你置身这种美丽的环境中，你似乎也变成这种风景的一部分，感到十分惬意。[1]

1　艾哈迈德·法格海：《北京之旅》，载 1997 年 6 月 8 日《中东报》，转引自：李荣建著，《阿拉伯的中国形象》，人民出版社，2010 年，第 148 页。

三、礼赞中国阿拉伯友谊

　　中国和阿拉伯民族都有极为深厚的文明底蕴，有着讲感情、重友谊的优良传统。两大民族自古建立的友好情谊，在现当代得到了进一步发展。悠久的交往历史、相近的文明特征、相似的斗争经历和政治立场、互补的经济特点等等，都为巩固和发展中阿传统友谊奠定了基础。新中国成立后，阿拉伯世界和中国的人员往来逐渐增多，一些阿拉伯知识分子也应邀来华工作或访问，其中留下不少令人难忘的佳话。中阿人民之间的友好情谊，在现代阿拉伯作家的笔下也有所体现。

　　上文所述叙利亚诗人、学者萨拉迈·奥贝德先生于 1966 年初次访华后，对中国留下了美好印象。出于对中国的热爱，他放弃文学创作前来中国，从 1972 年至 1982 年连续在北京大学担任文教专家 10 年。1982 年，他又应新华社之邀，前往新华社担任阿拉伯文专家，直至 1984 年回国。在华工作期间，奥贝德先生与中国同事一起编写了《汉语阿拉伯语词典》，翻译或创作了《中国古代诗选》《叶圣陶童话选》《中国成语》等作品，并亲自编写或参加审定各年级教材，总数达 60 多种。在华期间，他时常加班加点工作，从不索取额外报酬，并自费为学生编印教材，购买礼物看望患病的师生，被中国朋友视为"阿拉伯雷锋"。奥贝德先生将他一生中最后的 12 年，都奉献给了中国。他在华期间留下了许多感人至深的佳话，也创作了一些赞美中国和中国人民的诗文。在离开中国返回叙利亚的前夕，他饱含深情，写下了两首告别北京的诗作：

别了，北京

千丝万缕的思念催促我回到故乡

千丝万缕的留念吸引我留在北京

那边是祖国、家庭和回忆

这里是第二个祖国

第二个家庭

还有无穷无尽的回忆

无论我想起北京的哪个地方

都会引起广阔无垠

根基深厚

芬芳馥郁

色彩斑斓的回忆

勤奋工作

相互合作

真挚友谊的回忆

为了人

为了人的一切

永远向着更加美好未来的

持续不断的

巨大变化的回忆

……

别了，北京

最后告别了，北京……

假如有一天我再回来

也许我这个阿拉伯老人

再也认不出这古老的城市

正在神奇地变成

一位楚楚动人笑容满面

充满希望和热情的少女 [1]

真主与异客

主啊！求你别在这里合上我的双眼！

在这里，人们的心纯洁无瑕

在这里，江山如画

但我思念我的故土

要对那里的山川、海岸

看上最后一眼

求你对我的心不要下手太狠

我们之间没有什么仇恨

你是从来未见过我在你的神殿

双膝跪下把祈祷词诵念

我没在节日里宰牲祭奠

我没在生日点蜡许愿

1　引自谢秋荣：《阿拉伯语修辞新探》，中国对外翻译出版公司，2002 年，第 280—281 页。

但我对你的祈祷

是微风催着花儿开放

是鸟儿对着晨曦歌唱

让我在那里活上最后一天！

那里有我心爱的亲友

难忘的往事有苦有甜

苦难流亡的童年

青春似花一般

也伴着刺刀、皮鞭

是因为他不肯为侵略者、傀儡或神像

献花，烧香

如今我白发如冠

仍手拄棍杖

继续赶路向前

奔跑的队伍推着我

他们不问这路是谁修建

这辉煌的火炬是谁点燃

主啊！我无悔无怨！

你难道没看见我的心洁白如雪一般？

那么就让我在那里合上我的双眼

那里有我心爱的亲友

他们流着血红的泪水

男子汉知道哭的滋味[1]

令人惊奇的是，1984 年 3 月 24 日，奥贝德先生结束在华 12 年工作回国，在回到家乡叙利亚城市苏韦达后的次日，他溘然长逝，实现了在故乡"合上双眼"的愿望；按照他家人的说法，这是"真主成全了他的心愿"。斯人虽逝，但他培养的大批中国阿拉伯语人才中，有不少人已成为促进中阿人民的交往和友谊、发展中国阿拉伯学研究事业的栋梁。他编写的词典、翻译的著作，依然泽惠一代代中国阿拉伯语学子。奥贝德先生本人，也已成为中阿、中叙友谊的象征，其事迹被一代代中阿后人铭记、传诵。2010 年 11 月 27 日，北京大学举行仲跻昆教授著作《阿拉伯文学通史》出版首发式。仲跻昆教授曾与奥贝德先生在北大阿拉伯语教研室同事，他在致辞时提及奥贝德与北大师

1　见北京大学外国语学院阿拉伯语系网页，https://www.arabic.pku.edu.cn/xyzj/xyjy/1209161.htm，仲跻昆译。据奥贝德家人回忆，这首诗是在他口袋中发现的，写于他辞世前一周，当时他还在北京。

生们结下的深厚友谊时说道："奥贝德先生把他的晚年献给了我们中国，他对我们国家的阿拉伯语教育、翻译事业，对我们这一代阿拉伯语人才的培养、成长是有恩德的。我们中华民族是一个具有感恩美德的民族。俗话说：'点滴之恩当涌泉相报。'但我什么泉都没有，竭尽所能，能涌出来的唯有泪水。"仲跻昆教授深情地说着这番话，情不自禁地老泪纵横，在场人士无不为之动容。

欧麦尔·穆萨·巴夏（1925—2016）是叙利亚著名作家、学者，曾任大马士革大学文学院院长、阿拉伯作家协会大马士革分会主任等职。1978年7月至10月，他应邀前来北京外国语大学，为该校与阿拉伯国家联盟教科文组织联合举办的"中国高校阿拉伯语青年教师培训班"授课，并前往中国多地参观访问。1985年，他将在华期间写的日记结集出版，书名为《旅行者札记》。这些日记除了记载他在北京、杭州、桂林、广州等地的见闻，还表达了他对中国的美好印象、与中国师生之间的友好情谊。其中，他记录了回国之前给学生上的最后一堂课——关于现代阿拉伯语诗歌的一次讲座。他在这堂课上选择的诗篇，是与"离别"主题有关的两首诗：伊拉克诗人白雅帖的《没有行囊的旅人》，以及埃及诗人艾哈迈德·希贾兹的《再见》。他写道：

我曾听到来自喜马拉雅山的中国呼唤，于是我相应这呼唤，来到这里。现在，我将要踏上归途，怀着美好的梦想，告别记忆的行列——那些记忆，正在穿山越岭，汇集在我幻想的天际。

课堂上，我朗诵起希贾兹的诗句——

"朋友们！

我不害怕道路的尽头

但我害怕傍晚的问候

再见！

一切离别之词都显苦涩

和死亡一样苦涩

把人，从别人那里盗走——"

当我朗诵时，我从学生的表情中看到他们也在默念："再见……"

那默念发自内心而非舌头，来自肺腑而非眼睛。

从他们的眼神里，我看到最真切的情感……

不久之后，我们将会各奔前程，将要离别，离别的日子何

其残酷！但是，我们会用爱和祝福，为离别的日子施洗！ [1]

穆罕默德·阿卜杜勒·瓦利（1939—1973）是现代也门著名小说家，被誉为"也门小说之父"，其名作《萨那——开放的城市》曾被阿拉伯作家协会评选为 20 世纪 105 部最佳中长篇小说之一。1966 年，瓦利出版了短篇小说集《土地，啊，赛勒玛》，其中收入他创作于 1959 年的短篇小说《中国之路》。这篇小说情节并不复杂，但涉及一个很独特的题材：20 世纪 50 年代中国援外人员与也门人民共同建设萨那—荷台达公路的往事。作家通过也门农民工阿里·提哈米的视角写道：

对他们来说，看到有人（即中国人）像猴子一样轻巧地爬上石头，用绳子将自己悬在半空去爬山，这是人生头一遭。更何况他们还要在半山腰干活。只见他们手握一种奇怪的镐头，奋力快速凿击大山，他们的手在震颤，但他们不会掉下来，这是一群多么奇特的人啊！

阿里想起当年他在哈迪希吉庄园做奴隶时的一段往事。那时，他看到另外一些外国人。他们的脸膛是红色的，一天到晚满头大汗，不停地喝水。他们总是用鄙夷和嫌恶的目光，看着

1　欧麦尔：《旅行者札记》，大马士革，塔拉斯出版社，1985 年，第 148—149 页。

正在头人地里干农活的阿里和他的同伴们。他们对当地农民避之唯恐不及，连睡觉都在远离村庄的白色大帐篷中，有时宁可睡在汽车里，驻地周围还布下带着武器的守卫……过了很长一段时间，他们走了，一去不返，留下的只有阿里和所有人对他们的憎恶。

阿里向山前挪了几步，看到中国人正在不停地挖着山体的中心。天壤之别啊，对此他再清楚不过了。这些人工作起来比那些红脸膛的人认真得多。在他眼里，他们都是外国人。可今天和他一起干活的这些人一心扑在工作上，难怪也门民工按当地的说法，善意地把他们叫做"劳累驴"。他们一点都不傲慢，不仅不躲避民工，甚至就和他们睡在一起，和他们一起掘地挖土，和他们一起放声大笑。他们嘴里刚刚能蹦出几个阿拉伯语词语之后，就逢人问好打招呼。他们的脸上总是带着笑容，那笑容一刻都不曾消失。他们没有守卫，也不嫌弃农民，阿里曾经看见他们笑吟吟地帮助农民们耕地。此景此情，他在公路沿线不知见到多少次。

中国专家和也门民工并肩工作，挥舞着锹镐，挖着，砸着，笑着……他们的爱感染着一切，曾在哈迪希吉庄园当过一段奴隶的阿里，再清楚不过：他怎能不喜欢他们，怎能不尊敬他们？

阿里常常想：这些人在此地、在他的国家干活都如此卖力、玩命，那么他们在自己的国家干活时该是什么样子呢？！

在小说的最后，阿里的中国朋友——"刘"，借着绳索爬山，以便打炮眼炸山。他对为他递工具的阿里喊道：

"我……你……比山……强大！"

阿里周身猛地一颤——他第一次知道，人，乃至他自己，比山还要强大。[1]

小说朴实无华，但作者对中国崇敬和友好的感情却溢于言表。"作家用朴实的语言告诉人们，中国人不仅为也门人修了公路，更重要的是让阿里这个奴隶出身的筑路民工，以及他所代表的也门普通民众，第一次知道'人比山更强大'的道理。他告诉人们，中国人民是也门人民的好朋友，比之傲慢的西方人，他们更谦虚更友善更真诚。他还告诉人们，'中国之路'实际上有两条：一条是有形的，铺在莽莽群山之中，连接着萨那和荷台达两大城市；一条是无形的，铺在也门人民心中，连

---

1 小说载于 2005 年 10 月 3 日《一报一书》项目第 86 期：《土地，啊，赛勒玛：瓦利短篇小说选》，第 10—11 页。该项目由联合国教科文组织与 14 个阿拉伯国家的主要报刊合办，参与的报刊每月以副刊形式刊登一本阿拉伯语文学作品，每次副刊的总印数逾 100 万份，书目由阿拉伯世界著名文学家、学者推荐确定。项目于 1997 年 11 月启动，持续超过 10 年，让 100 多本阿拉伯古今文学精品走进千家万户，是当代阿拉伯世界最成功的文化项目之一。

接着中也两国人民的情和义。"1

连接也门两大城市的这条"中国之路"，穿绕在海拔 3000 米的崇山峻岭之中，险要的弯道多达 900 多处。在承建这一难度极大的海外工程中，许多中国专家和工人流血、流汗，张其弦工程师等人甚至献出了宝贵的生命，并长眠在萨那市郊的"中国烈士陵园"。20 世纪 50 年代还是一穷二白的中国，付出这么大的代价帮助别国值得吗？对于这个可能会让部分国人感到困惑的问题，葛铁鹰教授说得好："《中国之路》将给他们一个明确的答案：当年为同呼吸共命运的穷朋友提供无私援助的中国，无论作为第三世界的扛鼎者还是最大的发展中国家，无论出于传统友好关系还是国内外形势的需要，也无论从世界大国地位出发还是从国家长远利益着眼，她的这种付出都是值得的……我们的同胞用热汗、鲜血和生命之水浇灌的'中国之路'，今天已成一棵参天大树，荫翳下的纳凉者不仅有也门人也有中国人，不仅有今人更有后人。"2

这篇小说还提醒我们，中国和阿拉伯朋友合作的"初心"，不仅仅体现为经济上的互惠互利，而且还应体现为增进人民之

1　葛铁鹰：《天方书话——纵谈阿拉伯文学在中国》，首都师范大学出版社，2007 年，第 229—230 页。

2　同上，第 229 页。

间的友谊和感情，互相尊重，互相学习，共同进步。而这，正是"一带一路"民心相通的应有之义，也是建设中阿命运共同体、人类命运共同体的应有之义。众所周知，美国和西方部分反华势力近年来为了遏制中国的发展，大肆污蔑中国，把中国和发展中国家的合作，妖魔化为"经济掠夺""债务陷阱"，甚至是"新殖民主义"。在这样的背景下，走出国门的中国企业更应该重温中阿友好的"初心"，注意企业的形象建设，履行企业的海外社会责任，树立起有担当、懂分享、尊重当地人民和当地文化、走合作共赢之路的企业形象，这同时也是中国应该确立的国家形象。正在逐步变得富裕和强大的中国，应该不忘初心，并以傲慢、自私的"红脸膛"的西方人为鉴，不能重蹈他们的覆辙。有责任、有担当、有情怀的中国企业多了，那么，国际上敌对势力对我国的一切污蔑之词都将不攻自破；中国企业在海外的发展之路将会越走越宽广，"一带一路"也必将建成中国和世界人民的友好之路。

四、投射神秘中国的异域想象

　　中国与阿拉伯世界相距遥远，自古以来被横亘于两个民族之间的千山万水分隔。阿拉伯古训"知识虽远在中国，亦当求之"，被很多人认为是先知穆罕默德留下的圣训，因而家喻户晓。古代中国独特而昌盛的文明，也通过丝绸之路上商贾的言谈，以及到访中国的少数旅行家的记述，而被许多阿拉伯人津津乐道。历史上的中国，一直作为一个遥远、神秘、富有智慧与知识的异域，存在于阿拉伯人民的心目中。对遥远而神秘的异域中国的想象，也影响着不少现代阿拉伯作家的创作，并投射在他们的诗文中。

　　叙利亚诗人尼扎尔·格巴尼（1923—1998），是阿拉伯世界尽人皆知的"情诗王子"。他的诗歌新颖大胆，敢于向封建观念挑战，对东方社会和阿拉伯民族的传统礼教和陈规陋习进行讽刺和鞭笞。他尤其擅写情诗，并以其扬名阿拉伯文坛。他的情诗坦荡、直率、奔放、炽烈，语言优美，风格明快，许多作品被谱上曲子，在阿拉伯各国广为传唱，尤其受到年轻人的喜爱。格巴尼曾在外交界工作，1958—1960 年，他曾被派往叙利亚驻北京使馆任职。作为一个生性浪漫的诗人外交官，格巴尼难免会对那时还相对保守、落后的中国社会产生扞格难通之感，但他一直尊重、欣赏有着悠久历史、谜一样的红色中国。在 20 世纪 70 年代接受记者采访时，格巴尼认为中国革命的一些成功经验值得阿拉伯人学习：

> 阿拉伯革命应该同时改变身体和思想，即同时改变外壳和内里。任何革命，如果只重视思想而忽视了身体，那就不是彻底的革命。以中国革命为例，它彻底消灭了纳妾现象。在毛泽东的中国大陆，再也没有人把女孩卖给香港的富人作小妾，缠足的陋习也被彻底根除。但在阿拉伯世界，革命者对于女性的看法，在本质上无异于他们想要推翻的旧制度对女性的看法。针对女性问题，阿拉伯左派也没有提出有别于穆斯林兄弟会的革命性观点。[1]

1　穆尼尔·阿卡什：《格巴尼如是说：关于诗歌、性和革命》，参见：https://almadapaper.net/view.php?cat=25547。

值得一提的是，格巴尼还是阿拉伯诗人中最喜欢使用中国意象的人之一。在他创作的大量情诗中，"中国"及与中国有关的事物意象，出现了不下 10 次。例如，在《你的身体是我的地图》一诗中，诗人写道：

> 我是最古老的爱情的都城
>
> 我的伤口，是一块法老的浮雕
>
> 我的痛苦……如同一块油斑
>
> 从贝鲁特，蔓延到中国
>
> 我的痛苦，是一支商队
>
> 在公元七世纪
>
> 由叙利亚的哈里发派遣到中国
>
> 我心头的小鸟，我的四月
>
> 迷失在一条龙的嘴里

这里出现两次的"中国"，都是"遥远"的代名词，诗人以此极言爱情带给"我"的痛苦之巨大。最后一行诗中出现的"迷失在一条龙的嘴里"，更使这首情诗夹带了一些中国文化的神秘色彩。

同样，在一首题为《雨的情结》的广为传诵的名篇中，诗人写道：

> 我怎能从记忆的纸上将你抹去，
>
> 如同浮雕镌刻于石头，你镌在我的心上
>
> 驻留在我血液中的你啊，我爱你
>
> 无论你身在中国，还是在月亮

在这里，诗人留下的是一句爱的"圣训"："爱人虽远在中国，亦当求之！"

在《荣耀属于大辫子》一诗中，格巴尼描写了古代巴格达一位美丽公主的爱情故事，其中写道：

> 一位王子，从印度赶来
>
> 一些丝绸，从中国运来
>
> 但这位美丽的公主
>
> 并未醉心于君王、宫殿和珍宝
>
> 她爱上了一位诗人……

"丝绸，从中国运来"，这样的诗句与古代中阿交往的史实十分契合，唤起了阿拉伯读者历史记忆中的印象：中国，是一个物产丰富、艺精手巧、遥远神奇的国度。

在题为《爱情札记》的短章集锦中，格巴尼写道：

> 当我成了恋人
>
> 我要让波斯的国王向我称臣

我要用权杖将中国纳入麾下

我要让大海移动位置

倘若我愿意，我要让时光停止……

诗人在此用其惯用的夸张手法，表达爱情带来的神奇魔力。恋人因爱情而产生了无穷、疯狂的力量，只有将伟大、强盛、遥远的中国"纳入麾下"，才能衬托出其力量之巨、雄心之大，因而足见爱情之神奇。

在长诗《与法蒂玛同乘疯狂的列车》中，诗人这样描写自己心爱的女士：

啊，女士

你眼中的中国墨汁

让我难以自持

你，如同柑橘的芳香

在我的血管中疾驰……

用"中国的墨汁"指代爱人的迷人黑眸，可见"中国墨汁"在诗人心目中是与魅力、神奇联系在一起的。

在题为《1980恋曲》的组诗里，"中国"先后出现了两次：

整整十二个月

我如同那些织匠，来自叙利亚

佛罗伦萨，或是中国、波斯

我在编织一件爱恋的长衫

在长衫的历史中、在男人的历史中

它都无与伦比

"编织一件爱恋的长衫"的"织匠"，来自中国这样的文明古国，诗句的字里行间，因而散发出几分古老的、异国的神秘气息。

整整十二个月

我在美术学院度过

我用中国的墨汁涂绘马群

以模仿你秀发的飘逸……

"中国的墨汁"，被用来描绘如马群一般的"你秀发的飘逸"，指称与爱人相关的美丽事物。

在另一首长诗《新年好，我的爱人》中，诗人写道：

每一年，我都被你的地震撼动

被你的雨水淋湿

被印上——如同一件中国的瓷器——

你身体的起起伏伏……

"我"被印上"你身体的起起伏伏"，含蓄地表达了两位恋人身体的密切接触。有趣的是，诗人奇思妙想，将自己的身体比作"一件中国的瓷器"，中国瓷器的质地之精、绘图之美尽人皆知，由此不难联想起恋人纤细的肌理和柔美的线条。

从以上诗句可知，诗人格巴尼笔下屡屡出现的"中国"，往往被赋予一层遥远、神秘而美好的色彩。当无数沉醉于爱情、向往着爱情的阿拉伯青年男女们诵读这些美丽诗篇时，他们心目中的遥远的东方古国中国，大概还会染上几分浪漫而温馨的色彩。

1970年，格巴尼出版了自传《我和诗的故事》，内有一章叙述他作为外交官在世界各地的生活经历，其中包括一篇关于他的"中国经历"的文字。在笔者看来，这或许是现代阿拉伯作家笔下有关中国的最优美、最动人、最伤感的文字。文字篇幅不长，不妨将全文展示如下：

1958至1960年间，我的人生之舟在中国停泊。我这段"中国经历"又是怎样的情形呢？

如果以诗人的身份来谈论中国，也许我会苛责她；但如果以知识分子的眼光看待中国，我要为她戴上花环，向她代表的人类最伟大的实践之一致敬。

从诗歌的角度来看，中国一直游离在我的感官之外：由于政治制度的缘故，以及对外交官的严格限制，我无法与中国人交流，不能以任何方式跟他们对话。

中国的高墙——我不是指历史的城墙，也不是指象征意义的围墙，而是指真实存在的高墙，不允许非中国人穿越。

我见到的中国，是中国被允许给我们见到的样子，是以北京城为中心的方圆15英里的区域。在中国外交部礼宾司的组织下，我们也曾对中国的其他城市进行外事访问。访问中，我们俨如小学生出游一般，一举一动都由"校长"监护。

我曾想独自坐在中国的竹林旁，独自嗅闻荷花的芬芳，拥抱一个长着一双中国眼睛的女孩……

然而，我这些不乏童趣的念头却无法如愿。所有的竹林、所有的荷花、所有的中国孩子……都不和外国人交谈，他们只有等官方翻译在场时才开口；而他们说的话，会被一一记录在册。

我本想见识一下真实自然的中国人，看他们怎么欢笑，怎么歌唱，怎么制作精美的器皿，怎么啜饮茉莉花茶，怎么用木筷夹起米粒——像雀鸟一样……但我未能如愿，为此，我极度伤感。

诗人如果不同他的创作对象打成一片，交融在一起，那就只能游离于光明之域的外围。

中国这片辽阔的土地，孕育了无数个被魔力与惊奇包扎的礼物。她的大自然令人惊叹，她的人民温润善良，可她偏偏在众多爱慕者面前，裹起厚重的面纱，遮去大半姣容。

我本想为中国写一首情诗，但她不愿赴我的约，还关上她阳台的门……

尽管如此，我还是为非凡的中国奇迹而折服——她让亿万人民摆脱了疾病、饥饿、鸦片与殖民主义的魔爪。

为了保持公正客观，我要说：谁若想了解中国，那就该抛弃一切成见，要用中国的逻辑——而不是自己的逻辑——去探讨事情。

如此，他便会发现，中国的言行举止实则合情入理：毕竟，殖民主义曾把中国人视若猫狗一般卑贱，而伤痛仍然驻留于中国人的唇舌。

我在中国收获的诗歌灵感不多，某种程度上，我在这里的创作更像是从记忆的泉源中汲水。

我生命中这段"中国经历"的主色是黄色。

黄色是一种深邃、平静、文明的颜色。它与我的心灵缔结姻缘，一个美丽的婴孩由此诞生，他的名字是忧伤。

在东南亚，忧伤曾首度向我袭来，如同一只打湿翅膀的海鸥。在此之前，我从未遭遇过忧伤之鸟，也不许它在我的眼睑筑巢，与我共处一室，同卧一榻。

在此之前，我总是像一匹骏马，在欢乐的大地上疾驰，愉快地嘶鸣，为太阳、青草和自由。

而在中国，我的诗稿开始绽放忧郁之花，它不断生长，直到我的簿册变成泪的森林。

如此灰沉之调，在我最忧郁的两首诗作——《忧伤之河》和《亚洲的三封信笺》中清晰可闻。

除了忧伤的诞生，在中国整整两年的自我封闭，还让我转生于一具东方女性的身躯——一位被历史的城墙、蒙昧的宗派主义与部落的屠刀围困的女性。

这种戏剧性的、令人称奇的转生给我留下的印痕之一，便是我于 1968 年、也就是完成创作的十年后，在贝鲁特出版的作品——《一个无足轻重的女人日记》。[1]

尽管诗人为自己未曾写过献给中国的"情诗"而遗憾，但读了上述美丽的文字，谁也不会怀疑，这就是一首饱含仰慕、爱意和哀怨，无比动人的"情诗"！

1　格巴尼：《我和诗的故事》，www.noor-book.com 网站 PDF 版，第 118—123 页。

与格巴尼类似，阿拉伯现代诗歌的先驱、伊拉克的杰出诗人巴德尔·沙基尔·赛亚卜（1926—1964）也在多首诗作中提及中国。在一首题为《爱我吧》的情诗中，诗人写道：

　　我从不会对过去忘恩负义

　　但是，你之前我爱的女人都不爱我

　　我爱过七个女子，她们对我不屑一顾

　　有时她们略微开恩，我似乎被带到中国……

这里，诗人因为得到心爱女子的"开恩"而欣喜若狂，如同被"带到中国"一样。可见，"去中国"在诗人心目中是多么难得、幸福的事情。

赛亚卜1960年发表的诗集《雨之歌》是阿拉伯现代诗坛具有里程碑意义的事件，这部诗集标志着阿拉伯自由体新诗在思想和艺术上都达到了新的高度。诗集收入的长诗《武器与孩子》第七节中，作者写道：

　　祝福中国和收获的人们

　　还有在捕捞棕色鱼的渔夫

　　祝福革命者鲜血浇灌的果实

　　在红旗下咧开的一张张笑脸

　　祝福生活在中国遥远的乡村

　　　在茂盛的果树荫翳下的少女

　　　祝福收获的夜晚打谷场上

　　　少女的衣裙掀起的涟漪

　　字里行间，流露出诗人对中国革命、中国人民的美好印象和良好祝愿。

　　诗集《雨之歌》还收入了一首中国主题的长诗：《邪！邪！红孩儿！》。作者在附注中写道：

　　　根据中国神话，有位国王想用金、银、铜、铁四种金属铸造一口大钟，并将此事托付给一位大臣。然而，这四种金属始终无法熔合。大臣之女红孩儿便去请教巫师。巫师告之：此四种金属只有用少女之血方能熔合。红孩儿闻之，遂跳入冶铸大钟的炼炉。大钟铸成后，每有人击钟，便发出"邪！邪！红孩儿！"之声。[1]

　　诗中写道：

　　　你父亲的钟声仍然让夜晚揪心

　　　那是最为凄惨的哀声：

　　　"邪！邪……红孩儿！红孩儿"

1　赛亚卜：《雨之歌》，开罗，辛达维出版社，2012年，第35页。"邪，邪，红孩儿"为音译，"红孩儿"也可译成"孔孩儿"。

路上的孩子们闻之惊恐

一颗颗心为之跳个不停

北京和上海的千家万户

听到那回声便紧闭大门

你和孩子就这样熔化

让铁和铁熔合

让煤炭、铜和金子熔合

让旧世界熔合新世界

熔合司掌铁、铜和毁灭的诸神

……

诗人在附注中提及的中国神话，是中国北方民间广为流传的"铸钟娘娘"的故事。根据民间故事，那位少女（在不同地方的传说中其姓名也不同）跳入炼炉之际，其父亲伸手去抓，却只抓到她穿的一只绣花鞋。因此，日后每到定更，就能听到"邪！邪！邪！"的钟声，当地人就会伤心地说：铸钟娘娘又要那只绣花鞋啦！估计诗人赛亚卜并未明白"中国神话"中拟声词"邪！邪！"的含义，因此他未在注释中说明"邪"是"鞋"的同音词，但保留了这个拟声词，为诗歌增添了几分神秘色彩。在这首诗中，诗人表达了对少女献身精神的赞美，和对她及她代表的中国人民不幸遭遇的同情。

　　赛亚卜和中国的诗歌之缘还不止于此。1955 年，他出版过一本译作——《现代世界诗选》，其中收入 20 位外国诗人的 20 首诗作。其中一首诗，赛亚卜将其列在美国意象派诗人庞德的名下，阿拉伯文译作《河商妻信》。这本译诗选，曾多次重印，许多阿拉伯诗人得以借此一窥西方现代诗歌的新形式、新特点。而《河商妻信》的原型，其实是中国古代诗人李白的诗作《长干行》，经庞德翻译后被收入他的诗集《华夏集》（Cathay），于 1915 年出版。关于赛亚卜和中国的这段诗歌之缘，可见本书附二《"雨"在中、英、阿语际中的诗歌之旅》。

五、书写特殊时期的无奈和困惑

新中国成立后，中国共产党领导人民进行社会主义革命，推进社会主义建设，战胜政治、经济、军事等方面一系列严峻挑战，取得了重大成就。但遗憾的是，1956 年中国共产党第八次代表大会形成的正确路线未能完全坚持下去，"先后出现'大跃进'运动、人民公社化运动等错误，反右派斗争也被严重扩大化……毛泽东同志对当时我国阶级形势以及党和国家政治状况作出完全错误的估计，发动和领导了'文化大革命'，林彪、江青两个反革命集团利用毛泽东同志的错误，进行了大量祸国殃民的罪恶活动，酿成十年内乱，使党、国家、人民遭到新中国成立以来最严重的挫折和损失，教训极其惨痛"。[1] 因此，20

---

[1]　引自：《中共中央关于党的百年奋斗重大成就和历史经验的决议》（2021 年 11 月 11 日中国共产党第十九届中央委员会第六次全体会议通过）。

世纪60年代，是中华人民共和国历史上一个十分特殊的时期，一个取得一定成就同时遭受巨大挫折的时期。国家政治生活所经历的种种曲折，也在社会文化生活中有充分反映。新中国这一特殊时期出现的各种问题，也给当时工作或生活在中国、热爱中国的阿拉伯知识分子造成了困惑，并且以不同形式呈现在他们笔下。值得一提的是，叙利亚著名作家哈奈·米纳还以他自己60年代在华工作的经历为背景，创作了长篇小说，比较真实地呈现了新中国这一特殊时期的社会图景，并且对此做了富有深度的批评和思考。

哈奈·米纳（1924—2018），出生于叙利亚海滨城市拉塔基亚市，在文坛享有"叙利亚小说长老"之誉。他一生创作了40余部作品，其作品多取材于自身经历和周围的现实生活，反映了中下层人民，特别是码头工人、渔民、海员进行的反对外国殖民者、本国专制统治者和剥削阶级的斗争。在创作手法上，他在遵循现实主义风格的同时，也常借用现代派的技巧。多产求新，使他成为当代最有影响的阿拉伯作家之一。米纳发表于1954年的长篇小说处女作《蓝灯》已有汉语译本。发表于1966年的长篇小说《帆与风》，是一部描写海员为活命、为追求社会与政治解放而进行悲壮斗争的史诗般力作，被评选为 20 世纪 105 部阿拉伯最佳中长篇小说之一。米纳青年时曾加入叙利亚共产党，并因此受到政治迫害，后经友人介绍来华，在北京外文出版社担任阿拉伯文专家。据叙利亚前驻华大使伊马德·穆斯塔法先生考证，米纳在华工作时期应该为 1958—1961 年。[1]

1995 年起，米纳发表了以他在中国工作、生活为背景的长篇小说三部曲——《北戴河纪事》（1995）、《黑浪新娘》（1996）《最后的冒险》（1997），这是阿拉伯现代文学中首次出现的中国题材长篇小说。小说主题是通过左翼阿拉伯知识分子祖贝德在社会主义中国的生活和经历，表达他对社会主义理论和实践的反思，并叙述这位被迫流落海外的阿拉伯革命者的复杂经历和心路历程。小说有两条叙事线索，一是主人公祖贝德在北戴河度假时的生活，二是他作为阿拉伯语专家在北京的工作和生活。第二条线索是通过作者穿插在小说中的 9 篇日记叙述的。值得一提的是，米纳本人在华期间的工作身份，是外文出版社的阿拉伯文专家；但小说主人公祖贝德却是北京大学阿拉伯语系的外教。根据笔者询问北京大学、外文出版社多位健在的老教授、老专家，可确认米纳本人在华期间并未到北京大学任教

---

1 穆斯塔法：《在中国的叙利亚作家们》，刊于 2021 年 10 月 26 日叙利亚《祖国报》。

过。因此，小说主人公在北京大学任教的经历，是作者虚构的。小说中关于北京大学和大学教学的有关情况，很可能是作者从同住友谊宾馆的其他外国专家那里间接获得的，并以此为基础做了艺术加工。

在小说中，祖贝德因受政治迫害从贝鲁特流亡到北京，被人推荐到北京大学阿拉伯语系任教。祖贝德在日记中回忆这段经历时写道：

我在大学的工作很顺利，我的职责就是为北京大学阿拉伯语系培养人才，教会学生们用阿拉伯语听、说、读、写，这是一份说容易也不容易的工作。我教的班上有 15 个学生，他们学习四年后已经毕业，成绩有好有差。他们中一些人在中国驻外使馆工作；还有一些人担任翻译，陪同中国代表团出访阿拉伯国家，或是陪同访华的阿拉伯代表团；还有一些人在外文出版社担任阿拉伯文翻译或编辑。[1]

初到北京，祖贝德对中国的一切都很好奇，迫切希望了解这个神秘的东方国度。他和其他在京工作的外国专家一样，住在中国政府专门安排的北京友谊宾馆里。然而，当他询问在华工作时间较长的外国专家是否了解中国时，得到的答案

1　米纳：《北戴河纪事》，贝鲁特文学出版社，1995 年，第 263 页。

却是：

到现在我们都没有真正地了解中国，因为我们住在友谊宾馆这个为外国人专设的居住区，只有在工作中、只有通过翻译才能接触到中国人；而如果不能走进中国人的家里，就无法从内部了解中国社会。

在北京工作、生活一段时间以后，祖贝德也发现很难有机会体验中国百姓的日常生活，而且作为外国专家，他们在华的生活也面临许多禁忌和规矩：

对于已经在中国居住过一段时间的祖贝德而言，他知道许多事没有明文规定，也没有中国人告诉任何外国人哪些事该做或不该做，但是所有住在友谊宾馆的专家们，通过日常生活，通过与中国人的日常交往后，都知道言行举止应该遵循不成文的规矩，这些规矩在他们中间广泛流传，而那些新来乍到友谊宾馆的专家，通过自己的所见所闻，通过与老专家的接触，也会很快熟知这些规矩。例如，他们来到中国工作，就应该认真，正直，重操守，友善地对待与他们打交道的中国工作人员，如司机、翻译等等，而这些中国人也会同样友善地对待他们。跟中国女士相处，应该特别谨慎，她们在跟外国人交往时也会分外谨慎的。[1]

　　祖贝德非常喜欢乡野的景色，喜欢在夜间漫无目的地在乡间小道散步。在这里很少碰到中国人，但他知道这里肯定会有安保人员看护。同在北京的友谊宾馆一样，中国人行事，极为细致和谨慎。他们遇到外国专家，也会客气地打个招呼，但不会跟他们多聊几句。不会问他们从哪儿来、到哪儿去，因为这些情况中国人不用问也知道答案……实际上，这里的外国专家、外国客人之间，相互来往的自由是不受限制的，他们之间甚至可以发生性关系或通婚，但他们不能染指中国人，一旦与中国女人恋爱，那就是罪过；而如果和她发生性关系，那更会遭受严厉的惩罚。[2]

　　在同中国人，尤其是各级官员交往时，祖贝德发现他们都谨小慎微，不和外国人产生任何私交，不敢越雷池一步，甚至到了不近人情的地步。一次，负责外国专家事务的干部陈兰（音译）到祖贝德家中做客，祖贝德用糖和咖啡款待她。后来祖贝德问道：

　　　　"我是否可以邀请你一同用晚餐？"

1　《北戴河纪事》，第26—27页。
2　同上，第136—137页。

陈兰回答："晚餐？不行，友谊宾馆有中国人专用的餐厅。"

"那么，我们可以在中国人餐厅一起用餐吗？"

"那也不行，外国同志有他们的专用餐厅。"

祖贝德大胆地说："那我们就把不允许的事情变成允许，可以吗？"

陈兰用肯定的语气说道："你这样很危险。"[1]

在小说中，这位在祖贝德眼里别具魅力的陈兰，后来因为和他产生了并未越轨逾矩的暧昧情感，而被同事举报，并被迫调离友谊宾馆。祖贝德也因此深感内疚，一直耿耿于怀。

在课堂上，为了提高学生的阿拉伯语水平，并让他们感受阿拉伯文化、文学的魅力，提高学习兴趣，祖贝德主张拓展学生的课外阅读，让他们接触阿拉伯语原文作品，特别是阿拉伯现代文学的名家名作。然而，这一做法却给他招来麻烦，有一次，阿拉伯语系一位刘姓书记找他谈话，对他提出了批评：

"从第一堂课起，你就建议学生阅读含有资本主义思想的被禁读物。你让他们读艾哈迈德·邵基、巴达维·杰巴勒等人的诗歌[2]；在散文课上，你建议他们阅读陀思妥耶夫斯基、狄

1　《北戴河纪事》，第239页。
2　艾哈迈德·邵基：埃及近代著名诗人，享有"诗王"之誉；巴达维·杰巴勒（意为"山中的游牧民"），原名为穆罕默德·苏莱曼·艾哈迈德，叙利亚现代著名诗人。

更斯、海明威、福楼拜等人的作品。你这门课怎么体现革命思想？革命题材的诗歌或散文在哪里？我们希望你立刻终止这种做法，开始教授党和国家的文件和领导人讲话。"[1]

由上述可见，在20世纪60年代的这一特殊历史时期，极左思想对中国社会各方面都产生了很深的影响，对学校的正常教学也有很大冲击。虽然小说是虚构文学，小说家描写的各种现象可能存在一定程度的虚构和夸张，但经历过那一时期的中国人知道，米纳在小说中呈现的上述现象，总体上符合当时中国社会的实际状况。对此，生活、工作在中国的米纳也深感困惑和无奈。他热爱中国，信仰社会主义，可是他无法接受中国人以这种理念和方式实践社会主义，直觉和理性告诉他："这种僵化的意识形态跟社会主义无关！"[2]他借小说主人公祖贝德之口，表达了自己对中国极左思想造成的思想僵化现象的严肃思考："他们这么僵化，到底有益于中国还是伤害了中国？"[3]

难能可贵的是，米纳虽然对当时中国的种种极左、僵化现象感到困惑和不满，但他并没有全盘否定新中国取得的成就。

1　《北戴河纪事》，第292页。

2　米纳：《黑浪新娘》，贝鲁特文学出版社，1996年，第24页。

3　《北戴河纪事》，第24页。

他通过小说中祖贝德和外国专家的对话，直接或间接地对中国在十分艰难的国内外环境下取得的物质和精神进步表示肯定：

"在北京，解放前曾经有过一百万个妓女，而现在卖淫已经绝迹，所有人都在工作。"[1]

"假如把中国的生活水平同印度作对比，那么中国的状况真是改善了许多。当你走上街头，走进市场，你会发现虽然中国人穿着同一样式的衣服，但没有人赤身裸体，也没有人忍饥挨饿或者沿街乞讨。这本身，就是新中国在成立至今很短时期内取得的显著进步。"[2]

"中国人勒紧腰带，生活简朴，他们在牺牲自我的基础上建立了国家，他们身穿统一的蓝色制服，食物也很简单；但是，毛泽东领导的长征精神仍然在他们的血液里流淌，让他们获得了革命的胜利。这种精神在中国人身上，尤其是青年一代身上，仍然有充分的体现，他们都怀着满腔热情工作和奉献。"[3]

"中国人有着令人惊叹的决心，不仅仅有决心掌握现在，而且还有决心把握未来。在我看来，他们的决心定能够成为现实。新中国是一颗光彩夺目、充满巨大能量的星辰，尽管过程

1　《北戴河纪事》，第 208 页。
2　同上，第 208 页。
3　同上，第 161 页。

会困难重重，充满坎坷，也会付出代价，但中国必将实现它的梦想！我们阿拉伯人都该学习中国这个独一无二的国家，学习它的革命道路，学习它的国家和人民，尤其应该向中国人民学习！"[1]

经过对历史与现实的理性思考，米纳还认为当时的新中国处于一个特殊时期，在他眼里的各种不正常现象也有其产生的客观原因。他相信，随着时间的推移，种种不正常现象终究会改变。他通过祖贝德之笔记录了自己的思考：

"中国人曾遭受那么多占领其土地的外国人的羞辱，民族尊严受到那么严重的伤害，所以现在中国人特别看重民族感情和尊严，甚至显得过分，但这是一种被动反应而已，一种愤怒的被动反应，随着导致被动反应的原因消失，这种反应最终必然会淡化。"[2]

在小说中，祖贝德因为在课堂上教授阿拉伯文学而被支部书记批评和训斥，他当场据理力争，甚至表达了愤怒。但在回到住处后，他开始冷静地思考问题，力图分析中国人这种偏执思想产生的原因：

"这算怎么回事？这种思维方式能够持续吗？……我认为

1　《北戴河纪事》，第162页。
2　同上，第177—178页。

这只是一个阶段而已。这是以错误的方式传播的一种'革命炎症'，它终究会消失或减缓。"[1]

在《北戴河纪事》三部曲中，作者还提及中苏交恶这一重大历史事件及其对小说人物的影响。众所周知，20 世纪 50 年代后期开始，中国和苏联这两个社会主义大国在意识形态方面有了分歧，对于世界局势发展的认识也产生了矛盾，中苏关系因此日渐恶化，冲突也日渐加剧。作者哈奈·米纳是叙利亚共产党员，曾经访问过苏联，而叙利亚左翼力量历来与苏共关系密切，因此，中苏关系交恶让米纳深感困惑，他笔下的主人公祖贝德也经历了这一困惑，但他在这场国际政治纠纷中做出了比较理性的抉择。小说中，祖贝德尽管对苏联颇有亲近感，但他并没有偏向苏联。因为他意识到："在中国，我算半个难民；所以，让我卷入苏联和中国的纠纷，这完全不可以。"[2]他还这样表白：

> 我不会贸然反对中国，但也不会无原则地跟它站在一起。我多次访问过苏联，对苏联及其各种做法很了解，有些事情，特别是其内政，我并不赞同。现在我正在了解中国，我也批评它的某些政策，但我不会自找没趣，做毫无道理的选边站。[3]

1　《北戴河纪事》，第 295 页。

2　同上，第 190 页。

3　《黑浪新娘》，第 54 页。

　　颇值得一提的是，米纳的《北戴河纪事》中，还出现了一个以我国著名学者、北京大学阿拉伯语教授、《古兰经》中文译本的最权威译者马坚先生（1906—1978）为原型的人物。小说中的这个人物不仅与马坚先生的阿拉伯语名字相同（Makin），而且职务、经历也颇一样：

　　我曾听说过这位中国东方学家的名字，他是北京大学阿拉伯语系主任。据说他喜欢阅读阿拉伯现代文学，重视阿拉伯文学的翻译和教学。[1]

　　不过，小说中这位 Makin 教授却并非作者主要着墨的人物。鉴于作者并没有在北大工作的实际经历，他对马坚教授的了解可能也不深入，甚至两人在北京是否见过面也不能确定。所以，小说中 Makin 教授这一形象并不丰满，但我们也可从中看出作者对 20 世纪 60 年代那个特殊时期中国知识分子的印象：

　　Makin 教授在办公室热情而友好地接待了我。但是他跟我说中文，而不是他十分精通的阿拉伯语。他通过翻译告诉我，我的工作是给毕业班学生授课，希望能纠正他们的发音，丰富他们的词汇量，通过操练提高短语的熟练程度。当他的翻译卡壳或者把意思完全译错时，他会发出微笑，并指出翻译中的错误。

1　《北戴河纪事》，第 178 页。

……最后，他起身跟我告辞，并没有邀请我参观一下大学，甚至没让我参观一下我将要工作的阿拉伯语系。这让我有点意外，但我也能够理解，我已经准备好不干涉与我无关的任何事情。[1]

从这段描述可以知道，祖贝德对自己已闻大名的 Makin 教授还是略感一点意外乃至失望的，因为他竟然没有用他精通的阿拉伯语跟自己交谈，而且没有邀请自己参观大学和将要工作的阿拉伯语系。在祖贝德看来，这或许表明 Makin 教授有意跟自己保持距离。但是，与其说这是 Makin 教授的性格使然，不如说这是受那个时代政治环境和社会氛围的影响使然。小说中的支部书记批评祖贝德在课堂上讲授阿拉伯文学时，Makin 教授也在场，他听到激动的祖贝德反驳针对自己的"鲁莽指控"时，语气温和地劝他：

"祖贝德同志，这不是你理解的什么指控，无非是我们都应该提高警惕，防止资本主义思想的渗透，应该持之以恒地付出切实努力，用我们都信奉的思想，即你也信奉的思想，去教育我们的学生。"[2]

可见，在作者笔下，Makin 教授作为中国顶级大学的阿拉

1　《北戴河纪事》，第 182—183 页。
2　同上，第 293 页。

伯语权威，一位精通阿拉伯语言和文化的学者，在思想和理念上竟然也与保守的政治干部无异，这或许会让祖贝德感到悲哀。当然，Makin 教授这一虚构人物形象与笔者了解的马坚先生还是有很大出入的。小说中并未提及 Makin 教授是位穆斯林，甚至还出现了他和刘书记在和平饭店设烤鸭宴、用茅台酒欢迎祖贝德的情节。据笔者跟与马坚教授共事过的北大老教授核实，马坚教授滴酒不沾，这一情节肯定是虚构的。因此我们可以判断：小说中的 Makin 教授其实并非北大马坚教授。

最后，有一个问题值得思考：哈奈·米纳笔下的中国，较之本章前文所述 20 世纪 50、60、70 年代前来中国工作、生活、访问的其他阿拉伯作家笔下的中国，有着很大不同。客观而言，米纳对中国的观察和书写是更为真实和准确的，他对那个特殊时期中国的批评，也是尖锐和深刻的。这些都受左翼思想影响、都热爱中国的阿拉伯作家笔下，为什么会呈现不同的中国形象？这其中既有主观原因也有客观原因。就主观原因而言，首先，米纳是一位目光锐利、思想深邃的小说大家，善于发现社会的阴暗面，并敢于在作品中予以大胆揭示，其来华工作前后发表的小说都体现了这一特点；其次，米纳在叙利亚海滨城市拉塔基亚出生、成长，而叙利亚地中海沿岸一带历来风气开化，宗教气氛淡薄，世俗文化盛行，因此，米纳在性情上也更偏爱冒险、娱乐、自由、浪漫的社会氛围，他来到中国后对各种限制、约束的不适应感也更加强烈，他的小说中对这种不适应的书写和批评较之其他作家也更为鲜明、突出。就客观原因而言，米纳在中国工作时间较长，他的小说较之短期访问的作家们留下的走马观花之作（如奥贝德的《东方红》、巴达维的《梦幻之城》、海卡尔的《与太阳约会：话说亚洲》等），观察更为准确。此外，20世纪60年代是新中国历史上受极左思想影响最深的时期，极左思想对社会生活方方面面的冲击也最为明显，涉外机构对外国人的管控和约束也最为严格。事实上，米纳笔下外国专家无法走进中国人家中的现象，在70年代已有改观。据仲跻昆教授爱人刘光敏老师回忆，叙利亚外教奥贝德70年代在北大任教期间，学校曾布置任务，要求中国老师轮流邀请他到家中做客，以便让外宾在中国有宾至如归的感觉。改革开放以后，中国的社会风气也不断开化，正如米纳在小说中所预言的那样，那些蔓延一时的"革命炎症"终于随时代的变化而消失或减缓了。

第三章
阿拉伯作家笔下的新世纪中国

　　人类迈入 21 世纪的门槛以来，人们期待的千禧盛世并没有成为现实。新世纪伊始，一连串震惊世界的悲剧性事件纷至沓来："9·11"事件、阿富汗战争、伊拉克战争、世界金融危机、"阿拉伯之春"动乱……人类仿佛打开了潘多拉的魔盒，迎来一个战祸频仍、动荡不宁的时代。与此同时，中国却呈现出"风景这边独好"的繁荣景象，20 世纪 70 年代末开启的改革开放进程，在新世纪以突飞猛进之势推进；中国始终坚持走和平发展的道路，积极融入经济全球化进程，抓住了难得的战略机遇期，在各个建设领域都取得了举世瞩目的巨大进步，中华民族开始以崭新姿态屹立于世界东方。

　　在新世纪，随着中国综合国力和国际地位的提升，阿拉伯各国对中国的重视也与日俱增，中阿关系得到进一步巩固和推进。2004 年，中国与阿拉伯国家共同宣布成立"中阿合作论坛"；

2010 年，中国和阿拉伯国家宣布建立全面合作、共同发展的战略合作关系；2013 年，中国提出建设"一带一路"倡议……这一系列重大举措，都为中阿关系在新世纪的发展注入巨大动力。另一方面，在经济发展、社会治理和民生改善等方面都面临严重危机的阿拉伯各国，越来越重视中国改革开放的成功经验，政府和民间普遍出现了"向东看"的倾向，中国迅速成为阿拉伯政商人士、知识精英乃至普通民众的关注焦点。

在这样的背景下，阿拉伯作家对新世纪中国的书写呈现出什么特点？他们如何看待中国发生的沧桑巨变？又从中总结出哪些经验和教训？阿拉伯视角与西方视角有何不同？以中国为镜，阿拉伯作家们如何反观、审视自我……这些，正是本章试图探讨的问题。

一、文化界出现"中国热"

进入新世纪以后，阿拉伯世界掀起的"中国热"也影响到阿拉伯文化界。在中国对外开放的力度不断加大、中国经济实力快速增长、中阿友好合作关系顺利发展的背景下，中阿双方的人员往来也日益增多。在短短 20 年间，因各种机缘前来中国访问的阿拉伯文化名流络绎不绝，中阿文化交往出现了前所未有的繁荣景象。可以说，当代阿拉伯世界的一流作家和知识分子，在健康状况允许的前提下，几乎都曾到访中国。其中大多数人也都通过写作和媒体访谈等形式，表达了他们到访新世纪中国的印象和感受。

穆罕默德·贝尼斯（1948—　）是摩洛哥著名诗人，也是阿拉伯诗歌现代化运动的主要代表之一。20 世纪 70 年代起至今，贝尼斯已出版 30 多部著作。2015 年，他应中国诗人北岛之邀，赴香港出席第四届"香港国际诗歌节"，并前往广州参加诗歌节分会场活动。回到摩洛哥以后，他在阿拉伯语文化网站"多元文化"（Thaqafat）发表了记录此次香港、广州之行的文章《诗歌视角下的中国》。在文中，他和许多初次前往中国的阿拉伯人一样，联想起古代阿拉伯著名旅行家伊本·白图泰在游记中关于中国的记述，并表达了自己对于一个诗意中国的想象：

我想起了伊本·白图泰，他也曾游历广州。在那个时代，他所注意到的最美好的事物之一，便是中国大地无处不在的安全感。他在游记中写道："在诸国之中，唯有中国最安全，最适宜旅行。在中国，一个人可以身携大量财富独自行走九个月，且毫无所惧。"我不知道如今情况如何，但我一直梦想着前往那里的村庄和山峰。我闭上眼睛，就可沉醉其中：也许我在爬山；也许我跳入瀑布；也许我倚靠在乡间小屋的墙上，聆听着打动我心灵、令我心悦诚服的诗人的声音；也许我面对一幅山水画，其中表达的，正是我所向往的意境。于是，我自然而然地向同行的中国诗人说出了我的愿望："我真想能再多待 6 个月，去看看中国各地的村庄和山峰。"[1]

1　参见：https://thaqafat.com/2016/01/29521。

在文章中，他还记录了在香港、广州举办的一系列诗歌活动，以及在两地走马观花的见闻和感受。他对广州青年对诗歌的浓厚兴趣以及表现出的自信和活力留下深刻印象："他们生活在中国向世界开放的时代里，这使他们在各方面都充满自信。"他还对广州的现代化程度感到惊讶，并由此联想到整个中国的发展水平："这座城市已经成为经贸、旅游、文化大都市。总是自称为发展中国家的中国，这都发展到什么程度了？"短短几天中的所见所闻，都引发了他对中国的传统与文化、中国的现代化进程的思考。

马哈茂德·赛义德（1939— ），伊拉克著名小说家、学者，迄今共发表了20多部长篇小说、短篇小说集和学术著作。1999年起移居美国芝加哥，在德保罗大学任教。2016年7月，他应国际儒学联合会之邀，来京出席"国际儒学论坛——亚洲文明交流互鉴北京国际学术研讨会"，会议前后共在北京逗留一周。回到美国后，他在伦敦发行的阿拉伯文著名刊物《杂志》（Al-majalla）发表了记述此次北京之行的文章《北京：中国的珍宝》。他在文中回顾了中国和阿拉伯世界的历史交往，以及阿拉伯古籍中关于中国的主要记载，并着重介绍了他在北京期间的观感。所见所闻虽是浮光掠影，但已给他留下深刻而美好的印象；在短短的一周时间里，他已爱上北京：

> 城市犹如一个女人。当你爱上一个女人，往往会不明原因，为她着迷，却茫然无措，而看到其他女性时甚至会心生厌恶。北京正是这样一个美丽的女人，她如同一位不速之客走进你的心房，于是你便爱上了她。我后悔的是，没能在这里再多停留三周，尽管我知道，即使一个月的时间也过于短暂！[1]

对于自己如此偏爱北京，他丝毫不加掩饰，还以之前来过中国、喜爱中国的伊拉克人为例，表示"在称赞中国这件事上，我并不孤独"。

在此文的最后，马哈茂德·赛义德写道：

> 邓小平及其继任者成功带领中国继续向前，并走上了一条正确的道路，创纪录地用 38 年时间走完了欧洲人用 247 年走过的道路。中国定会继续马不停蹄向未来进发。毫无疑问，明天的中国将会屹立于世界的中心，成为名副其实的"中央之国"。这样的明天不会遥远。[2]

1　见《杂志》网络版：https://arb.majalla.com/2016/10/article55255553。
2　同上。

杰马勒·黑托尼（1945—2015）是埃及上世纪"60年代辈作家"的主要代表，也是马哈福兹以后埃及乃至阿拉伯世界最杰出的小说家之一，共发表小说、游记、随感等各类作品70多部。他非常善于借鉴本国的历史文化遗产，许多作品都是通过描述历史上的社会生活状况，来表达对当今社会的批判与思考。他曾获得埃及国家文学表彰奖、科学艺术一级勋章和法国骑士勋章等荣誉。他还一直担任阿拉伯国家唯一的文学报——《文学消息报》（Akhbar Al-adab）的主编。2006年，他曾短期造访上海；2007年10月，他应中国社会科学院外国文学研究所之邀访问北京，出席其小说《宰阿法拉尼区奇案》和《落日的呼唤》中文版首发式活动，并与莫言等中国作家和研究阿拉伯文学的专家学者深入接触，并结下友谊。在2011年出版的游记文学《游历纪行》中，他详尽地记载了给他留下深刻印象的北京之行。

在黑托尼的心目中，"'中国'这个词语和'大洋'一样，代表着无穷和遥远"[1]。在他的记忆里，"北京就是盛大的游行，飘扬的红旗，出现在天安门城楼上的毛泽东，以及模糊不清的

---

1 黑托尼：《游历纪行》，埃及复兴出版社，2011年，第150页。

'文化大革命'的种种悲剧性事件"[1]。对于风格独特的中国艺术，曾毕业于工艺美术学校的黑托尼一向情有独钟，他在描述前往长城的路上见闻时写道：

几年前我就钟情于中国的艺术、中国的传统书法，也喜欢听中国民乐，那是模仿自然的天籁之声：水波的流淌，鸟儿的鸣啭，清风的微拂，尽在其中。与中国文化有关的一切都有其独特的个性……中国的艺术让我感到，我对那里的高山、绿树并不陌生。是的，那就是绿色，但那是中国绿，属于中国而不是其他地方的绿色。同样，当我在上海附近的长江上，看到江水反射的波光时，我暗中叫了起来：这就是中国黄。是的，古代皇帝禁止他人使用黄色，因为那是皇家偏爱之色……所以，黄色便与中国联系在一起，尽管这里人们的肤色是浅棕色，而非黄色，但是，由于艺术，我对这里的绿树、高山有着亲近之感。[2]

从长城返回北京的途中，黑托尼还顺路参观了明十三陵，通往陵区的宁静肃穆的神路，给他留下了尤为难忘的印象，并让他生发出对人生、命运的一番感悟：

从中国回来后，令我一直萦绕于怀的地方，是 1644 年开

1　《游历纪行》，第 162 页。
2　同上，第 179—180 页。

始统治中国的明朝皇帝的陵墓[1]。我把我灵魂的一部分留在了那里。我也不知道，如果在青春年少或人到中年时去了那里，我的感受会不会有别。这地方让我惊惧、不安，是因为我正在接近虚无之境，接近消解了界限、音阶、色彩，以及冷与暖、身与影的那个所在？不清楚。但可以说，这个地方，和我曾见过的一切地方都迥然不同，它在我的记忆中独占一隅，是其他一切都无可比拟的。在我见过的一切场所中，这个地方最能表达永逝的意味。我曾在东西方四处游历，见过各种各样的碑碣、陵墓、宗教建筑或纪念楼堂，但是，没有一处能这么打动我。回国以后，我还一直在回味那里的细节，总能想起所见的一切，尤其是那条寂静的、冷冷的、孤单的、带有斜坡的、如同虚无一样苍白的——神路！[2]

　　皇陵的那条白路依然挥之不去。有时，我们游历一个地方时，会有所感触，但当离开后回想起来，却会发现当初不曾意识到的东西。我们会奇怪：为什么人在现场时，却意识不到许多事理？人生如同一幅画，只有稍微保持一点距离才能看清楚。

1　原文作者有误。1368 年，朱元璋称帝，建立明朝；1644 年，明思宗自缢，明朝结束，国祚共 276 年。

2　黑托尼：《游历纪行》，第 162 页。中文译文刊于《世界文学》2014 年第 4 期，第 233 页，尤梅译。

走在白路上，两旁，是低垂的柳树，还有各式的雕塑。人独自、孤单地行走，朝向某一个终点。这路，就是人生之旅，只要一踏上这旅程，倒计时就开始了。所以，庆祝生日或新年，是很值得玩味的。它意味着自初始、自出生起，人生就开始减损。我们的脚步在一刻不停地走向永恒。一切旅行，一切征程，每一次移步，都向永恒靠近。人生是一次旅行，是一条路，正如这条白色的中国路一样。这里的古人感悟出这个道理。人的感悟，无论是印度人、非洲人，还是来自其他种族、信仰其他宗教的人们，都能抵达最核心的真谛。这条路告诉我，不是终点向我们走来，而是我们迈着大步，走向终点。只有靠近终点的时候，我们才如梦初醒，悚然失色，仿佛我们刚刚上路……

那么，我们是朝着终点走去。然而，只要活着，我们都是经由不同的路，走向终点，哪怕是在靠近圆满之际。在对立中才有生命，独一，只意味着死亡和虚无。因此，倘若夜晚永续，太阳不复东升，也就不会有生命；而当白昼赓续以终，冲突也就被消解。独一就是虚无。这里的古人以此表达了天才式的感悟：这幅画面是平整的，白色是主色调，没有一切杂质，没有一切矛盾；唯一的路，延续不断；不过，它通向无，通向永恒。苍白的路，没有别的颜色，只是白色，白色。奇怪的是，每当我回想起那画面，头脑中就浮想联翩。这都是我回国后的发现，在彼时彼地，却没有意识到这么多道理。[1]

小说家黑托尼后期的文学作品，如《显灵书》《落日的呼唤》等，都具有鲜明的苏非神秘主义色彩，表达了作者对人生、存在、时空等哲学问题的真知灼见。从金字塔故乡走来的黑托尼，在北京的明十三陵遗址这个迥异的文化空间里，继续着他对人生的思考。受庄严肃穆的神路启迪后写下的这几段文字，蕴含着十分深刻的哲思，值得人们细细体味。

纳娃勒·赛阿达维（1931—2021），是埃及著名的作家、医生、社会活动家、埃及乃至阿拉伯世界女性主义运动的旗手，曾任阿拉伯妇女联合协会创始人兼主席。作为医生，赛阿达维关注当代女性的身心健康，批判残害女性的割礼等传统陋习，呼吁对此做出改革。作为作家和社会活动家，她主张女性解放，两性平等，敢于揭露阿拉伯社会乃至全世界针对女性的不公正现象。1972 年她发表处女作《女人与性》，引起社会各界强烈反响，此后共发表小说、戏剧、回忆录和医学专著等作品 30 多部，部分作品被译成 30 多种文字，是世界范围内最具知名度、读

1　《游历纪行》，《世界文学》第 236—237 页。

者最多的阿拉伯作家之一。应北京外国语大学的邀请，赛阿达维于 2014 年 9 月首次来访中国，和中国作家、读者、学生做了面对面交流。其间，她在北京师范大学国际写作中心，围绕"全球语境·东方主题·女性书写"的主题，与多位中国作家、诗人展开对话；并在北京外国语大学发表了题为"女性写作与反抗"的演讲。为准备此访，当时在北京外国语大学任教的牛子牧老师在《世界文学》发表了《赛阿达维作品小辑》，其中收入她撰写的论文《笔与手术刀》，以及她翻译的中篇小说《周而复始的歌》，两篇短篇小说《天堂里没有她的位置》和《她才应该是弱者》。赛阿达维还特地为"小辑"撰写了《致中国读者》一文，其中表达了对鲁迅先生早年弃医从文的认同。她和鲁迅一样深信：开启人们的理性、根除愚昧，远比打开人们的腹腔、根除疾病来得重要；所以真正的诗人和文学家应该致力于拯救理性，根除愚昧。她在文中还兴奋地表达了对中国之行的期待：

2014 年 9 月，我将生平第一次访问中国。小时候，我时常幻想这个神奇的国度。还记得在小学的课堂上，老师告诉我们说，中国人民和我们埃及人民一样了不起，中国的古代文明跟我们埃及的古文明不相上下：他们聪明地发现可以借助蚕这种小虫子制造精美的丝绸，还修建了宏伟的万里长城。我当时就想，中国的长城有多高呢，比我们埃及的胡夫金字塔还高吗？中国人一定是怕那些会织丝绸的小虫子们爬到其他国家去，才修长城的吧！下课后我回家一说，父亲不禁捧腹大笑，我幼稚可笑的想法也得到了修正。

去年，中国姑娘牛子牧来开罗拜访我，见到她我很高兴，得知她还计划把我的一些作品翻译成中文，我就更高兴了。我的作品虽然已经有了世界上大部分语言的译本，却至今没有中文译本，这一直是我的一大遗憾。我觉得埃及和中国两国之间，无论是在远古还是现代，都颇有渊源：我们都曾经是古文明的建造者，而在当今，甚至未来，我们又不断缔结着密切的文化联系。[1]

在短短一周的中国之行期间，赛阿达维为中国的高速发展感到震惊，并认为她从中国之旅中发现了两个惊喜：第一个惊喜是她在中国有许多读者和仰慕者。在北京师范大学国际写作中心举办的与中国作家对谈会上，现场座无虚席，还有两位苏州女读者专程从苏州来京出席，并叙述了她们读了赛阿达维作品的感想和对作家的钦佩，令她非常感动。第二个惊喜是中国作家和学者对她的作品有着相当深刻的见解和很高的评价，她

1　赛阿达维：《致中国读者》，牛子牧译，《世界文学》2014年第4期，第6—9页。

很高兴得知，在她此行的几年前，就有多位中国学者发表了研究她的论文；而中国作家和学者们对她作品的评价，更令她产生了他乡遇知音的感受。回到埃及后，她在《金字塔报》发表了三篇文章，畅谈对于此次中国之行的感受。她在《中国女孩和文化的革命》一文中写道：

初次来中国，我竟发现我在这里比在埃及更受欢迎，我明白了埃及的专制制度是如何埋没创作者的作品，荣誉总是青睐那些两面三刀之人。[1]

伊拉克诗人萨迪·优素福（1934—2021）是阿拉伯世界最重要诗人之一，他早年加入伊拉克共产党，并一直以"最后的共产主义者"自况，对阿拉伯的现实采取毫不妥协的批判立场。自 20 世纪 70 年代起，他开始了在世界各地的流亡生活。1999 年起，他定居伦敦，并获得英国国籍。萨迪共出版了 40 多部诗集，并发表过小说、戏剧和杂文。他还是位成就卓著的翻译家，译过李白、卡瓦菲斯、惠特曼、洛尔迦等人的诗作及 10 多部当代外国小说。他曾获得意大利世界诗歌奖、卡瓦菲斯奖、国际笔会诗歌奖等国际大奖。2009 年秋季，他应其好友、我国青年

1　赛阿达维：《中国女孩和文化的革命》，载 2014 年 10 月 1 日《金字塔报》。

诗人倪联斌之邀，前来北京、上海、义乌等地作了为期三周的
访问，圆了他心怀多年的中国梦。此次中国之行结束后，他发
表了记述此行的长文《三座城市，三个星期，在中国》，后成
书在巴格达美索不达米亚出版社出版。在此次成行之前，他就
在个人博客中记录了自己的激动心情：

　　翻译我诗作的朋友联斌告诉我，十月初的北京正值国庆节，
将会非常拥挤。

　　那么，我就是庆祝节日的人们之一。我不会把自己当作客
人，因为我曾为红旗献出了自己的一生。

　　我将要踏访这个太阳依然从东方升起的国度！

　　我去中国，只是为了去中国！

　　我想看到一个不同的大陆，我要了解中国共产党是怎样将
三分之一人类，提升到如此的境界。[1]

　　在中国的每一天，老诗人都感到兴奋、好奇。甚至，清晨
旅馆窗外传来的鸟鸣声，也让他觉得新奇而亲切：

　　清晨，鸟儿在鸟巢里鸣唱：

　　"你好，你好！"

1　萨迪：《哪怕远在中国》，引自其博客：http://www.saadiyousif.com/new/
index.php?option=com_content&view=article&id=828%3A---&catid=19%3A---
&Itemid=28。

仿佛鸟儿也在用中文鸣唱！[1]

在北京街头的饭馆或咖啡馆里，他和随行的女友英国诗人乔安娜女士一坐就是两三个小时，只为体味所见的寻常而温馨的一切：

普普通通的顾客们走了进来，出门时脸上增添了几分笑容。

街头的行人，向我们投来友善的眼光。

店里的老板，或老板娘，也总是和我们相视而笑。

生活，就是应该像这样过！

更让萨迪难忘的，是中国人对友情、对往事的看重。中国阿拉伯文学研究会会长、北大仲跻昆教授纠正了他的一段有关中国的记忆："你曾说过 20 世纪 60 年代初翻译了陆定一的长文《百花齐放，百家争鸣》，不对，你的译文是 1959 年发表的。"这令萨迪深感震惊。而且，他还惊奇地发现，中国朋友们对到访过中国、记录过中国的阿拉伯文化名人如数家珍：加伊卜·塔阿迈·法尔曼[2]，阿卜杜勒·穆因·马鲁海，哈奈·米纳，谢赫

1　本章援引的萨迪作品《三座城市，三个星期，在中国》，均引自其个人博客，以下不另注。网址为：http：//www.saadiyousif.com/new/index.php?option=com_content&view=article&id=838：------&catid=19：---&Itemid=28。

2　加伊卜·塔阿迈·法尔曼（1927—1990），伊拉克著名小说家，其长篇小说《枣椰树与邻居》（1966）被认为是伊拉克小说史上里程碑式作品。1958 年前后，他曾来华在外文出版社（或新华社）担任阿拉伯文专家。确切信息有待考证。

杰拉勒·哈乃菲[1]，哈迪·阿莱维，等等。这一切，令老诗人不禁生发感叹：

这种革命文化的力量是多么神奇！让人真正感到，当初的努力没有白费。

在半个世纪之后，我对面的中国大教授，竟然还记得我曾译过的一本小书！

无疑，这次了却夙愿的中国之行，会在老诗人萨迪的心中留下长久的美好记忆：

在我伦敦寓所的厨房里，我依然保留着两面小小的红旗，那是我从天安门广场带回来的！

阿多尼斯（1930— ），原名阿里·艾哈迈德·赛义德·伊斯伯尔，出生于叙利亚，青年时移居黎巴嫩，1982 年后在巴黎定居。阿多尼斯是享誉世界的阿拉伯诗人、思想家、文学理论家、翻译家，迄今共发表约 30 部诗集，并著有文化、思想、诗歌论著近 30 部，还出版了大量编著、译作。他曾荣获东西方数十项大奖，近年来还一直是诺贝尔文学奖的热门人选。阿多尼斯是

---

1 谢赫杰拉勒·哈乃菲（1914—2006），伊拉克著名作家、历史学家、语言学家。1973—1979 曾在上海外国语大学担任阿拉伯语外教。他 60 年代也曾来华工作过，并参与审校过《毛泽东选集》阿拉伯文译本。

最受中国读者喜爱的当代阿拉伯文学家之一，2009 年 3 月，其首部中文版诗选《我的孤独是一座花园》出版，迄今已经 30 次重印，创造了当代外国诗歌在中国接受的一个奇迹。他被译成中文的作品还有《在意义天际的写作：阿多尼斯文选》（2012）、《时光的皱纹：阿多尼斯诗选》（2012）、《我们身上爱的森林》（2013）、《我的焦虑是一束火花：阿多尼斯诗歌短章选》（2018）、《桂花：阿多尼斯中国题材长诗》（2019），这些作品也受到中国文学界、学术界和普通读者的好评。阿多尼斯曾先后 10 次访华[1]，堪称世界级大诗人中与中国最有缘分的一人。

　　早在 1980 年，阿多尼斯就作为黎巴嫩作家代表团成员首

1　1980 年 7 月，阿多尼斯以黎巴嫩作家代表团成员身份首次到访中国。2009 年 3 月，应北京外国语大学之邀，访问北京、上海两地，出席其首部中文版诗选《我的孤独是一座花园》首发式。2009 年 11 月访问北京，接受第二届"中坤国际诗歌奖"。2012 年 10 月，应中国诗人北岛之邀，前往香港参加"国际诗人在香港"活动，出席牛津大学出版社香港分社出版的诗选《时光的皱纹》首发式；后顺访北京，出席中文版文选《在意义天际的写作》首发式。2013 年 8 月，来华出席第四届"青海湖国际诗歌节"，并领取"第三届金藏羚羊国际诗歌奖"；其后顺访北京，与莫言等作家一起参加北师大国际写作中心组织的文学对话；在上海民生美术馆出席诗歌活动。2015 年 10 月，出席"台北诗歌节大师专题"活动，并顺访北京。2017 年 10 月，前来上海出席第二届"上海国际诗歌节"，并领取首届"金玉兰国际诗歌大奖"，并顺访杭州。同年 12 月，赴香港出席"2017 香港国际诗歌之夜"活动。2018 年 9 月，前往广州领取第 13 届"诗歌与人·国际诗歌奖"，并在南京出席中文版诗歌短章选《我的焦虑是一束火花》首发式，后赴北京参加第 3 届国际作家写作计划，顺访深圳、成都、皖南多地。2019 年，来华参加第二届江苏省"扬子江作家周"活动，出席其中国题材诗集《桂花》首发式，并顺访北京、上海、南京、杭州、黄山等地。

次来访中国，但成员其实就他一人。此行他在华共逗留 10 天，去了北京、上海、苏州三地。据 30 多年后再度访华的阿多尼斯自述，首次访华的许多细节他都记不清了，好在他回到黎巴嫩后不久，就把这次中国之行的感想和印象分两次发表在当地主要报纸《白天报》旗下的《白天》（A'nahar）杂志（阿拉伯和国际版）。其中第一篇文章题为《在广阔而惊人的天空鼓翼》[1]，详尽记录了他在当时的中国作协（也可能是文联）座谈的内容。文中提及，参加座谈的中方代表共有 20 多人，其中有夏衍等 3 位作协（或文联）副主席[2]，以及多位作家、诗人和《世界文学》《诗刊》等文学刊物的主编。或许因为当时中国国门刚刚打开，来访的外国作家很少，所以中方在接待阿多尼斯这位来自小国黎巴嫩、在国际上还没有太大名气的诗人时，竟然安排了 20 多位作家跟他对话，这可能是绝无仅有的外事礼遇了。

从《在广阔而惊人的天空鼓翼》一文可知，中国作家与阿多尼斯座谈时，主要介绍了"文革"和极左思潮对文学创作的负面影响，中国文学界在"文革"之后对一系列理论问题的思考，

1　刊载于 1980 年 8 月 31 日《白天》杂志（阿拉伯和国际版）。

2　夏衍先生简历显示，他没有担任过作协副主席，但担任过中国文联副主席。阿多尼斯和许多外国作家一样，可能分不清中国作协和文联。

以及对中国文化和文学的未来发展设想。阿多尼斯对此次座谈的记录十分详尽，留下了非常珍贵的历史文献。他对刚刚走出"文革"的中国思想界、文化界、文学界呈现的蓬勃朝气印象深刻，对中国作家们的反思意识给予高度评价。可以说，中国作家们的这些严肃思考，也在一定程度上丰富了、影响了阿多尼斯的诗学观和文化观。

阿多尼斯在《白天》杂志发表的第二篇文章题为《百花齐放，百家争鸣》，主要记录了他 10 天内在北京、上海、苏州三地旅行时生发的诗意感想，以及对中国文学和文化界新气象的再思考。文章的字里行间流露出他对中国的好感，例如，他对中国儿童、中国女性留下了这样的印象：

以我们熟悉的希腊、西方的标准来看，中国的孩子可能称不上美丽，但你很少见到如此富有吸引力的儿童面孔。这种吸引力背后有着什么秘密？他们有一种透明而无邪的朦胧，好似泥土、天空与风的混合。泥土别有滋味，天空忽远忽近，带你去往你不知的所在，而风则跟高尚的君子做着游戏。

林木生长，经过修剪，成为一具身体。

美丽的中国女子永远如孩童一般。她举手投足好似一幅画卷，在空间的布帛上徐徐展开。她一颦一蹙，犹如汩汩清流，你可以从中映照出自己。她身姿窈窕，如同破土而生的植物，与周遭的事物和谐匹配。她体态婀娜，极少丰臀巨乳者，就像是寄生于人类女性躯体的美丽羚羊。

不，美丽的中国女子与其他美丽女子皆不相同。

她由日常生命之清泉与泥土混合而成。她是一只劳作不息的蜜蜂，从事最简单到最高级的脑力劳动，或是最原始到最复杂的手工技艺，会用一年甚至三年打造一块艺术刺绣。中国人常说：中国的男人可能会偷懒，但女人不会。在这透明又富有生机的尘埃中，你看到中国女子的面孔犹如一朵莲花，出淤泥而不染。此时此刻，你会重复中国古典小说家曹雪芹写在《红楼梦》里的那句话："男子是泥做的骨肉，女儿是水做的骨肉。"

我要斗胆说：我仿佛觉得，假如你有幸跟一位中国女子——她就像我见过的中国女子一样美丽——同眠共枕，那么，神灵将伫立在你身后，向你吹一口来自他的气息，为你披上一件他的罩衣。[1]

那篇文章的最后一句话，是这样的——从中我们可以发现1980年的阿多尼斯是多么富有预见力：

1　见1980年9月7日《白天》杂志（阿拉伯和国际版）。

中国不仅仅是一个另类的世界；在不远的将来，她或将创造另一个世界。

2009 年 3 月，在时隔近 30 年之后，阿多尼斯应北京外国语大学之邀再度来华，出席其中文版诗选《我的孤独是一座花园》首发式，并在北京、上海两地访问。返回巴黎后，他撰写了一篇记述此行的长篇散文诗《云翳泼下中国的墨汁：北京与上海之行》，在著名的阿拉伯文报纸《生活报》（Al-hayat）发表[1]。在这篇不同凡响、天马行空般的奇文里，散文与诗歌，现实与梦境，叙述与沉思，瑰丽而奇峻的语言，丰满而密集的意象，都奇特地熔铸于一炉。甚至，阿多尼斯把在中国结识的几乎每一个朋友，都信手拈来写进文中。

虽然已是再度访华，但老诗人对中国所见的一切依然感到新鲜。具有古典园林风格的友谊宾馆，让他生发这样的联想：

天气依然偏冷，已经熄灭的宫灯，伴随着寒风的脚步飘曳；宫廷中的皇帝们，似乎只在书本中才死去。宾馆景色秀丽，犹如一卷古代的画册。繁复的雕饰与缤纷的色彩，仿佛与安达卢

1　阿拉伯文原文刊载于 2009 年 4 月 2 日《生活报》，中译文首刊于 2009 年 6 月 3 日《中华读书报》（薛庆国译）。以下引自此文的文字不再另注。

西亚的雕饰与色彩一起摇漾。

在上海外滩，面对黄浦江对岸雾霭中若隐若现的楼群，他以令人惊叹的想象力，记录下眼前所见的一切：

薄暮时分，黄浦江畔，水泥变成了一条丝带，连接着沥青与云彩，连接着东方的肚脐与西方的双唇。

金茂大厦正对天空朗诵自己的诗篇。雾霭，如同一袭透明的轻纱，从楼群的头顶垂下。天空叠足而坐，一只手搭在西藏的肩头，一只手搂着纽约的腰肢。

然而，阿多尼斯着笔最多的，还是他此行接触的勤劳、友善而富有智性的中国人。

中午，在友谊宾馆餐厅独自用餐。

餐厅装饰成橙黄色。身着黑色或红色外衣的姑娘们忙忙碌碌，各种色彩、动作和声响构成一曲交响乐，听由女性的柔美指挥。

如果我感觉在北京过得愉快，那是因为这里的日子散发着来自阴柔的根茎的芳香：我不仅是指女性，连大自然也是如此。

此行中，他对中国艺术家的活力与能量也感受深切。在书画艺术家曾来德的寓所，他沉浸在墨汁营造的神奇世界里，艺术家追求的"新、奇、险、绝"的境界，也与他诗歌的品格不谋而合。面对那些极富现代性的大写意书画，他写下这样充满诗意的文字：

注视着曾来德的作品细细品味，你会发现：大自然仿佛变成了一组创始的字母；手稿，书本，梦幻，天际，不同的时间与空间，都从其间迸发而出。你在欣赏这些作品时，还会看到：

一座大山借着蝴蝶的翅膀飞翔；

一只蝴蝶栖落在叫做苍穹的蓓蕾上；

太阳向你示爱，但首先将你诱惑；

行进中的幻影，将臂膀搭在光的肩头；

你的内心深处会燃起一个念头：在墨汁的原子里，去作一次远行。

友情，构成了阿多尼斯那篇华丽的中国纪行的基调。在其诗选中文版的发布及朗诵会上，他对中国的诗歌爱好者留下美好印象：

一次谈论诗的聚会。白日将自己的脸庞印在其间。每一位发言者都怀着诗一般的爱。每一位女听众，都像接纳自己的初生儿一样，对听到的一切敞开怀抱。每一位听众，都沉浸在阿拉伯语的音乐之中。我扫视着、打量着大厅里的一张张面孔；

每一张面孔上，似乎都有一盏灯在闪亮。

在与北京的诗人、作家、评论家朋友们相聚的那个夜晚，他生发出这样的想象：

觥筹交错之际，我感受到了黄酒之杖发出的神奇敲击声的诱惑，诗歌之手在身体的空中舞动着那根杖。

当晚的天空披着冬末时分的灰装。在告别诗人们之际，我想象着：今夜的北京一分为二——一半属于爱情，一半属于诗歌。

在北京"老故事酒吧"举行的座谈会上，他和多位研究、翻译世界文学的诗人、翻译家言谈甚欢：

我们结识，交谈，一起远行。在此，旅行，与其说是求知的方式，毋宁说是爱的方式。于是，我们每一个人在凝望他前往的那个国家的星空时，就能看见星辰的玉腿，就能抚摸其酥胸。

友谊，人的友谊，诗的友谊，两个古老民族的传人的友谊，在阿多尼斯的笔下凝结成美妙的诗句：

芳香之水，从漂浮在友谊之湖的花朵上，

自由地滴落。

北京，

她的心脏位于太阳的肚脐上。

　　2018 年，年近九秩的老诗人第 9 次来华，在不到三周的时间里奔波各地，参加了多项活动。在北京，他参加了鲁迅文学院举办的国际作家写作计划；在广州，他接受了"诗歌与人·国际诗歌奖"；在成都，他亮相于阿拉伯艺术节的"阿拉伯诗歌之夜"；在南京，他出席了中文版诗集《我的焦虑是一束火花》的首发式。最后，他应友人吴浩之邀，在皖南黄山一带作了一次印象极为深刻的观光之旅。正值桂花盛开的季节，阿多尼斯足迹所至，处处都闻桂花飘香，对此留下深刻印象。跟往常一样，他口袋里总是揣着一个笔记本，随时随地掏出本子记录灵感。一路上他多次表示，要为这次中国之行创作一首长诗，题目就叫《桂花》。回国后不久，他完成创作，中文版于 2019 年由译林出版社推出。

　　长诗《桂花》由 50 首相对独立的诗篇构成，记述了诗人 2018 年中国行，尤其是黄山之行的印象、感受和思考。整部作品不拘一格，叙述、想象与沉思熔于一炉。呈现在他笔下的风光景物，与其说是感官的见闻，不如说是想象和意念的结晶。在黄山，他看到的是"怀孕的自然"和"长有翅膀的石头"，听到的是"孔子之铃的余音"和"宇宙的呐喊"，生发的是"为什么，黄山看起来犹如一只嗅闻天空的鼻子"的疑问。诗人似乎要为"每一颗石子创造双唇和双眼",仿佛在他笔下,"每一个词语,都长出一朵有声的花朵"。

在诗集中,诗人时而以清新隽永的文字,记录面对黄山生发的奇思妙想:

> 1
>
> 树的绿色,在风的眼里是黄色。
>
> 2
>
> 我几乎能用手摸到
>
> 每天都攀登黄山的时光
>
> 身上渗出的汗水。
>
> 3
>
> 风对我说:
>
> "这里的云中,
>
> 有你看不见的笼子;
>
> 只有我,
>
> 被囚禁笼中。"
>
> 4
>
> 云朵旅行时,
>
> 一定要怀揣一样东西:

雨之书。

5

尘埃的葬礼，

便是云的婚礼。

6

雨不是水的另一种形式，

雨是哭泣的另一种形式。

7

今天早上的晨光，

犹如太阳免费发放的香喷喷的面包；

太阳默不作声，

却在天空的额头描绘树的皱纹。

8

黄山致的迎宾词，

也正是它的送客词：

"成为独特的你，不要雷同！"[1]

时而，他又以浓墨重彩，带我们神驰于他想象的世界，跟随他一起沉思、发问：

1　阿多尼斯：《桂花》，薛庆国译，译林出版社，2019 年，第 91—94 页。

黄山，请你告诉我：

如果云朵此刻倚靠在你肩头，

你的脑袋是否会如意念的神话所言，

脱离双肩扶摇而上？

不是为了做梦，而是为了匆匆探望散落天穹的家族成员。

而我，会不会变成一道影子，紧贴你的身躯，

越过一朵朵山花、一块块岩石，随你一起升腾？

我会不会请求我的影子，让它化身为一朵云彩，

汇入蓝色苍穹守护的飞行的湖泊？

那么，我的首要工作，会不会是会晤桂花树，

探寻那种芳香物质的究竟，

以及它的子嗣的未来？

…………

是的，我希望有一天回到黄山，

看它如何披戴云彩，它身披的衣裳是什么颜色？纽扣是什么形状？

看云彩如何拥抱山的头颅；

或者，看山如何坐在云的膝盖上，

看雷电会有什么举动。

看山如何轻抚松柏的枝梢，把它变成一支支笔，

在簿册上记录随感，而那纸张，正在想象的风中翻卷。

我希望有一天回来，参与这场将童年和暮年一视同仁，

让云彩的大军和岩石的居室共同参与的游戏，

我要在一个风雨交加、电闪雷鸣的时刻，

向孔子提出几个思索已久的问题：

市场的法则、原子科学和诗歌之间是什么关系？

黑夜真的是白昼嘴里的一块骨头？

或者白昼是黑夜嘴里的一块骨头？ [1]

友谊，也是长诗《桂花》的基调之一，诗人对中国自然、文化和友人的深情厚谊在诗中溢于言表。他眼里的中国，"不是线条的纵横 / 而是光的迸发"。他心中的中国女性，是"云翳的队列 / 被形式的雷霆环绕 / 由意义的闪电引导"。他在长诗的尾声写道：

友谊是否可以声称：唯有自己才是世界的珍宝？ [2]

1　《桂花》，第33—36页。

2　同上，第163页。

二、称羡中国的进步与巨变

改革开放 40 多年以来，中国在各个领域都取得巨大进步，引起世人瞩目，也赢得热爱中国的阿拉伯友人的广泛赞誉。新世纪来华的阿拉伯作家们都目睹了中国取得的巨大成就，他们在有关中国的作品和访谈中，都流露出对中国的称羡和钦佩。

艾哈迈德·阿卜杜·穆阿提·希贾兹（1935—　），是埃及诗坛的元老，阿拉伯现代诗歌革新的先驱之一。2007 年 8 月，他应邀来华参加了首届"青海湖国际诗歌节"各项活动。回到埃及后，他在《金字塔报》撰文，并接受了多家媒体采访，谈及他对中国的观感。在接受《今日中国》采访时他说："中国在各个领域都得到全面发展，现已成为一个经济巨人，以开放的胸襟同东西方各国来往。这个曾经封闭的国度向外国人、向国内外的私人资本打开了门户，她已不再恐惧像过去那样被人占领，也走出了闭关自守的幻梦。在 19 世纪，正是闭关自守，让中国付出了招致列强侵略、割让大片国土的代价。"[1] 在发表于《金字塔报》的题为《中国：从斯大林到荷马》的文章中，他对中国在思想、文化方面取得的进步尤为看重：

> 中国人成功地让国家走向现代，走上致力于让人全面进步的道路上，因为进步不仅仅是工厂、炮弹和火箭，而首先是文化、民主和人权。中国过去 20 多年的发展经验表明，人民要求的是全面发展，这可以解释中国今天实行的开放政策。过去，中国人一直以苏联为师，现在他们开始学习古希腊的精神：今年，他们举办国际诗歌节；明年，他们还将承办奥运会。[2]

伊拉克诗人萨迪·优素福在记述中国之行的《三座城市，三个星期，在中国》一文中，除以许多笔墨赞美了中国的人情之美、展示了中国独特的风情习俗之外，也对中国的建设成就

1　http://arabic.china.org.cn/news/txt/2011-07/15/content_22996060.htm。
2　希贾兹：《中国：从斯大林到荷马》，载 2007 年 9 月 12 日《金字塔报》。

感到惊奇。在上海外滩，他和女友乔安娜面对黄浦江两岸鳞次栉比的高楼，发出感慨："不妨说，上海的摩天大楼，较之纽约，实在是有过之而无不及。乔安娜对我说：'比起上海，伦敦就像一个侏儒了。'"在浙江省的新兴国际商贸中心义乌，他感叹："这里曾是当地最贫穷的地方，但发展计划的制订者成功地把它变成一个橱窗，变成一个永久性的贸易展厅。在整个城市，各类商铺无处不在。这里还有一千年历史的古塔，有郁郁葱葱的公园，有穿城而过的河流，有阿拉伯人最为喜欢的夜市，它令人想起阿勒颇、大马士革和开罗的市场。"

埃及小说家黑托尼自称为"十分钦佩中国的众多人之一"[1]，在游记《游历纪行》中，他对比了改革开放前后的中国，对中国近年来取得的成就给予高度赞赏：

中国过去通过冲突和暴力没有获得的，现在通过智慧、理性和安宁的政策获得了。当中国的政策开始改变时，其总设计师邓小平说过："不管黑猫白猫，抓住老鼠就是好猫。"此语很精辟，一如中国古代的智者格言。它代表了实用主义？也许是。它体现了"目的证明手段的合理性"这一逻辑？也许是。

1　黑托尼：《那些访问……》，载 2012 年 8 月 29 日埃及《文学消息报》。

重要的是，中国确实进步了。[1]

在这部游记中，他还记录了自己在北京发现的许多细节，对此感慨不已。例如在前往长城参观的途中：

> 去缆车站之前，我先去了一趟公共卫生间……我惊讶地发现，长城脚下的卫生间非常干净，还配有电子设备。政府着力打造的各种场所没有一点马虎，其中可以看出对细节的极度重视。整个中国都在为奥运会做全力准备。我还听说出租车司机都在政府组织的培训班里免费学习英语，不能使用英语交流的将被吊销许可证。对细节的极度关注以及国家的隐形实力，都让我对这些从下至上不断运行的无人驾驶缆车感到信任……[2]

摩洛哥诗人穆罕默德·贝尼斯在 2015 年出席"香港国际诗歌节"活动时，则对香港、广州两地的文明程度和人民素质予以很高评价。他在《诗歌视角下的中国》一文中写道：

> 我们外国人为自己对中国只有粗浅的了解感到羞愧：地铁站里的人们井然有序，到什么程度呢？甚至连从巴黎和莫斯科来的两位诗人都为此感到震惊。香港人民的文明风貌给我留下

1　黑托尼：《游历纪行》，埃及复兴出版社，2011 年 8 月版，第 156 页。
2　同上，第 186—187 页。

了深刻印象。在广州，我也看到了这样的文明行为。我告诉自己，这是公民文明程度的标准之一，体现了公民接受他人、尊重他人权利的意识；这是长期自我教育的结果，是佛教、儒家、道家哲学熏陶的结果，同时也是今日中国学校实行现代化教育的结果。

一瞬间，我感觉不再需要别人来告诉我关于这座城市及其人民的基本信息。街上的行人通过他们的服饰、外表、动作及交谈的方式，已向我们展示了他们自己和他们的历史。这些就足够了，我为什么还要寻求更多呢？今日中国的发展，难道不正体现在我顷刻之间看到的各种事物上吗？[1]

同样，伊拉克小说家马哈茂德·赛义德于 2016 年来京出席会议后，在《北京：中国的珍宝》一文中，也高度赞赏中国良好的秩序、勤劳的人民：

时钟刚到 10 点，那是一个晚上，我在北京的一条街道上看到一位年轻的妇女，面前有一个摊位，摆卖各种肉类，身旁还有个烧烤炉。我四下环顾，试图寻找她的伙计或者同伴，却未见一人。我简直不敢相信自己的眼睛：在深夜里竟孤身一人，

1　https://thaqafat.com/2016/01/29521。

无人守护？她难道不害怕？可真勇敢！倘若她此时身处芝加哥，一定会被捂上嘴强行拖拽到隐蔽的角落，被强奸，被抢劫，如果反抗则会送命。倘若她身在巴格达，则一定会被某个团伙扣为人质，要挟她的家人支付数十万美元作赎金，或被长年监禁在特殊的秘密囚牢中，除了监禁她的人之外，再无人知晓这囚牢的方位。

于是，我想起伊本·白图泰在7个世纪以前写下的有关中国的文字，这位旅行家写道："在诸国之中，唯有中国最安全，最适宜旅行。在中国，一个人可以身携大量财富独自行走九个月，且毫无所惧。"如此看来，在中国，追求安全、保证太平的传统古已有之，一代代的中国人把它传承下来，使它变成所有人的责任，变成国家的特征，也成为每个人与生俱来的一种习惯，一种在无数人血管中与血液一同流淌的意识，更成为这个幅员辽阔的国度独有的特质。

古老的北京虽不知已年岁几何，却仍如少女一般充满活力，每日清晨她7点钟便从梦中苏醒，8点钟的她最有朝气。而此时，新德里、开罗等许多其他首都却还在蒙头大睡。也许，世界之所以能够见证一个告别落后、走向卓越的中国，这也是原因之一。[1]

———————————

1　https://arb.majalla.com/2016/10/article55255553。

　　值得一提的是，阿拉伯作家们留意到并予以赞赏的这些现象，在中国人看来似乎司空见惯，再正常不过。但是，这些在中国人眼里看似稀松平常的事情，在马哈茂德·赛义德等阿拉伯作家眼里显得非常可贵，因为许多阿拉伯人民饱受动荡、战乱之苦，难以奢求安宁、和平的日常生活。对许多中国人而言习以为常的勤劳致富、自强不息的人生态度，也为许多阿拉伯人称羡。记得多位来访中国的阿拉伯友人曾对笔者惊奇地表示：在北京、上海等大都市，早晨 6 点大街上就已经车流不息；因此可以断定，中国人的勤奋，是中国实现经济腾飞的最根本原因之一。

　　阿拉伯大诗人阿多尼斯的首次访华，是在 1980 年。20 多年后他在一次记者访谈中，曾谈及对那次访问的印象：

　　当时，北京和上海是自行车的世界。天空灰沉沉的。街道上汽车很少，而且大都是黑色轿车，让我很感压抑，好像那是一具具行进的棺材……中国作协给我安排的翻译兼陪同，从来独自一人用餐。我几次招呼他跟我坐在一起，都被他婉拒。这令我伤感。后来他告诉我：你是中国的客人，用餐享受贵宾待遇，而我没有资格享受如此待遇。

那次中国之行，让我看到一个沉闷的、封闭的、伤感的中国。但我听说，现在的中国已完全不同。所以，我现在有个强烈的愿望，想再去中国看看，重访北京或上海。[1]

时隔近 30 年，2009 年他再度来华，自然感受到了中国天翻地覆的变化，他在回答记者提问时表示："除了长城，一切都已改变！"[2]

在《云翳泼下中国的墨汁》一文中，面对今非昔比的北京，他写道：

这一切可以成为一本惊奇之书的开篇，或者作为一篇序言，置于研究"已逝"和"无穷"之间差别的著述之首。

在上海，他以饱含诗意的语言，记录了今昔对比留给他的奇特感受：

万物都披上了湿漉漉的衣衫，那衣衫被盛在神秘之瓶里的一种奇特的香水洒湿，它的腋下是疑似想象的现实，它的袖间是疑似现实的想象。

钟楼四处可见，幽冥之酒在钟楼下方流淌。

这便是上海。五光十色谱成的音乐，由高楼大厦的乐队演

1　薛庆国：《我眼中的诗人阿多尼斯》，收入阿多尼斯著《在意义天际的写作》，外语教学与研究出版社，2012 年，第 225 页。

2　同上，第 226 页。

奏。今非昔比。1980年，我曾来过这里。我从它脸上读到：世界是如何重新创造的。那时候，天际听不到大洋的涛声，语言是羞怯的，几乎没有声响。

这便是上海。资本无处不在，头上戴着一顶隐身帽。昔日的红砖房和旧街区，变成了林立高楼中的花园。人民广场的四周，便围坐着这些头顶玻璃纸帽子、如明星一般的高楼。而昔日，甘蔗倚靠在小店的墙壁上，如同行军后筋疲力尽的士兵；黑色的忧伤，似乎从把甘蔗自远方田野里运来的农夫臂膀上渗出。

离开中国的前夜，在上海人民广场附近一家露天咖啡馆里，《南方人物周刊》记者问他再度访华有何印象，面对这个被一再问及的问题，阿多尼斯作了最完整的一次回答：

要全面判断社会变革，你需要较长时间沉入社会内部，才能得出客观的看法。我此行时间很短，也没有沉入中国社会的内部，只能谈谈浮光掠影的观感。总的观感是：中国发生了巨变，这证明中国人有巨大的能量；无论这背后还有多少消极、落后的因素，像我这样的外人，只能对这种巨变表示敬意。此行我还发现：中国人的形象，跟西方人眼中和我自己心目中的原有形象大不一样。历史上，中国人在欧洲的形象是与鸦片、肮脏、保守、落后、不文明联系在一起的；但我此行接触的中国人都堂堂正正。我深信：只要中国走上一条正确的道路，假以时日，中国人将不逊于世界上任何一个优秀的民族。[1]

1　《在意义天际的写作》，第 228—229 页。

三、思考中国的经验与教训

中国实行改革开放以来的 40 多年里，在各个领域都取得了巨大进步；曾经贫穷落后的东方大国，一举跃升为全球第二大经济体，综合国力和国家面貌今非昔比。中国奇迹般的崛起，引起了包括阿拉伯各国在内的全世界的瞩目。向东看，向中国学习，成了新世纪以来阿拉伯世界许多人的共识。有机会来华访问的阿拉伯作家和知识分子，都特别关注中国成功崛起的经验，希望能从中学习借鉴。而中国改革开放以来出现的各种问题，也引起了部分阿拉伯作家的注意。

埃及裔旅法著名学者萨米尔·阿明（1931—2018），是享誉全球的新马克思主义理论家，国际政治经济学家。他出生于开罗，在法国巴黎大学获经济哲学博士学位。毕业后曾担任埃及经济发展组织的高级经济学家，后常年在联合国系统工作。他既是杰出的学者，又是活跃的左翼社会活动家，研究领域非常广泛，有着广阔的国际视野。他提出的"去依附"理论，在中国乃至全球南方思想界都产生了深远影响。他晚年曾几度来华访问，就在他 2018 年去世的三个月之前，他还曾受邀访问北京大学出席第二届"世界马克思主义大会"。阿明用英语、法语、阿拉伯语三语著述，其学术和思想影响是世界性的，在阿拉伯国家自然也有很大影响力。

阿明长期以来一直关注中国的发展。1981 年，他曾发表过法文著作《毛主义的未来》。2006 年，阿明发表了题为《中国发展道路的贡献》一文，文章结合国际共运史和第三世界发展史，探讨了新中国的成功之路对于落后国家具有的巨大借鉴意义。他强调中国的成功在于探索自己的发展道路，而改革开放的成功并非凭空而来，而是建立在新中国成立后奠定的基础之上：

中国的发展道路和苏联模式有很大的不同，从 20 世纪 60 年代的《论十大关系》开始，中国就开始有意识地探索自己的发展道路。正是这些成功的探索为 1980 年以后中国的成功发展奠定了坚实的基础，使得中国在新的资本主义全球化险恶环境中实行开放政策时，没有遭遇苏联向西方开放所引发的崩溃。中国发展道路的意义在今天仍然极其重要。[1]

2013 年，阿明在美国《每月评论》杂志发表《中国2013》一文 [2]，总结了中国成功崛起的主要经验：

那种把中国成功归结于中国放弃了毛泽东思想的说法令人生厌，同样，把中国的成功完全归结于对外开放、引入外国资本的说法也十分荒唐。毛泽东时期的建设，为中国腾飞奠定了坚实基础，如果没有这样的基础，中国不可能取得耀眼的成功。如果把中国和印度比较就可以看得十分清楚，印度没有发生可以和毛泽东的革命相提并论的革命。至于那些认为中国的成功，在根本上（或是完全地）归结于外资的涌入的说法，也同样荒唐。中国工业体系的建立，城市化的拓展，基础设施的完善，并不是归功于跨国资本，这其中 90% 的功劳，要归于中国独立的发展计划。无疑，外国资本对于引进先进技术起到积极作用，但中国通过多种合资形式，成功地吸收了这些技术，并能够以此为基础加以改进和发展。

值得一提的是，新世纪以来，有许多阿拉伯政治学者、经

1　阿明：《中国发展道路的贡献》，丁海摘译，《国外理论动态》，2006 年第 11 期。
2　此文阿拉伯文版题为《中国的成功崛起》，见阿明的个人博客，引文据此翻译：http：//samiramin1931.blogspot.com/2013/08/the-rise-of-china-in-arabic.html。

济学家、外交官和媒体人士探讨和总结中国的发展经验，出版、发表了大量相关著作、论文和文章。本章对此不多赘述，而将着重介绍阿拉伯作家和知识精英从文化、社会层面对中国经验的总结。

2006 年的上海之行、2007 年的北京之行，让埃及小说家黑托尼感触良多。他在《游历纪行》中写道："思考中国发生的一切对我们而言十分重要，中国让我们生发希望，但这是有前提的。"他还一直认为，"关于中国的讨论涵盖了众多领域，唯独缺少一个基本的方面，就是中国文化。那些高度重视钢铁、服装、商贸的人们忘记了，中国发展奇迹的基础就是文化"。[1]作为一位知识分子、小说家，他尤其重视中国在建设物质文明的同时重视文化建设的经验：

在上海，我们可以看到林立的摩天大楼，这是现代化城市的标志之一……但与此同时，中国却没有丢掉自身的传统文化，在某种程度上，还将自己的文化元素推广到全世界，比如语言、美食和艺术。在上海的大学，我注意到所有的学科，从原子技术到医学、文学，都是用中文教授，中国奇迹就始于精英统治

1　黑托尼：《中国文化》，载 2006 年 11 月 2 日埃及《文学消息报》。

阶层通过一种独特的中国模式进入这个新时代，这种模式符合中国的实际情况，尤其是中国文化。[1]

黑托尼曾长期担任埃及《文学消息报》的主编，多年来他一直倡导翻译中国文化典籍，并在《文学消息报》上多次发表埃及汉学家的相关译作。他认为：

就让我们先从大规模翻译关于中国的书籍开始，首先进行中国文化原典的翻译，希望国家翻译中心能将不同领域的中国思想经典作为优先出版的对象。中国发展的出发点是文化，因此如果我们想要从中国经验中受益，就一定要了解这种文化。[2]

埃及女作家赛阿达维在 2014 年访问北京期间，感慨于中国的高速发展。回到埃及后，她在《金字塔报》发表了三篇文章，介绍中国之行给她的启发。她在《埃及和中国的文化革命》一文中写道：

"中国是如何在过去的 40 年里崛起的，从一个发展中国家一跃成为世界强国？中国已经可以和美国匹敌，甚至向美国提供援助使其摆脱金融危机，同时断然拒绝美国干涉其内政，

1　《中国文化》。

2　同上。

打着民主的幌子，利用香港的游行趁机打压和阻碍中国崛起。这其中原因何在？"[1]

在她看来，中国的发展首先归功于文化的革命：

我问在场的师生，中国是如何实现复兴和独立？

他们回答说，得益于文化的革命运动，因为政治经济革命，若无重构传统价值观的革命做支撑，便注定失败……[2]

真正的文化革命是要重新解读传统遗产，不再把人分成三六九等，反对将孔子神圣化，批判君权神授之说，将中国人民从神灵和恶魔的摆布中拯救出来，不再依附任何国家。因此，中国成为了自己的主人，在经济生产、文化思想、科技发明和文艺创作各个方面实现了独立自主，并实现了男女平等，而这是民族崛起的根本。[3]

显然，作为一位有着强烈的批判精神和启蒙意识的女作家，赛阿达维最看重的中国经验，也正是她希望埃及和阿拉伯世界能够学习的经验：摆脱封建传统的束缚，独立自主，男女平等。

侯赛因·伊斯梅尔（1964—　）是埃及媒体人，现任《今

1　赛阿达维：《埃及和中国的文化革命》，载 2014 年 10 月 15 日《金字塔报》。
2　同上。
3　赛阿达维：《中国女孩和文化的革命》，载 2014 年 10 月 1 日《金字塔报》。

日中国》杂志阿拉伯文版副主编。他曾常年在中国外文局担任
阿拉伯文专家，对中国有着很深刻的了解。1999 年，他曾荣
获"中国政府友谊奖"。2022 年，他荣获中国翻译协会首次
设立的"翻译中国外籍翻译家"表彰奖。他曾出版多部有关
中国文化、政治、社会的著作和译作，译有《尚书》《庄子》
《孟子》《西游记》等中国文化经典著作。2008 年，他出版了
阿拉伯文版《中国之旅：探寻中国人的思想、生活和社会之旅》。
在书中，他认为中国获得成功的根本奥秘就是——中国人，他
写道：

　　自古以来，中国就是中国人辛勤劳动的结晶，他们创造了
一个持久的灿烂文明。一次电视访谈中，我被问道：在中国，
什么让你触动最大？我毫不犹豫地回答：中国人。中国今天取
得了令世人叹为观止的成就，这必须归功于中国人。从土地和
资源方面来看，中国与其他国家一样，也有严冬酷暑，会经历
天灾人祸，最近一次就是 2008 年的汶川大地震。中国的人均
资源甚至比世界上大部分国家要少，许多资源的人均占有率低
于世界平均水平。比如，中国只占有世界 7% 的耕地，却用它
养活了世界 1/5 的人口。所以问题或许应该是：虽然资源有限，
但中国却取得了震惊世界的成就，这背后的秘密是什么？

这个问题的答案就只有一个词：人，或者说，中国人。我必须指出，中国人不是十全十美的天使，他们没有什么超凡能力，也没有一挥动就能开辟道路的魔杖。中国人是平平凡凡的普通人，他们知道这一点，并在平凡的基础上行动与奋斗。在中国，没有谁会说："一身本领无处施展。"在强调奋斗的思想氛围里，在鼓励敬业的政策支持下，中国人都能掌握某项"本领"。

那么，到底是什么因素使一个平凡人变得出众？在我看来，这其中有思想、历史、地理与环境的因素……[1]

对中国经验的思考，也一直萦绕于诗人阿多尼斯的脑际。2009 年 3 月来华访问时，在北京外国语大学举行的其诗选中文版首发式上，面对热情的中国听众和多位阿拉伯使节，阿多尼斯在登台朗诵诗作之前，作了简短的即兴致辞："对于我们阿拉伯人而言，中国是一个榜样，我是来向中国学习的……"[2]

在阿多尼斯眼里，中国和阿拉伯国家同为东方文明古国，但中国比较成功地处理了传统与现代、古老与革新的关系，这一点值得"崇古"和保守思想仍占主导地位的阿拉伯人学习。

1　伊斯梅尔：《北京之旅》，外文出版社，2008 年，第 31—32 页。
2　薛庆国：《我眼中的诗人阿多尼斯》，收入阿多尼斯著《在意义天际的写作》，外语教学与研究出版社，2012 年，第 230 页。

他在游览北京什刹海时，记录了这样的感悟：

在这里，你会感到似乎亡故之人不曾死去，而是依然存活在阳光、微风和流水中。你会产生一种愿望，想看看"古老"如何身穿活生生的"现代"的外衣。

对"已逝"的天际关闭的窗户何其少，也可以说，对"将来"的天际洞开的窗户何其多。

假如这里的过去是指一片阴影，投射在劳动的双手上、思考和筹划的大脑里，那么，你还会感到有精魂和幻影在你身边游荡——倒并非要将你拉进古老的宅第，而是相反，要在你耳畔低语，诉说他们为你的现时着迷，渴望与你一起生活，与你分享生命、思想和知识。仿佛"过去"也走出了自身，渴望变成"现时"。

街道和胡同里的喧嚷，不过是生活洪流发出的浩荡之声，在那洪流涌出的源头，你已无法辨认新泉与旧潭。男女老少，就从这样的源头走了出来，他们打量着你，向你微笑，似乎都愿意陪你走上一阵。

仿佛已逝世界和现实世界的界限，正转化成轻薄而透明的帷帘。

2013 年访问上海期间，阿多尼斯曾在席间对友人表示"世界的未来在中国，中国的未来在诗歌"[1]，此话似乎是一个浪漫诗人脱口而出的无心之语，其实是思想家阿多尼斯的深思熟虑之言。阿多尼斯足迹遍布世界，又常年生活在西方，他对当今世界的了解不可谓不深。通过几次来华访问，他在中国感受到在西方和其他国家都感受不到的蓬勃发展的活力和生机，并认为只有中国才有可能纠正美国主导的不公正世界秩序。因此，正如他在 1980 年首次访华后就曾准确地预言："中国不仅仅是一个另类的世界；在不远的将来，她或将创造另一个世界。""世界的未来在中国"是他对 21 世纪中国做出的又一个预言。不过，这个预言能否成真，还在于中国能否发扬诗歌的精神，此处"诗歌"，显然不能作狭义理解，而应理解为"诗歌"代表的精神层面的价值，即对人道、自由、尊严、解放、文明的追求。几次来华，阿多尼斯在看到中国社会飞速发展、物质文明高度发达的同时，也耳闻目睹了中国社会的某些弊端。仔细品读《云翳泼下中国的墨汁》，我们能在字里行间读出他对友好中国的委婉批评："我是否还有一点遗憾，因为来自另一个根茎——机械——散发的另一种气味，

---

1 2014 年 10 月 15 日，新华社曾刊发相关报道的文章，题为《叙利亚诗人阿多尼斯：中国的未来在诗歌》。见：https://www.chinanews.com.cn/cul/2014/10-15/6681545.shtml。

也笼罩着某些街道，某些商业场所……"因此，他的预言"世界的未来在中国，中国的未来在诗歌"应该放在一起、不可分割地理解，后者构成前者的条件。阿多尼斯以此预言，既表达了对中国的信心和期待，又善意地提醒我们：能否找回、弘扬诗歌所代表的精神，关乎中国的未来发展，甚至关乎人类的未来。

穆罕默德·奈米尔·阿卜杜勒·凯里姆（1946—2003），是出生于巴勒斯坦的学者、翻译家，第一次中东战争爆发后随家人移居叙利亚霍姆斯市。1975 年至 1981 年间，受巴勒斯坦解放组织委派前来中国外文出版社担任阿拉伯语专家；1987 年至 1993 年间，再度来华在外文出版社工作；2000 年，第三次来华，在北京大学担任阿拉伯语外教。阿卜杜勒·凯里姆在华工作期间，曾将多部中国文学、文化作品译成阿拉伯语出版（英译阿）。主要译作有：《毛泽东诗词》，巴金小说《家》，老舍小说《骆驼祥子》，郭沫若剧作《屈原》，茅盾短篇小说集《春蚕》，溥仪自传《我的前半生：从皇帝到公民》；此外，他还翻译出版了简写本《红楼梦》以及中国历史系列读物等。

阿卜杜·拉赫曼·尤努斯（1955—　），是叙利亚作家、学者，曾发表多部小说和阿拉伯文学研究专著。2000年至2001年间在北京外国语大学担任阿拉伯语专家。曾出版中国题材作品《北京之旅：当代中国面貌》（2004）和《从拉塔基亚到北京：改革开放政策下的中国》（2014）。在北京外国语大学工作期间，他和巴勒斯坦翻译家阿卜杜勒·凯里姆以及多位中国学者就中国社会、文化、文学的相关议题做了深度访谈，并收入《北京之旅》一书。

在与尤努斯的访谈中，阿卜杜勒·凯里姆着重介绍了自己对中国文学、文化的了解，对翻译工作的经验和体会，以及对三次在华工作期间中国发生的变化的观感。他尤其对第三次来华工作时发现的中国巨大变化印象深刻：

这次我回到北京，北京城市建设的突飞猛进令我吃惊。我问自己：这还是我曾经生活了12年的北京吗？十几年前，外国人还称北京是个"大村庄"，如今的北京，完全不能同日而语了！它正在快速前进，跟世界一流城市媲美。[1]

不过，作为一个了解中国、热爱中国的阿拉伯知识分子，阿卜杜勒·凯里姆也对改革开放后中国社会出现的一些负面现

1　尤努斯：《北京之旅》，阿联酋苏韦迪出版社，2004年，第263页。

象感到不解和痛心。第三次来到中国后，他吃惊地发现社会上出现了之前很少有的若干弊端，如偷盗、卖淫、坑蒙拐骗等违法行为，以及物价上涨、贫富悬殊、工作态度消极等社会问题，还有年轻人世界观扭曲、物质主义盛行等不正之风。他和尤努斯在访谈中，还都对中国社会存在的崇洋媚外、"一切向钱看"的风气感到担忧：

尤：据我观察，不少中国人对西方有崇洋媚外的表现。与此同时，他们对来自第三世界的外国人，往往表现得趾高气扬。你对此怎么看？

阿：在有些中国人，尤其是年轻人眼里，西方人高人一等。所以你的观察不足为奇。这一代年轻人梦想中国也能达到西方的发展水准，认为西方一切都好，而完全无视西方的种种消极面。

至于你说的有些中国人对第三世界人民趾高气扬，在我看来，这或许因为，他们认为自己曾经也是第三世界一员，而现在已经超越这一阶段了。现在他们认为已经位于第二世界，或者说正在努力跻身于第二世界。这种感觉，让我担心中国人在实现他们的目的后，会丢失他们善良和谦逊的美德。中国毕竟是个伟大国家。[1]

尤：观察中国近来的变化，我还发现中国社会许多部门都"一切向钱看"。文化和宣传机构是否也受到这种风气的影响？或者是在多大程度上受其影响？

阿：确实，你提到的"一切向钱看"现象对文化和宣传机构也产生了很大的负面影响。

今天的中国比以往更需要向世界介绍自己，国有出版社不应该以盈利为目的，很多国家都花费巨资支持对外宣传。"一切向钱看"的这种现象在大学里也同样存在。大学也纷纷创办公司，并出租校舍以作商用。等等。[2]

不过，尽管看到了中国社会在改革开放后出现的诸多弊端，阿卜杜勒·凯里姆对中国的未来仍持乐观态度：

尤：目睹了北京的巨变，你认为这些变化总体是积极的还是消极的？这些变化的最终结局可能是什么？

阿：当今中国发生的变化，有很多是积极的，但也有不少是消极的。但这些消极面会不会对中国的未来构成危险？我认为中国的经济很强劲，或许用不了多久就会成为世界头号经济

1　《北京之旅》，第 264 页。

2　同上，第 276 页。

大国。另外，国家的掌控力、凝聚力很强，领导人通常很有经验，总是把国家利益置于首位。所以，我认为中国的形势总体是令人乐观的，那些消极面不会对国家构成危险。再过几年，我们或许能看到中国是名列前茅的世界大国之一。[1]

　　应该说，阿卜杜勒·凯里姆和尤努斯对中国的批评都是十分中肯、剀切并富有建设性的，涉及的都是中国社会一度存在，甚至至今仍然存在的问题，也是很多人，包括外国友人普遍反映、期待解决的问题。即以部分中国人崇洋媚外的心态为例，据笔者所知，许多阿拉伯友人对此都有微词。记得2019年阿多尼斯访华期间，曾在中国友人陪同下，游览位于杭州市郊的富春江严子陵钓台风景区。宾主一行徜徉于"青山拥春江"的美丽画卷之中，陶醉于连亘高阁和粉墙黛瓦之间，为随处可见的历史名人雕塑和荟萃历朝诗文的碑林长廊而惊叹。突然，一直若有所思的阿多尼斯对一路讲解的江弱水教授感慨："你们中国有如此伟大的历史、文化和自然，为什么很多中国人还要唯美国马首是瞻？为什么丧失了批评美国的能力？"江弱水教授笑答："这就如同一位年迈的长者，可能更欣赏富有朝气的年轻人吧。"

1　《北京之旅》，第263页。

　　另外，阿卜杜勒·凯里姆和尤努斯对中国的批评，和所有来自外国友人的建设性善意批评一样，是对中国人的有益提醒，我们理应以从谏如流、闻过则喜的胸怀对待之，并且不断去弊除疴、完善自我。尤其重要的是，阿拉伯友人的批评提醒我们，中国的崛起理应是一个文明大国的崛起；中国的发展，决不能以牺牲传统美德为代价，在追求经济腾飞、科技发达的同时，还应有更开阔的胸襟、更高尚的追求，富而不骄，强而不霸，以不卑不亢、自强不息、友善谦和的姿态，屹立于世界民族之林。实际上值得欣慰的是，随着党和政府治国理政新理念、新思想、新战略的提出和落实，随着我国综合国力的大幅度提升，两位阿拉伯友人在访谈中提及的部分问题，近年来已在不同程度上得到解决或有所好转。

四、借中国之镜审视自我

在人类进入 21 世纪前后，与中国的迅速崛起形成对比的，是许多阿拉伯国家陷入困境，饱受政治专制、经济停滞、社会动荡和外来干涉等难题的困扰。一百多年来阿拉伯仁人志士们孜孜以求的民族复兴之梦，看起来依然遥不可及。因此，新世纪以来访华的阿拉伯作家们多为中国的所见所闻深深触动，并由此反思自我，审视阿拉伯世界的现实。正如阿多尼斯在《云翳泼下中国的墨汁》中所言，"我该把天安门当作一面镜子，以映照我的问题"，中国，成了许多阿拉伯作家反观自身的一面镜子。

埃及作家黑托尼的游记《游历纪行》写作于埃及前总统穆巴拉克执政期间。黑托尼在书中刻意记录的几处北京观感和印象，分明透露出不言而喻的言外之意。如："在北京火车站及周边的各个区域，我们见不到毛泽东的任何一张画像，也见不到现任主席或其他任何领导人的画像。"[1]这段文字，自然会令埃及读者联想起在埃及公共场所曾经随处可见的穆巴拉克画像。又如，作者记录了与一位中国朋友对话的情形："我问他是否存在腐败，他说腐败固然存在，但惩治腐败的措施也很严厉，就在最近，上海处决了一名高官，其罪行是贪污了五万美元。听到这里，我转开眼神，以免他看出任何惊讶的神色：仅仅五万美元就被处决？！"[2]显然，作者是针对埃及社会腐败盛行且毫无制约的现象而发出这番感慨。

历次中国之行的所见所闻，一直刺激着阿多尼斯反观自我，审视阿拉伯世界传统与现实中的各种问题。在《云翳泼下中国的墨汁》中，身在日新月异的中国空间的诗人，感慨地批判他来自的那个"阿拉伯空间"：

我来自的那个空间，人们在吞食着被炖烂的往昔和夹生的未来。每一个城市都是一头被屠宰的绵羊，每一个屠夫都声称

1　黑托尼：《游历纪行》，埃及复兴出版社，2011年，第163页。
2　同上，第182页。估计作者记忆有误，或有意夸大中国惩治腐败之严厉，以反衬埃及腐败严重却不得惩治之现象。

自己是天使。

只有蛆虫在克尽厥职。

同样，对阿拉伯的反思和批判，依然贯穿于《桂花》的字里行间。他在诗中发出悲愤的质问：

在本质上，难道光明真的讨厌我们／我们这些在文明之海——地中海——东岸生息的人们？[1]

这块土地，声称自己是收纳宇宙细菌与垃圾的不朽之园，它到底是什么？[2]

这种反思和批判意识，同样针对他常年客居的流亡地、几乎成为他"另一具身体"的西方：

西方啊，你的光，为什么在跛行？[3]

在西方文明这具身躯上，有一种腐蚀其骨头的病毒。[4]

对于丑陋的美帝国主义政治，他更是予以辛辣的讽刺或痛斥：

杀手针对被害者提出诉讼，

受理案件的法官名叫"侵略"，

---

1 阿多尼斯：《桂花》，薛庆国译，译林出版社，2019 年，第 97 页。

2 同上，第 111 页。

3 同上，第 130 页。

4 同上，第 139 页。

——这便是美国政治时代的宪法。[1]

不仅如此，他对当今人类社会也充满了深邃的忧患意识，面对这个被"器械和神灵主宰"的时代，他发出警觉的疑问：

人的位置何在？在意义的旷野？在语言的爪间？[2]

尤其值得一提的是，新世纪阿拉伯文坛还出现了一部长篇小说，用独特的题材表达了"借中国之镜审视自我"这一主题。艾敏·扎维（1956—　），是阿尔及利亚著名作家、思想家，曾先后任阿尔及利亚奥兰大学文学院教授、巴黎大学教授、瓦赫兰文化宫主任、阿尔及利亚国家图书馆馆长等职，现任阿尔及尔大学比较文学教授。他用阿语、法语双语创作，迄今已发表 14 部阿拉伯语长篇小说和 9 部法语小说。

艾敏·扎维虽精通法语，并发表了多部法语小说，但他并非法国文化的盲目崇拜者。他和许多阿尔及利亚知识精英一样，对法国在阿的殖民统治历史持严肃的批判态度，对法国殖民的消极影响也有清醒而客观的认识。与此同时，他对中国的态度十分友好，对新世纪以来中国在阿拉伯世界，特别是阿尔及利

1　《桂花》，第 136 页。

2　同上，第 47 页。

亚的经济、社会发展中所起的积极作用给予高度评价，他在接受媒体采访时曾表示："法国殖民者和中国在阿尔及利亚的存在有很大不同。法国殖民者是反历史、反人道、反自由的，而中国的存在则以正当竞争、交流和文化关系为基础。"[1]

在担任国家图书馆馆长期间，扎维大力支持加强中阿两国的文化交往，提出要增加中国文化在阿尔及利亚的存在感。他曾于 2006 年在阿尔及利亚国家图书馆设立"中国角"，用于展示来自中国的图书和音像资料，并以之作为在阿传播中华文化的重要平台。2008 年 4 月，他应中国国家图书馆之邀访问北京和上海。通过此行，他增进了对中国的了解，并对目睹的中国改革开放的巨大成就表示钦佩。

2015 年，扎维发表了以中国赴阿劳务人员为男主人公的长篇小说《女王》（副标题为《迷人的女王献吻中国龙》），这是阿拉伯文学史上首次出现类似题材的长篇小说。作者在小说题记中写道：

2008 年春，我先后到访上海、北京两地，其间开始构思这部小说。小说的一部分是由主人公的一位亲戚跟我讲述的；回

---

[1]　纳斯琳·巴鲁特：《小说家艾敏·扎维呼吁读者摆脱"幼稚的"信仰》，载 2015 年 9 月 7 日《共和国报》。

到阿尔及尔后，我用自己的方式创作了余下的故事。[1]

在一次接受媒体访谈时，扎维是这样提及《女王》这部作品的：

在小说《女王》中，我试图摆脱阿拉伯，特别是马格里布小说中"他者"形象的程式化，即总是以法国人、英国人或美国人作为"他者"。自我们这一代起，生活中又出现了新的"他者"，代表了新的价值观。这个"他者"分享我们的城市、食物和工作，有时甚至还说我们的语言。我想在小说中呈现这样的新"他者"。因此，《女王》这部小说是关于"阿尔及利亚的中国"的故事，描写的是阿尔及利亚日常中的中国人生活。尽管我去首都阿尔及尔祖瓦尔门一带的"中国区"做过实地调查，了解过中国人如何同本地人相处，但是，这并不是具有社会学意义的小说，而是一部关于心灵的小说，讲述了阿尔及利亚女性爱上中国"他者"的故事。[2]

诚如扎维所言，东西方文明的交融与冲突是阿拉伯现当代文学探讨的一个重要话题。出现在阿拉伯文学作品中的"他者"，一般都是西方女性，作品大都围绕这些西方女性与阿拉伯男主

1　扎维：《女王》，贝鲁特 DIFAF 出版社，2015 年，第 5 页。
2　玛雅·哈杰：《艾敏·扎维：阿拉伯图书没有达到文明的应有水平》，载 2015 年 7 月 7 日《生活报》。

人公的爱情故事展开或以其为背景，著名的类似作品有埃及剧作家陶菲格·哈基姆的小说《东来鸟》、黎巴嫩作家苏海勒·伊德里斯的《拉丁区》、埃及作家叶海亚·哈基的《乌姆·哈希姆的油灯》、苏丹作家塔伊卜·萨利赫的《迁徙北方的时节》，等等。将东方中国人作为"他者"，这确实是小说家扎维的一个独创。但这一文学独创也不是凭空而来的。进入 21 世纪以来，中国和阿尔及利亚的经贸合作迅猛发展，阿已成为中国在西亚北非地区最重要的经贸合作伙伴、最大的承包工程对象国。据悉，中国在阿承包的工程大都为建筑项目，在阿从事建筑、商贸、服务等行业工作的华人计有数万人之多[1]，阿尔及利亚已成为中东地区仅次于阿联酋的华人主要聚居国。在首都阿尔及尔祖瓦尔门一带，已经形成了"中国区"。随着两国人民的交往增多，在阿从事各类工作的中国青年和当地青年相恋的故事也时有发生。扎维以小说家特有的敏感眼光，发现了这个独特的视角和世界。正如他所说：

　　在《女王》中，我想写阿尔及利亚女主角和中国男主角之间的"情感资本形成史"。这是一部探讨历史、社会和身体的"心灵小说"。在我看来，小说的任务是书写情感的历史；至于其

1　小说中提及在阿华人共有 30 万人，这是被夸大的数字。

他的历史，那是该由经济学家和历史学家去完成的任务。[1]

不过，扎维选择这一题材，并不只是出于求新猎奇，这其中还有更深的原因。一方面，随着近年来中国经济的高速发展，性价比很高的中国产品走进了阿尔及利亚的家家户户；而从事各类建设和商贸工作的中国人，也在阿尔及利亚随处可见；所以，在扎维这样的阿尔及利亚知识精英眼里，中国这个在距离上十分遥远的东方大国其实并不遥远，其存在感与日俱增。另一方面，2008 年的中国之行，让扎维对中国的城市面貌、中国社会和文化展示的活力、中国人对阿拉伯人民的尊重和友好都有了直观而深切的感受。因此，他在一次采访中如此表达对未来中国和中阿关系的认识：

在未来的两个世纪里，中国在经济、文化和思想层面都是决定性的力量……中国将决定我们明天的审美，甚至会创造出我们的领导人（在《女王》尾声，萨库拉为中国青年怀了孕，两人希望本世纪末的阿尔及利亚总统，是一位中阿两国的混血儿）。中国将决定和平或战争。今天的中国走进了我们每一个人的家里，从学生用的橡皮擦，到厨房里的煎锅，到汽车，再

1　纳斯琳·巴鲁特：《小说家艾敏·扎维呼吁读者摆脱"幼稚的"信仰》，载 2015 年 9 月 7 日《共和国报》。

到各种电子通信产品，中国制造无处不在。中国和非洲的年贸易额已经超过 4000 亿美元 [1]，但这还只是开始。[2]

由于这样的认知，我们不妨认为，扎维的小说《女王》是一部预示未来的作品，或是为未来而准备的作品。它既体现出作者对现实现象的洞察力，更体现出作者预言未来的能力。

小说的女主角萨库拉是一位法医，婚后不久因发现丈夫是同性恋而离婚。小说男主角是一位随中国建筑公司来阿承包建设项目的年轻工程师，名叫余楚孙（音译），他还有一个阿拉伯语名字：尤努斯。因为一桩命案，余楚孙去警局辨认受害中国同胞的尸体，得以结识了法医萨库拉。异国的青年男女，一位刚刚挣脱了婚姻的枷锁，尚未彻底走出失败婚姻的阴影；另一位则在异国他乡孤身一人，度日如年。两人机缘巧合相遇，相互间因好奇、好感进而迸发出恋情的火花。

余楚孙对萨库拉的爱真挚而浓烈，言行举止中时时流露出对女性的尊重，甚至把爱人视为"尊贵的女王"。在日常生活和失败的婚姻中深受大男子主义之苦的萨库拉，在这场异国之

1　据中国海关总署发布的数据，2021 年中非双边贸易总额为 2543 亿美元。可见这个数据有夸张成分。

2　纳斯琳·巴鲁特：《小说家艾敏·扎维呼吁读者摆脱"幼稚的"信仰》，载 2015 年 9 月 7 日《共和国报》。

恋中感受到从未有过的幸福。在她眼里，温柔体贴、善解人意的余楚孙，和粗鲁暴躁、蛮横自私的阿尔及利亚男人形成了鲜明对比。作者借女主人公之口，对代表男权文化的阿尔及利亚男人做了无情的鞭笞：

> 我讨厌阿尔及利亚男人，他的装腔作势让我厌烦。这样的男人冷漠无情，刚愎自用，粗鲁而虚伪，自私又爱撒谎；他只喜欢伺候他的女人，这种女人要么是奴隶要么是母亲。这里的男人一出生，就被母亲、祖母、姐姐、阿姨和女邻居们捧成虚幻王国的王子。无论是失败了，还是一时成功了，他总觉得自己是个"王子"，甘心生活在虚幻中。在阿尔及利亚男人的床上，女人只不过是母亲形象的投射，她应该伺候他，替他洗衣服，为他传宗接代。[1]

不仅如此，作者还借女主人公之口，将中国男人与阿尔及利亚男人在恋爱方式上的差别，上升到文化、政治的差异层面，并借此对阿尔及利亚文化、政治乃至民族性做了深刻批判：

> 中国人喜欢在黑暗中做爱吗？他跟阿拉伯人一样也在深夜行房吗？我们的人民活在黑暗中，阿拉伯人跟柏柏尔人无异，我们在黑暗中被创造，现在仍然生活在黑暗中，我们只会制造

1　《女王》，第210—211页。

黑暗，从一种黑暗到另一种。政治的黑暗、生产的黑暗、经济的黑暗，黑暗、黑暗、黑暗、黑暗……中国人则喜欢在自然的光亮、白天的光亮下做爱，或者在儒家氛围的烛光下做爱。我们肉欲的灵魂，与他们充满诗意的精神之身体形成对照。在灵与肉之间，中国人表达他们的爱欲。[1]

显然，作者在此采取的，是一种赞美异域他者、贬抑自我的写作策略，以达到借他者之镜、映照自我之丑陋的目的。正如扎维在接受访谈时指出：

通过这样的灵魂和肉体之恋，阿尔及利亚女性在寻求一种抽象的解放，从阿尔及利亚的大男子主义中获得解放。这是一种被阉割的大男子主义，既缺乏情感，又无助于经济发展。而中国人则通过阿尔及利亚文化中匮乏的"工作"精神，俘获了这里女性的心灵。因此，中国人是她的解放者。[2]

不过，作者对阿尔及利亚民族劣根性的揭示与批判，还并不止于男权文化这一个层面。小说中的阿尔及利亚人，从上到下都对工作缺乏认真的态度和严谨的作风。人浮于事，懒惰散漫，没有时间概念，生活态度消极，热衷于就政治、宗教等话

---

[1] 《女王》，第173—174页。

[2] 玛雅·哈杰：《艾敏·扎维：阿拉伯图书没有达到文明的应有水平》，载2015年7月7日《生活报》。

题夸夸其谈，是社会上最为普遍的弊端。作者还借中国人的眼睛，展现了阿尔及利亚社会的诸多怪象，如医院救护车司机竟然可以把救护车当作出租车捞取外快。小说还以较多篇幅，揭露了一个十分严重的社会问题，即阿尔及利亚部分民众针对亚洲人、中国人的种族歧视问题。小说中的几位阿尔及利亚人物，虽然也都赞誉并佩服中国人刻苦耐劳、心灵手巧、友善上进，但完全不能接受当地姑娘跟中国人谈婚论嫁。

对于部分阿尔及利亚民众针对中国人怀有的偏见和歧视，扎维不仅通过描写余楚孙这个正面人物形象予以纠正和驳斥，还通过小说中部分人物之口表达了对中国人优良品行的赞誉：

"中国人本分守纪，尊重传统，不在城里或他们住的地方等公共场合张扬。他们仿佛是秘密地生活着，在阴影下走路，安静地思考，不停地工作，从不喧嚣吵闹。他们就是勤劳的蜜蜂。"[1]

"你们中国人生来就是工作的，只为工作而生。当所有的本国人离开这个国家后你们还会待在这里。阿尔及利亚人中的腐败分子会毁了这片土地，人们将会一个个离开这个国家，到时你们就会继承这片土地，为它带来生机：发展农业、繁荣工

---

1 《女王》，第49页。

业、让这里的青年们拥有梦想。"[1]

　　针对阿尔及利亚民众中颇为盛行的一种误解，即认为中国人是只会工作和赚钱、没有文化品位和追求的"经济动物"，扎维还有意把男主人公余楚孙塑造为中国文化的化身。他不因暂住异国而将就生活，而是把所住的公寓打造成一个富有中国特色和文化品位的小天地。他让恋人萨库拉在这里聆听中国音乐，欣赏中国瓷器，触摸中国地毯，接受中国文化的熏陶……显然，作者笔下的这位中国青年有着强大的精神支柱和文化自信，这使得身处异国他乡的他，即使举目无亲，甚至屡遭当地民众的偏见和歧视，却不至于迷茫失望，无所归属。他的公寓就是他家国情怀、文化根基的寄托和象征。作者意在通过这位有血有肉、有理想、有情怀的男主人公，为中国青年和中国人正名。更有甚者，作者还通过男主人公之口，表达了希望未来在阿扎根的华人能够领导国家、创造奇迹的乌托邦式愿望：

　　我在认真地思考组建一个华人政党，因为据预计，到本世纪最后二十几年，会有一个有华裔血统的人担任阿尔及利亚总统。我梦想我们的儿子能有幸领导这个伟大的国家，这里爆发

1　《女王》，第46页。

过伟大的革命，也拥有巨大的财富……我们绝不会像愚蠢的入侵者一样前往酷热的撒哈拉沙漠，去试验第二代、第三代核武器，而是要在这片静谧荒芜的土地上建造神话般的城市：城里有企业和农田，农田里种满了小麦、大麦、玉米，还有橙子、石榴、桃子、杏、草莓、西瓜、哈密瓜、葡萄等各种让人心旷神怡的农作物。我们要建造规模宏大的现代化、智能化的国际机场，以便用核能发动的大型飞机能在此起落。我们还要人工降雨，把沙漠变成天堂，可以和天启的《旧约》《新约》以及《古兰经》里描述的天堂媲美……[1]

　　由上述可知，小说《女王》不是一部普通的讲述异国之恋的爱情小说，而是一部以他者为镜审视自我、言说自我、具有深刻思想内涵的作品。作者艾敏·扎维在小说中塑造中国形象的最终目的，是探讨阿尔及利亚独立后的种种历史与现实问题，揭露传统文化中的各种弊端和陋习，反映 20 世纪末"黑色十年"[2]之后社会转型的艰难以及在经济全球化进程中出现的新问题和新挑战。作者自己也曾在一次访谈中谈及小说的主旨：

1　《女王》，第 12 页。

2　1991 年至 1999 年间，阿尔及利亚爆发严重的动荡和内战，造成 20 万人死亡的民族惨剧，因此有"黑色十年"之说。

在《女王》中，我想聚焦阿尔及利亚的民族性，并由此探讨阿拉伯伊斯兰社会的特性。这种民族性首先体现为崇古思想、自我膨胀和懒惰；或许，中国人身上体现出的那种接受挑战、勤劳工作、敢于获胜的特质，恰恰是阿拉伯人身上的懒惰性、依附性的反面。小说中的阿拉伯民族性，体现为宿命主义，不尊重劳动文化，不尊重时间，也不尊重与己不同的他者。[1]

小说体现了作者对自身所处的社会文化所做的深刻反思，对民族劣根性的无情鞭笞，这对于人们了解当下仍在艰难探索变革之路的阿尔及利亚社会乃至整个阿拉伯世界都有参照意义。小说对于正在阿尔及利亚、阿拉伯世界和广大发展中国家努力推进共建"一带一路"的中国而言，尤其具有重要的参照和借鉴意义，这主要体现为：

第一，新世纪以来，中国和阿尔及利亚以及整个阿拉伯世界的关系不断发展，以互利合作为特征的各方面交往日益增多。总体而言，中国在阿拉伯世界的形象是正面的，阿拉伯人民对中国是怀有友好情感的。在阿拉伯世界工作、生活过的中国人

---

[1] 纳斯琳·巴鲁特：《小说家艾敏·扎维呼吁读者摆脱"幼稚的"信仰》，载2015年9月7日《共和国报》。

对此都有切身体会；世界主要民意调查机构近年来所做的世界大国在各地形象调查的结果也表明，阿拉伯民众对中国总体上怀有好感。但与此同时，中国在阿拉伯世界的形象建设也面临不少挑战，部分民众对中国的社会文化、政治体制、国民素质乃至产品质量仍抱有疑虑乃至偏见。中国深度参与有关国家的经济社会建设，在给当地带去切实利益的同时，也使部分当地人民感到竞争的焦虑、文化碰撞的不适，因而产生抗拒甚至敌视情绪。值得一提的是，这种情况在北非大国阿尔及利亚表现得更为突出。而众所周知，阿尔及利亚与中国的政治关系一向十分友好，在新中国恢复联合国合法席位的过程中，阿尔及利亚和阿尔巴尼亚共同提出的"两阿提案"曾起到决定性作用。中阿两国的经济和投资方面的合作也尤为密切，阿尔及利亚还是吸引华人最多的中东国家之一。小说《女王》将这一问题通过文学形式集中揭示出来，虽然作者的本意是批判阿尔及利亚的社会弊端和民族劣根性，但他客观反映了中阿友好关系中真实存在的不和谐之音，值得我们引以为诫。

　　第二，无可否认的是，中国形象在阿尔及利亚等国面临的挑战，也与西方因素有很大关系。近年来，中国的崛起，中国与包括阿拉伯国家在内的广大第三世界国家关系的快速发展，引起了西方某些势力的猜忌和恐慌，他们抛出了"新殖民主义""债务陷阱"等不实指控抹黑中国，甚至不惜渲染"黄祸论""中国威胁论"等具有种族歧视色彩的论调，企图破坏、阻挠中国和阿拉伯世界、第三世界国家的友好关系。鉴于西方媒体和舆论在第三世界国家仍具有强大的话语霸权，其对各国民众的影响力仍不容小觑。第三世界的部分民众仍缺乏身份主体意识，具有不同程度的民族自卑心和文化依附心态，对他们而言，西方塑造的中国负面形象具有某种凌驾意义，他们也自觉或不自觉地采用西方视角与话语看待中国。因此，如何应对西方在阿拉伯世界的话语霸权，有效回应对中国的不实攻击，是中国在阿拉伯世界形象建设的一大挑战。

第三，不必回避的是，中国在阿拉伯世界形象建设面临的挑战，还与中国自身形象存在不少问题有关。小说《女王》中提及的阿尔及尔祖瓦尔门一带中阿民众的冲突事件确有其事。2009 年 8 月，华人聚居区的华商与劳工和当地居民发生恶性群殴事件，虽很快得到官方平息，但该事件影响十分恶劣，在阿本国和其他阿拉伯国家的舆论中掀起轩然大波。"有媒体报道说，人们指责华人的行为非常恶劣，认为他们不尊重当地风俗习惯，食用猫肉、狗肉，还经常喝酒高歌，因此许多人要求驱逐那里所有的中国人。"[1] 有关报道显然有恶意炒作、以偏概全之嫌，但也反映了华人在融入阿尔及利亚社会过程中存在的问题，即对当地文化不够了解、不够尊重，与当地人民的建设性互动和沟通不够，华人自身的综合素质有待提高等等。另一方面，中国在阿尔及利亚等阿拉伯国家呈现的形象，主要还是一个高速发展的经济大国，而中国的文化、思想、情感等其他方面的形象则比较模糊和粗浅，这也给误解、歪曲中国的言行留下了空间。

第四，客观而言，《女王》毕竟是文学作品，小说家言，作者对中国的叙事中掺杂了很多想象成分，其中对中国和中国人的想象存在过度美化的现象，而对阿尔及利亚社会文化和民众则有过分贬抑的嫌疑。因此，我们阅读小说时既要重视其中的社会文化意义，又不能把它等同于旨在客观、严谨反映社会现象的人类学或社会学文本。

在小说《女王》中，艾敏·扎维这位具有很强社会责任感和自我反思意识的"文化斗士"，能够超越本国集体想象层面上的"中国形象"，看到一个正面、积极、代表未来的中国，

---

1 参见：https://www.lahaonline.com/articles/view/16642.htm。

并借中国之镜映照自身之丑，希望以此在阿尔及利亚乃至阿拉伯世界弘扬批评文化和反思文化，并引导社会走向现代、接受他者。这，正是这部题材独特、意蕴丰富的小说之价值所在。

下篇

第四章
中国古代思想在阿拉伯

　　中国与阿拉伯世界的友好交往，已有近 2000 年的历史。自公元 7 世纪起，阿拉伯世界就开始广为流传一句名言——"知识虽远在中国，亦当求之"，有人甚至认为这是伊斯兰教先知穆罕默德留下的"圣训"。由此可见，中国文明灿烂、富有智慧的东方古国形象在阿拉伯世界早已深入人心。然而，尽管中阿两个古老民族通过海陆丝绸之路的贸易往来历史久远，古代阿拉伯人对中国的记述也十分丰富，但这些记述却很少探及中国人的精神世界，中国文化在古代阿拉伯的影响，更多体现在瓷器、丝绸、茶叶等器物的层面。阿拉伯人对于中国的哲学、文学、学术等思想成就，一直存在生疏感和模糊感。直到 20 世纪初，这种情况才有所改变，阿拉伯人开始有机会逐渐了解孔子、老子等思想家体现的中国古代思想。

一、中国古代思想在阿拉伯的传播概况

正如本书第一章提及，埃及学者艾特拉比·艾布·伊兹和友人阿卜杜勒·阿齐兹·哈迈德合作撰写的著作《中国一瞥》（1900年出版），可能是近代阿拉伯学者撰写、出版的第一部关于中国的著作。该书约有两页篇幅，介绍了中国的哲学和科学，但内容不乏以讹传讹之处，如其中写道："在伏羲之后，中国哲学取得很大进展，出现了两位著名的哲学家：老子和孔子。据说老子曾师从一位外国学者，后来到中国，建立了自家学派，培养了众多哲学家和智者……老子的哲学或宗教偏重理论而非实践……孔子的学说认为，有一位神灵凭智慧驾驭宇宙，因此，人类只应该膜拜这位神灵。孔子更重视实践而非理论，因此，其名声更显，其创立的宗教影响更大，其言论更接近圣言。"[1] 显然，作者对老子和孔子哲学的理解，纯属道听途说，并存在用一神教观念附会孔子学说之嫌。因此，此书对于阿拉伯人正确了解中国古代思想作用不大。

1932年，黎巴嫩著名文学大师米哈依尔·努埃曼发表了《老子的面孔》一文，详尽介绍了老子的思想及他本人对老子的认识和推崇。努埃曼因此成为阿拉伯知识分子中传播老子思想的第一人。对此，本书第五章将予以详细探讨。

根据目前掌握的资料，第一部完整译成阿拉伯文的中国文化经典是《论语》，于1935年在开罗问世，其译者是一位中国人——其时就读于爱资哈尔大学的中国留学生、日后的北京大学教授马坚先生。

1938年，埃及开罗大学教授穆罕默德·格拉布发表了《东方哲学》一书，其中用100多页篇幅介绍中国哲学，占全书篇幅的四分之一。该书把中国哲学分为三个阶段：开端时代、成熟时代、从成熟走向现代。作者将老子、庄子、孔子、孟子、

1　艾特拉比：《中国一瞥》，开罗，辛达维出版社，2014年，第33页。

墨子、荀子等先秦诸子置于第二部分作重点论述，尤其以较多篇幅介绍了孔子的生平、著作、思想与影响，对孟子的介绍也比较详尽。《东方哲学》虽然不是专门论述中国哲学的专著，却是较早涉及中国哲学思想的著作之一，对阿拉伯人了解中国哲学起过积极作用。

　　20 世纪 50 年代初期，黎巴嫩著名学者、辞典编纂家穆尼尔·巴勒贝基编选、翻译了一套《自我教育》丛书，其中收入从英语译成阿拉伯文的林语堂著作《生活的艺术》（英语原题为 *The Importance of Living*），1953 年在贝鲁特大众科学出版社出版阿拉伯文版时定名为《来自中国的哲学》。林语堂的这部英文作品出版后在西方很受欢迎，并被译成多种语言。其中，作者将中国人豁达乐观的生活方式诉诸笔下，呈现了诗样人生、才情人生、幽默人生、智慧人生的东方风情。虽然这不是一部旨在介绍、研究中国哲学的学术著作，但其中也谈及"发现自我"的庄子，兼具"情智勇"的孟子，主张"玩世、愚钝、潜隐"的老子，提倡"中庸哲学"的子思，以及"人生的爱好者"陶渊明。所以，这部通俗、有趣的作品颇有助于阿拉伯人了解中国人，尤其是中国知识分子的精神世界，及其生活智慧的哲学渊源。因此，译者将其译为《来自中国的哲学》也有一定道理。

　　1953 年，埃及学者艾哈迈德·辛特纳维出版了一本影响颇大的著作《三贤哲》，分别介绍了作者心目中的三位东方智者：琐罗亚斯德、佛陀和孔子。其中"孔子"一章约占三分之一篇幅。值得一提的是，作者基于宗教高于哲学的认知，认为孔子学说代表了一门宗教，虽然它并不具备宗教的某些外在礼仪，但它在各个方面都起到了类似宗教的作用。在作者看来，"孔子不看重被许多人视为宗教之根本和主要形式的各种表象，这并非出于蔑视这些表象，而是认为这些表象无关宗教之本质"[1]。作者还认为："孔子学说是世界上最早出现的'人文主义'学说；儒学之根本观念，体现为人的生活不依赖于任何上界的神灵或无形的力量，不祈求获得其襄助。相反，儒学主张人应该依靠自身，通过修身养性，获得进步和幸福。"[2]

　　辛特纳维在书中还较为详尽地叙述了孔子的生平及其生活的中国社会背景，介绍了孔子学说的主要内容，以及孔子之后儒家学说在中国的发展，并将孔子和老子的思想做了简要的对

1　辛特纳维：《三贤哲》，埃及知识出版社，1953 年，第 110 页。
2　同上，第 111 页。

比。最后，作者对孔子做了如下评价：

> 许多人认为孔子并未提出新的学说。实际上，他对于教化中国人贡献巨大。他整理、编辑了上古的文化遗产，为其注入新的精神，使古遗产焕然一新，让中国人乐于阅读并从中获益。他还是一位实干家，唯以现实为重。他提倡克己复礼，一方面尊重君王，同时又敢于批评其不当行为。他重视常人的行为和生活方式，不关注狂徒异人的逆常之举，也不关注怪力乱神。他还蔑视军事，视其为次要事务。

> 这位审慎而忘我的人道主义先哲，在家庭生活中怡然自得。他热爱音乐，闻诗乐而起舞，和弟子、门徒亲如一家人：如有人夭折，他会如丧亲子一般恸哭。[1]

由上述可知，辛特纳维在《三贤哲》中对孔子的介绍是比较全面详尽的，他对孔子学说的理解也比较准确，评价也客观公正，为 20 世纪中叶阿拉伯知识界了解孔子和儒学，起到了重要作用。

20 世纪 50 年代中期，埃及开罗出版了一套《东西方思想家》丛书，其中收入《孔子：中国的先知》一书，孔子也是唯一被

1　《三贤哲》，第 148—149 页。

列入该丛书的中国思想家。作者为法国巴黎大学文学博士、埃及开罗艾因·夏姆斯大学文学院讲师哈桑·苏阿凡。该书由埃及复兴出版社于 1956 年出版，共 160 页篇幅，作者主要参考英文著作写作此书。鉴于它是阿拉伯世界第一部专门介绍孔子思想的阿拉伯文著作，所以问世后一直是阿拉伯学者了解、研究孔子思想的重要参考书。

该书除序言外，共 10 章，章次分别为：孔子的生平，品质和习性，著作和弟子，道德哲学，宗教观、形而上学和政治观，音乐思想，教育学说，文学和科学，作为中国国家宗教的儒学，儒学和其他中国思想。该书突出的地方，在于对孔子的思想作了较详尽的阐述，并肯定了中国文化在世界文化中的重要地位。作者指出：

在不久之前，人们都还认为是古希腊哲学家最早提出值得重视的哲学理论；实际上，至今仍有许多学者持有这种观点，并认为古希腊人乃是无可争议的哲学"领军人物"。然而，大多数应和这种观点的人们并非真的信奉这种观点，而是出于对希腊及西方文明的迷信，出于对东方人的蔑视，有意要让东方人以不能自立的落后民族形象呈现。认为东方传统思想在总体上没有古希腊哲学成熟的传统观念，纯粹是一种以殖民主义为基础的观点，与学术毫无关系，因为它怀有一个政治目的：为西方国家 19、20 世纪对东方国家的殖民提供理据，其借口是东方社会是落后的，思维尚不成熟，只适合在那些继承了希腊文明传统的西方国家保护下生活。[1]

作为一位在法国接受了学术训练的埃及学者，作者能在 20 世纪 50 年代提出这样公允公正的观点，确实是难能可贵的。作者在《序言》中还说明了撰写这部著作的大背景：

在（1952 年）革命之后，埃及努力加强与中国、印度等亚洲国家及阿拉伯各国的合作；笔者撰写此书，也旨在为这些努力添砖加瓦。1955 年 4 月万隆会议成功举行，并超过所有人的预期，就是这些努力取得的最佳成果。笔者希望，在本书之后，还有更多探讨东方国家文化、文明的著作问世，以让埃及和阿拉伯各国的兄弟们能了解东方各国历代的文明与文化现象，从而增进双方的政治、经济与思想合作。[2]

由此可见，埃及学者苏阿凡在介绍孔子和中国文化时，能用不同于西方人的东方视角看待中国文化，这凸显了这位学者对自我身份、自我立场的清醒意识。这是尤其值得称道的，此

1　苏阿凡：《孔子：中国的先知》，埃及复兴出版社，1956 年，《序言》第 2 页。
2　同上，《序言》第 3—4 页。

书的价值也因此得以凸显。

　　1957 年，著名的黎巴嫩学者哈奈·法胡里和哈利勒·吉尔合作撰写出版了两卷本的《阿拉伯哲学史》，由贝鲁特知识出版社出版。哈奈·法胡里是著名的语言学家、文学史专家、哲学家，他撰写的《阿拉伯文学史》（1951）一直是阿拉伯学术界最权威的文学史著作。他主持撰写的这套两卷本《阿拉伯哲学史》也是研究阿拉伯哲学的必读参考书之一。该书在第一章绪论部分，将印度思想和中国思想列入东方哲学介绍，作为阿拉伯哲学发展的铺垫。在中国思想部分，作者简述了中国古代思想的主要成就和特点，其中写道："值得指出的是，中国古代哲学中就有值得赞许的逻辑思想，有关于单子及其本质的思想，还有形而上学的思想。更为可贵的是，古代中国的思想家们非常明确地表达了相对主义的时空观，即相对主义的运动论，而且还进一步提出了物质无限可分的思想。"[1]作者还认为，包括中国思想在内的东方思想，为建构人类思想做出了重要贡献，并为人们认识世界和自身开辟了一个更为广

1　哈奈·法胡里、哈利勒·吉尔：《阿拉伯哲学史》（上册），贝鲁特知识出版社，1957 年，第 37 页。

阔的天地。

1971 年，埃及图书总署出版了一部阿拉伯文版的中国哲学史研究著作，题名为《从孔夫子到毛泽东的中国思想》，原著作者是美国著名汉学家、芝加哥大学教授顾立雅（Herrlee Glessner Creel，1905—1994）。英文版于 1963 年出版，阿拉伯文版由阿卜杜·哈米德·赛利姆翻译，阿里·艾德海姆校对。全书除序言外，共分 13 章，分别为：第一章：现代世界中的中国思想；第二章：孔子之前的思想；第三章：孔子以及为人类幸福而奋斗；第四章：墨子的非攻和尚同；第五章：孟子的人性论；第六章：道家的神秘怀疑论；第七章：荀子的威权政府原则；第八章：法家的专制；第九章：汉代的思想学说；第十章：佛教和新儒家；第十一章：对新儒学的挑战；第十二章：西方的影响；第十三章：对过去的看法。

本书的原文作者顾立雅是美国学术界最早对中国语言和文化做出精深研究的一位学术大师，也是西方研究中国古代史的权威汉学家，他对中国古典思想的研究以钻研精深、立论客观著称。这部著作选取了中国哲学史上从先秦直到毛泽东为止的重点哲学家，并选择各自思想中最能代表哲学家本质特征的部分予以重点介绍。这样的写法，能使读者对每个哲学家的思想特征都有清晰的认识。因此，选择这部著作译成阿拉伯文还是很有眼光的。阿拉伯文版问世后曾多次再版，2007 年又被列入埃及 "家庭文库" 丛书再版。出版者在新版《序言》中写道：

今日中国在世界舞台上占据重要的政治、经济地位。无疑，这一地位并非一日之功，它是具有数千年历史的一个悠久文明的丰富遗产之产物。在公元前数个世纪之前，中国文明的基本面貌即已呈现，它为人类贡献了许多发明，如纸、墨、货币等等，中国的思想遗产也同样丰富，从孔子的智者之言直到毛泽东思想，可谓洋洋大观，许多民族都从中汲取了思想源泉。[1]

《从孔夫子到毛泽东的中国思想》虽非阿拉伯学者的原创著作，但鉴于该书原作及其作者具有重要的学术影响力，其阿拉伯文译本也对中国古代思想在阿拉伯的传播起到了重要作用。

1999 年，黎巴嫩大学教授欧麦尔·阿卜杜勒·哈义出版了

1　顾立雅：《从孔夫子到毛泽东的中国思想》，阿卜杜·哈米德·赛利姆译，埃及图书总署出版，2007 年，《序言》第 1 页。

《古代中国的哲学与政治思想》一书。全书包括绪论和三个部分：道家哲学、儒家哲学、墨家和法家哲学。书中涉及的都是各派最主要的哲学家：道家的老子和庄子，儒家的孔子和孟子，墨家的墨子和法家的韩非子。除了介绍上述哲学家的哲学思想外，该书还侧重探讨了他们的政治思想。作者认为，中国古代大部分思想家都十分关注社会与政治现象，注重学说的实用性，而对形而上的话题及纯粹的哲学冥思兴趣不大；因此，中国哲学中的政治与社会思想十分丰富。作者还注意到，中国文化具有很强的吸收、消化乃至同化外来思想与文化的能力；在古代，这种能力尤其体现在佛教的中国化；在现当代，则典型地体现为马克思主义的中国化。

2011 年，埃及爱资哈尔大学中文系主任阿卜杜勒·阿齐兹·哈姆迪教授翻译了由何兆武、步近智、唐宇元、孙开太撰写的《中国思想发展史》一书，由埃及最高文化委员会出版。何兆武先生曾撰文忆及该书译成阿拉伯文的过程：

2003 年 6 月我意外地忽然接到中国驻埃及使馆文化处的一封信，原文如下：

"何兆武先生，您好！

两个月前，埃及最高文化委员会恳请我处向中国新闻出版署传达其计划将您的作品《中国思想发展史》一书译成阿拉伯文并希望免费征得版权一事。相信此事您已经听说。日前，我处接到新闻出版署来函，建议我处就版权问题直接与您本人联系。故此贸然给您写信，请见谅。

经我们了解，该委员会委托埃及爱资哈尔大学中文系主任阿卜杜勒·阿齐兹先生（此人曾经在华学习汉语多年，并获博士学位）负责翻译此书，且已翻译完毕。我处建议您同意将该书版权免费授予埃方，并译成阿文。此举有助于扩大您在阿拉伯世界的影响和知名度……"

意想不到的是居然又有人从英译本翻译此书为阿拉伯文，当然我们也不会不同意。多少年来，欧美各国和日本都有不少学者在研究中国历史文化，其中包括大量的译著，仅《老子》一书，英译竟有数十种之多。但是有关阿拉伯世界在这方面的情况，限于我们的孤陋寡闻，有关他们对于中国文化的研究，我们却一无所知。这次还是我们第一次得知阿拉伯世界翻译中国当代的著作……

意外的是，从此之后一连数年阿方竟然全无音信，而我自已也就一直没有把这件事放在心上。直至今年年初有一次我忽然忆及此事，遂写了一封信给驻埃及使馆询问此事。直到上个月我们清华大学计算机系的王宏教授因公赴埃及，我国驻埃及使馆文化处才托他将此书带回国交给我，并随有一封信，才知阿拉伯文译本已于2011年出版，并转送给埃及开罗大学图书馆。由于全书均是阿拉伯文，我们自然是一片茫然，全无所知。全书阿拉伯译文共达769页之多，附有引文16页。[1]

　　本书运用历史唯物主义的观点，将先秦到五四运动前夕的中国思想史作了简明扼要的论述。为体现中国几千年来思想、文化的丰富性，编写者除了介绍哲学思想和政治思想外，还对经济思想、科学思想、史学思想、文学思想以及农民革命思想，也都作了简要系统的阐述。美中不足的是，本书成稿于20世纪70年代末，在指导思想、学术观念等方面受到当时政治、社会环境的影响，未能体现新世纪我国学术界对中国思想史研究的最新认识和成果。但是，这部阿拉伯文译作是第一部由阿拉伯汉学家直接从中文翻译的中国思想史，也是第一部译成阿拉伯文的由中国人撰写的思想史，其学术意义值得肯定。

1　何兆武：《记〈中国思想发展史〉阿拉伯文译本的出版》，载《中华读书报》2008年12月24日。

　　2012年，位于黎巴嫩首都贝鲁特的阿拉伯世界著名智库"阿拉伯统一研究中心"出版了由穆罕默德·哈穆德从法文翻译的《中国思想史》。该书作者为法籍华人学者、法兰西学院院士、巴黎东方语言文化学院教授程艾兰（Anne Cheng）女士。此书源于大学讲课草纲，法文版于1997年发表，后得到国际汉学界高度评价。程艾兰曾表示这是一部按照她对中国文化的个人理解写成的作品，不是纯粹的中国式作品，也非纯粹的法兰西式作品。《中国思想史》的阿拉伯文译本篇幅达846页，译者在译序中写道：

　　我们对中国所知甚少，尽管近年来我们开始关注这个国家，尤其是在经济层面。本书既全面又细致地给读者呈现从两千年前商朝开始到1919年"五四运动"为止中国思想的发展历程。这一思想历久弥新，至今仍然每天都在证明它具有引人注目的超越能力。先知穆罕默德曾有教诲"知识虽远在中国，亦当求之"，这到底表明了中国的遥远还是富有知识？阅读此书有助于我们更好地了解先知圣训的意图。[1]

1　程艾兰：《中国思想史》，穆罕默德·哈穆德译，阿拉伯统一研究中心，2012年，译序第10页。

进入新世纪以来，随着中国的综合国力不断提升，阿拉伯国家对中国的关注度越来越大，不少阿拉伯大学的博士、硕士论文也以中国思想和思想家为研究对象。例如，埃及青年学者海莱·艾布·法图赫女士师从埃及当代著名哲学家、曾任开罗大学哲学系主任的哈桑·哈乃斐教授，在他的指导下以孔子为研究对象，分别撰写了硕士和博士论文。海莱·艾布·法图赫虽然不懂中文，但具有哲学专业的学术背景，其博士论文《道德与政治哲学：孔子的理想国》于 2000 年在开罗出版。作者从道德、政治、教育三个层面阐述孔子的哲学，认为这三个层面构成了孔子理想国的基础。论文的结语部分对孔子理想国的特点做了如下总结：

孔子的理想国有许多特点，其中既有与西方的乌托邦理想国相似之处，也有与之不同之处。其最主要特点，在于它不仅设想未来、召唤未来，而且致力于在现实生活中为实现理想的未来而努力。因此，孔子并不像其他思想家那样仅仅描绘人类应有的理想国图景，他还设计了建立这一理想国的机制和方式。孔子相信，通过文化和教育改变民众，是建立理想国的最重要方式。所以，启蒙和教化，是建立公正国家、实现世界和平的道德和政治基础。

孔子的重要性，不仅在于他是一位垂范万世的伟大教师，而且在于他将人的幸福和福祉与人的教化联系起来，拒绝一切形式的暴力和冲突，旨在唤醒社会的良知，让被边缘化的阶层意识到社会的危机。尽管孔子认为人民有权革命，奋起反抗腐败的社会制度，但他更强调实现文化和教育的革命。他呼吁改变教育方式，让君王和臣民了解各自的权利和义务。

为应对现实的危机，孔子提出了许多有关政治和实现社会长治久安的理性设想。这使得孔子学说具有实用性特征。因此，它与东方宗教中常见的逃避现实、不愿实行改良的神秘主义倾向大异其趣。孔子学说与中国社会的各个阶层都产生了密切联系，也因而得以在中华文明的漫长历史中得到传承。[1]

在埃及哲学名家指导下完成的这篇博士论文，颇有深度和新意，体现了阿拉伯世界年轻一代学人的学术水准。艾哈迈德·胡莱卜教授在为该书撰写的荐语中对其做了很高的评价："本书是用阿拉伯文撰写的第一部研究孔子思想乃至中国思想的有深度的哲学理论著作，是一部值得阅读的佳作。"[2]

1　海莱：《道德与政治哲学：孔子的理想国》，开罗格巴出版社，2000 年，第 201—204 页。

2　同上，第 206 页。

2011 年，毕业于沙特阿拉伯乌姆·古拉大学（即麦加大学）的纳赛尔·舍赫拉尼博士出版了在其博士论文基础上完成的著作《儒家：历史、现状及伊斯兰对其立场》。这位博士曾来中国做过实地考察，但并不懂中文，论文最后列举了比较丰富的阿拉伯文参考书目。值得一提的是，该书在一定程度上体现了伊斯兰宗教色彩较浓的阿拉伯学者对中国文化的观点，在此值得作一简介。

《儒家：历史、现状及伊斯兰对其立场》一书共分为四个部分，每个部分下设若干章节。四个部分分别为：儒家之前的中国宗教、社会与政治状况；儒家的兴起；儒家的信仰与思想；儒家与伊斯兰。作者认为，儒学并非人们通常理解的一门哲学，而是一门宗教。不过，他的判断是基于用伊斯兰教的概念和术语附会儒家思想。如他根据阿拉伯文译文，将"圣人"理解为"先知"，将"顺天命"理解为"顺应神的命令"[1]……因此，在全书的结尾部分，他归纳了几点结论：1.孔子的学说是中国的古老宗教而不仅仅是哲学；2.儒教对祖辈的亡魂过分尊崇；3.孔子对形而上的事物持否定态度；4.儒教对中国的影响深远而广

1　舍赫拉尼：《儒家：历史、现状及伊斯兰对其立场》，沙特阿拉伯费萨尔国王伊斯兰研究中心，2011 年，第 250 页。

泛，甚至连入侵者也信奉其学说；5. 为传教所需，17、18 世纪
的欧洲传教士曾将基督教与儒教作调和；6. 儒教在其发展历
史上多次试图革新，当代的"新儒家"也是这种革新的体现；
7. 鉴于儒教是"人为宗教"而非"天启宗教"，所以伊斯兰
教并不接受儒教学说；8. 阿拉伯伊斯兰世界一向忽视研究中
国的文化、宗教与哲学，此状况应努力改变；9. 伊斯兰教是当
前人类的精神栖息地和安全庇护所，为此，伊斯兰民族必须实
现团结。[1]

由此可知，作者从狭隘的宗教观出发评判孔子学说和中国
文化，其观点不乏牵强附会之处。需要指出的是，"伊斯兰教
并不接受儒教学说"这一说法，不仅在研究儒学和中国文化的
阿拉伯学者中颇显另类，而且也有悖于沙特政府近年来大力提
倡的"文明对话""文明互鉴"的理念。

除了对中国思想和文化的综合性研究、介绍以外，阿拉伯
世界还出版了不少中国思想原典的译著。其中，老子《道德经》
的阿拉伯文译本最多，迄今至少已有 9 个译本，本书将在第五
章予以详细介绍。《论语》也有至少 4 个阿拉伯文译本。此外，

1　《儒家：历史、现状及伊斯兰对其立场》，第 520 页。

《尚书》《易经》《庄子》《孟子》《大学》《中庸》《孙子兵法》《孙膑兵法》《列子》《荀子》《韩非子》《战国策》《天工开物》等中国古代思想经典，也都有了阿拉伯文译本。值得一提的是，近年来，随着中国和阿拉伯国家友好合作关系的深入发展，中国思想文化经典的翻译得到中阿政府部门的推动和支持。中国新闻出版总署和阿拉伯国家联盟秘书处共同启动的"中阿典籍互译出版工程"、埃及最高文化委员会设立的"国家翻译计划"、阿拉伯思想基金会资助的"同一文明"翻译工程、中国新闻出版总署立项的"大中华文库"、中国华文出版社和五洲传播出版社等推出的"丝路文库"丛书等出版工程，都为中国思想典籍的阿拉伯文译介和出版起到重要的推动作用。阿拉伯学者和翻译家哈迪·阿莱维、费拉斯·萨瓦赫、侯赛因·伊斯梅尔、穆赫森·法尔加尼、阿卜杜勒·阿齐兹·哈姆迪、伊斯拉·哈桑等人，中国翻译家王复、王有勇、薛庆国等人，都在中国思想经典的阿拉伯文翻译方面有过重要建树。

二、在阿拉伯传播中国古代思想的代表人物

中国古代思想在阿拉伯世界传播的将近一个世纪历程中，出现了多位重要的学者、翻译家，如中国学者马坚，埃及学者福阿德·穆罕默德·西伯勒，伊拉克思想家哈迪·阿莱维，埃及汉学家穆赫森·法尔加尼等，他们为中国古代思想在阿拉伯世界的传播做出了突出的贡献，在此有必要予以重点介绍。

马　坚

马坚（1906—1978），我国著名的回族学者、宗教学家、阿拉伯语语言学家和翻译家。字子实，出生于云南个旧。早年就读昆明明德中学，1929 年就读上海伊斯兰师范学校，1931 年毕业后由中国回教学会选派，作为中国首批留学埃及学生团

成员赴开罗爱资哈尔大学求学，1939 年毕业于开罗大学阿拉伯语学院，并返回祖国。

马坚先生通晓汉、阿两种语言文化，兼通波斯语与英语，学识渊博，治学严谨，毕生从事伊斯兰学术研究和阿拉伯文教学科研工作。马坚先生曾翻译、撰写过大量宗教著作，其中最重要和最具影响的是《古兰经》全译本。马坚先生的《古兰经》译本译文忠实准确，文字简洁流畅，风格古朴典雅，受到广大中国穆斯林的肯定和高度评价，成为迄今为止影响最大的《古兰经》汉译本。除《古兰经》汉译本外，马坚先生的重要著译作品还有《回教真相》《回教哲学》《回教教育史》《伊斯兰哲学史》《阿拉伯通史》《回教、基督教与学术文化》《教典诠释》和《中国伊斯兰教概观》（阿拉伯文）等。此外，马坚教授还主持编写了我国第一部，也是迄今使用最为广泛的《阿拉伯语汉语词典》。

在开罗留学期间，马坚应埃及友人之邀，将中国文化经典《论语》译成阿拉伯文，并于 1935 年（伊历 1354 年）在开罗出版。1934 年，马坚在着手翻译《论语》之前，曾应开罗伊斯兰促进会的邀请，发表学术演讲，介绍中国文化及中国伊斯兰教的发展情况。演讲稿后作为单行本出版，书名是《中国伊斯兰教概观》。在这次演讲中，马坚对孔子及其思想作了简明扼要的介绍，指出孔子是一种学说，有别于宗教。他说：

中国人十分尊敬孔子，就像穆斯林尊敬众先知一样。他们在各地修建孔庙，供奉祭祀，因此他的学说被一些人视为中国的宗教。但事实上，孔子的学说并不是宗教，孔子本人并没有说他在传播"天启"或预言"未来"，他也没有像其他众先知那样显现出奇迹。《论语》中记载的他的一些言论，就是最好的证明。一个学生（季路）问他，死是怎么一回事？鬼神是怎么一回事？孔子回答："未能事人，焉能事鬼！"又说："未知生，焉知死！"孔子的学生还说："子不语怪、力、乱、神。"

孔子学说的核心是孝敬父母，尊敬长者，维护礼仪音乐，也就是说孔子的崇高原则是"仁"。"仁"的意思，就是人应有良好的秉性和谦和的性格。少年时代应表现为孝敬父母、尊敬长者，在社会上应表现为对人们的谦和。《论语》中说："孝悌也者，其为仁之本欤。"这种谦和的性格只有通过礼乐的教育才能具备。有了良好的秉性，才能有忠信、诚实、慷慨、知耻、廉洁、勇敢等良好的品质。[1]

1　马坚：《中国伊斯兰教概观》，转引自李振中编著《马坚传》，宁夏人民出版社，2017年，第44页。

马坚在演讲中还谈及道家哲学与道教：

《道德经》一书是纯哲学，没有一点宗教的味道，说的完全是政治和道德的基本原则，其基本理论是"道"，即"自然法则"，它是最高的"法"，它先于天地，是万物的始和终。

老子认为一个真正的人应该掌握天地之奥妙，通晓万物之真谛，而对人们的褒贬可以不屑一顾，把人们的赞成和反对置之脑后。因此，老子鄙视礼乐，认为它是肤浅的，他希望人们回到清静、知足、寡欲的自然状态。老子的道德原则有别于孔子的道德原则，后者主张以善对恶，前者主张以恶对恶，主张"知足不辱"，"见素抱朴，少私寡欲"，认为"柔能克刚，弱可制强"。[1]

他还指出：

综上所述，我们可以知道老子的思想更接近于哲理，而不是宗教。道教不是建立在老子的思想基础之上，而是由道家思想衍生出来的，其中夹杂着许多迷信，在老子去世 500 多年后才出现。道教的出现主要是因为儒家不能完全满足中国人的宗教需要，而佛教的传入刺激了这种宗教欲望，于是到处修建寺

---

[1] 《马坚传》，第 45 页（本书作者对引文略有改动）。

庙道观。[1]

由此可见，1934 年的马坚虽然未届而立之年，且常年在国外求学，但他对儒家、道家思想的认识是准确到位而客观公正的，显示出他对中国传统文化的深厚功底；作为一位虔诚的穆斯林学者，他在行文中对儒、道思想充满尊重，并未因为儒家或道家并不属于"天启"宗教的范畴而狭隘地予以贬低，说明他思想开明，心胸开阔。

马坚先生应邀着手翻译《论语》也是在 1934 年。该书发行人穆希布丁先生在"出版序言"中写道：

孔子及其门生的哲学思想，今天读来依然使人感到新鲜，好像是昨天刚刚说过。孔子的语言简练，通俗易懂，含义深刻。孔子思想的主要特点，是关心对弟子的培养教育，提高他们的理性，陶冶他们的心灵，观察自己的智慧对他们行为的影响。如果智慧思想运用到生活实践中，人们就不会仅仅崇敬文字，而疏于用文字指导行动。

我们的中国兄弟马坚先生目前客居开罗，我不愿错过这一良机，乃请他将《论语》译成阿拉伯文。他治学严谨细致，精益求精，是适合这一工作的不二人选。过去古代哲学思想的著

1　《马坚传》，第 46 页。

作，是通过欧洲语言转译成阿拉伯文的，因而往往受到歪曲，乃至其本国人士通过译文无法辨认。因此，我感谢马坚先生为丰富阿拉伯文库做出的这一贡献。[1]

马坚在这部译作的"译者序言"中，也说明了从事翻译的缘由。他写道：

我是穆斯林，又是中国人，肩负宗教的和国民的双重义务，我决意履行这两种义务，既要尽力帮助不懂中文的教友了解中国的哲学和文化，也要全力在中国传播穆罕默德的一神教义，使我国国民都能了解伊斯兰真谛。

有一天，尊敬的谢赫杰巴里师长向我问起中国最重要哲学家孔子的思想，我答应他将孔子的言论译成阿拉伯文。后来由于功课紧张，一直没有时间从事翻译，但是我一刻也没有忘记自己的诺言，而是牢牢记在心中。后来穆希布丁·哈蒂布先生也希望我能将中国古代哲学和文学介绍给阿拉伯读者。却之不恭，我欣然从命，也借此实现自己之前的承诺。恰逢爱资哈尔大学学生罢课，我便利用这段时间着手翻译，以履行我作为中国国民的义务。这次罢课，使我有机会由听别人讲课变成自己

1　马坚译：《论语》，开罗先贤出版社，1935 年，第 4 页。

传述，由索取变成奉献。[1]

　　如前所述，马坚先生不仅精通汉语和阿拉伯语，对中国传统文化和伊斯兰文化也有深厚造诣，而且治学态度严谨，从事翻译时字斟句酌、一丝不苟。《论语》中出现了大量具有中国文化和儒家思想特色、与阿拉伯文化背景有很大出入的词语和术语，这给翻译工作带来了极大的困难。但马坚先生却总能够准确把握中文的原意，翻译成地道、典雅的阿拉伯文，这显示出他对阿拉伯语言文化知识具有极高的造诣。整部译作准确达意，通顺流畅，富于文采，确实达到了很高的水准。无论就译作问世的时间还是达到的水平而言，马坚先生都当之无愧地堪称用阿拉伯文译介中国传统文化经典的第一人。为马坚作传的李振中教授对马坚先生翻译《论语》这一壮举予以高度评价：马坚先生"时年仅 28 岁，就能把这样一部内容丰富、哲理深邃的中国重要古典文献译成阿拉伯文，说明了马坚先生的勇气和信心。这种勇气和信心来自他的中国传统文化的深厚功底，也来自他的阿拉伯语言和文学的深厚功底……联想起来，60 年前马坚先生还在开罗留学期间，就将该书译成阿拉伯文并出版，

1　马坚译：《论语》，开罗先贤出版社，1935 年，第 5—6 页。

不能不令人暗暗佩服，肃然起敬了"[1]。

马坚先生翻译的《论语》，是中国古代思想文化经典第一次从中文直接完整译成阿拉伯文；直到 21 世纪初，阿拉伯世界才出现了埃及汉学家穆赫森从中文直接翻译的《论语》新译本。因此，马坚版《论语》在半个多世纪里，一直是阿拉伯知识界了解儒家思想和中国古代思想的最重要原典。马坚先生的学生、北京大学著名学者仲跻昆教授曾经回忆说：

记得 1980 年，我们几个在开罗进修的同志去拜访大作家纳吉布·马哈福兹时，他回忆说："给我印象最深的两本中国书，一本是讲一个人力车夫的故事，另一本则是孔子的书，那是一个中国留学生翻译的，是我们的同学，他很用功，后来成了中国的东方学者，还来开罗访问过……"他说的两本书，一本是由英文转译的老舍先生的《骆驼祥子》，另一本就是马坚先生当时在开罗翻译并出版的《论语》。由此可见，马先生当时留给人们的印象是多么深刻，他的译著在国外又有多么大的影响了。[2]

---

1 李振中：《马坚传》，宁夏人民出版社，2017 年，第 72 页。

2 仲跻昆：《忆马坚先生》，转引自李振中编著《马坚传》，第 64—65 页。

福阿德·穆罕默德·西伯勒

福阿德·穆罕默德·西伯勒（1915—1975），埃及外交官、学者、翻译家，在埃及外交部任职近30年，曾担任埃及驻印度尼西亚大使。在从事外交工作之余，他一直笔耕不辍，出版的著译作品有《埃及在文明构建中的作用》《汤因比的历史观》《中国哲学》《政治圣徒甘地》《世界犹太主义问题》等。

1967、1968年，西伯勒撰写的两卷本《中国智慧》先后由开罗知识出版社出版。鉴于阿拉伯文中经常用"智慧"（Hikmat）一词代指"哲学"（Falsafa），所以书名可以译为《中国哲学》。这是一部具有很高学术水平、产生重要影响的中国哲学史专著。从此书出版迄今，在阿拉伯国家问世的大多数关于中国哲学的著作，都把该书列为最重要的参考书。

《中国哲学》一书主要有三个特点。

第一，作者高度评价中国哲学在世界哲学史的地位，认为了解、研究中国哲学具有重要意义，他在"序言"中写道：

在我们这个时代，任何旨在建立实现世界和平的全球性政治、经济秩序的努力若要取得成果，都必须做出真诚而强有力的行动，去缩小不同文化、不同思维方式之间的差距。在这方面，我们在任何情况下都不能忽视像中国这样伟大国家的思想风格。这不仅因为中国人口占世界人口的四分之一，而且因为它继承了一个悠久的文明遗产，而其人民也决心再现昔日荣耀，在国际社会履行自己的文明使命。[1]

他还对西方学术界盛行的"西方文化中心论"予以批驳，指出：

西方学者在谈论黑暗中世纪的文化衰落到极点的时候，却忘了中国在这个时候（即公元 618—907 年的唐朝），正在经历文明的启蒙，文化的昌盛达到了顶点。在这个朝代，第一本印刷的书籍问世了。西方学者偏爱希腊罗马的文明遗产，视之为人类文明之大全，却无视中东、远东的历代先人留下的灿烂的文明遗产。[2]

在书中，他对以孔子为代表的儒家思想给予了很高的评价：

孔子是人类历史舞台上出现的极少数仍然留下深刻影响的人物之一，这归功于他强有力的个性、超凡的文化禀赋和杰出的思想成就。作为一个教育家、传述家、注释家、文化与文学遗产的创造者，他极为成功地塑造了中国人别具一格的思维和品德。在中国历史中，再也找不到像他这样对本民族思想留下

---

1 西伯勒：《中国哲学·上卷》，开罗知识出版社，1967 年，第 6 页。
2 同上，第 6 页。

那么深刻影响的人物……一个中国人也许会信仰佛教、道教、伊斯兰教或基督教，但他依然葆有儒者的本性；因为儒家思想不仅是国民信奉或表达的一种信仰，它还成了社会不可分割的一部分，跟中华民族的总体思想合为一体，甚至成了"中国人"这个称谓的指称意义。儒家的经典著作不仅仅是一个流派的立法和原则，而是属于全民族的思想遗产。[1]

对于和儒家思想一起构成中国传统文化经纬的道家思想，作者也有十分精当、独到的评价：

道家在中国思想中的地位仅次于儒家。除了儒家以外，再没有别的流派像道家那样经久不衰，迄今依然保持着对中国人大脑的吸引力。尽管两个流派差异很大，但两者在许多情况下都是互补的，像两股激流一样，在中国古代思想与文化的沃土上平行奔涌……当儒家哲学家——在多数情况下——雕琢文辞、评判是非、关注抽象逻辑的问题时，早期道家的作品却另辟蹊径，具有愉悦的风格，洋溢着诗意，热衷于文字游戏，其中还不乏苏非式的冥想和形而上的主题……

道家以其卓越的思想成果，丰富了中国的诗歌和想象力，

1　《中国哲学·上卷》，第 63 页。

并为中国人的心灵披上了之前缺少的哲学外衣，纠正了儒家的一本正经。于是，当中国人在生活中得意时，他便是个儒家；当他失意了，就变成了道家。道家催生了大量与神秘主义和诗歌有关的文学作品。如果没有道家，中国思想就会沦为肤浅和僵化。[1]

此外，作者对于魏晋时期的玄学、宋明时期的理学和清代的经世致用之学也都有很中肯、积极的评价。

值得称道的是，作者还能正确认识中国哲学的独特性，没有拿西方哲学的方法论、价值观、术语和目的作为唯一的标准，来衡量、评判中国哲学。他敏锐地指出，中国哲学家通常不是为纯粹求知而求知，不屑作无意的诡辩，而是更看重把知识应用到日常行为中，以实现追求幸福的目的。他写道：

中国哲学家中多数学派的目标，都是注重对"内圣外王"之道的追求。"内圣"，就是人要建立自身的美德；"外王"，就是在世界上成就伟业。人类的最高目标，就是集美德、智慧和君王之业于一身，成为圣人，或像柏拉图所说的"哲人之王"。[2]

因此，尽管从表面看中国哲学缺少西方哲学的方法论，但

1　《中国哲学·上卷》，第 210 页。

2　同上，第 9 页。

"从实际内容来看，中国哲学的方法论是强大而别致的，并不逊色于西方哲学。"[1]

作者还对社会主义在现代中国取得的成就表示钦佩，并认为这与中国哲学之间存在着因果关系：

中国社会主义取得巨大成功，赢得了四分之一人类的拥护，这主要归结于领导人能娴熟应用中国哲学，而中国哲学是曾为人类做出巨大贡献的一个悠久文明的结晶。[2]

由此可见，西伯勒先生在《中国哲学》中的立场，与某些贬低中国古代哲学的成就、对新中国怀有偏见的西方学者的立场，形成了鲜明的对比。

第二，对古今中国哲学的介绍与分析十分系统、全面，是一部名副其实的中国哲学通史。全书共分上、下卷，上卷共7章，378页，章次和涉及的主要内容是：第一章，中国智慧的肇始。该章主要介绍中国古代历史和文明的演进，以及孔子之前的文化遗产，涉及春秋及春秋前的著作有《尚书》《诗经》《礼记》《春秋》《周易》，并以专节18页之长的篇幅介绍《周易》。第二章，儒家及其代表人物。该章重点介绍了孔子、孟子、荀

1　《中国哲学·上卷》，第12页。

2　同上，第13页。

子的生平、著作、思想特点及影响，并分析了《大学》《中庸》两书的哲学思想。第三章，墨家学派。该章探讨了墨子的生平，以及辩证观、兼爱等墨家思想的形成与发展，以及墨家与其他学派的区别。第四章，道家。该章重点介绍老子、庄子，并把杨朱、尹文、宋钘、惠施都作为道家传人介绍，把郭象、嵇康列在新道家之列，还介绍了道家思想与艺术、宗教的关系。第五章，法家。该章主要介绍商鞅、韩非、李斯三人的法治思想。第六章，融合倾向。该章主要探讨董仲舒和王充的融合思想。第七章，佛教。该章对佛教的基本思想、佛教传入中国的过程、中国佛教的主要宗派等均有较详尽的介绍。

下卷共 5 章，405 页。章次和涉及的主要内容是：第八章，儒家的复兴运动。该章对韩愈、李翱、欧阳修、朱熹、陆九渊、王守仁、东林党人、顾炎武、黄宗羲、王夫之、颜元、戴震的思想作了介绍。第九章，西方的入侵及其结果。该章介绍了太平天国、白莲教、义和团等运动的思想倾向及康有为的思想。第十章，辛亥革命及借鉴西学运动。该章对孙中山的生平及其与共产主义国家的关系、三民主义学说和胡适对西学的接受作了介绍。第十一章，中国共产主义的起源。该章主要介绍中国共产党早期领导人陈独秀、瞿秋白、毛泽东等人的早期思想。

第十二章，中国共产主义思想倾向及其背离。该章重点探讨了毛泽东的矛盾论、辩证唯物主义、新民主主义等思想，也探讨了"文化大革命"初期的思想倾向。由此可见，全书涉及由古至今中国哲学的主要流派、倾向及其代表人物，向阿拉伯读者做了内容丰富的全景式介绍。

第三，占有翔实、丰富的资料，其中不乏通过访谈、对话获得的第一手资料。作者在该书《序言》中说明，他撰著该书的主要依据有四：1. 译成英文的中文著作。2. 欧洲和美国出版的中国哲学史专著。3. 作者和中外哲学家与学者的多次谈话。4. 作者于1957年、1963年、1965年对中国进行的三次访问（其中，1965年4月12日曾在武汉采访过毛泽东主席，内容有关积极中立和不结盟。据作者回忆，毛泽东主席在采访中表示：中立和不结盟的立场不仅应体现在政治、经济领域，还应体现在文化领域。中国愿在全世界率先实现这一目标，并愿意为之奋斗和做出牺牲）。[1]

总之，西伯勒的《中国哲学》一书，是阿拉伯学者迄今用阿拉伯文撰写的、最全面、最有深度、最有价值的研究中国古

---

1 《中国哲学·上卷》，第14页。

代哲学思想的著作。作者虽然并非专职学者，但其取得的学术成就，奠定了他在阿拉伯学界研究中国哲学思想的先驱者地位。

哈迪·阿莱维

哈迪·阿莱维（1932—1998），伊拉克著名学者、思想家。出生于巴格达一个穷人家庭，1954 年毕业于巴格达大学经济系。青年时信仰马克思主义，并参加左翼政党活动。1976 年，为躲避伊拉克国内的政治迫害，他经著名伊拉克学者、当时正在上海外国语大学担任外教的谢赫杰拉勒·哈乃菲的介绍，来到中国外文局工作，担任阿拉伯语专家。1981 年，他离开中国回国。1990 年，他再度来华，在对外经济贸易大学担任阿拉伯语专家。1992 年，他前往叙利亚首都大马士革定居，直至 1998 年去世。

阿莱维出身于穷苦家庭，青年时期就信仰马克思主义，这样的家庭和思想背景使他一直关注穷人和受压迫阶级，并重新审视阿拉伯伊斯兰文化。他为人桀骜不驯，从不愿向权势低头；据说，他曾在巴格达大学经济系毕业典礼上，拒绝和出席典礼的国王费萨尔二世握手。

从 20 世纪 60 年代起，阿莱维开始系统性研读阿拉伯伊斯兰历史文化遗产，尝试用全新的视角审视阿拉伯文化遗产，特别关注遗产中的阶级斗争、知识分子与权力关系、苏非主义、反神本主义、女性主义、暗杀与暴力、历史与神话等议题。他共发表了约 20 本著作，包括《伊斯兰政治思想史散论》《历史与遗产的若干驿站》《伊斯兰的政治暗杀》《伊斯兰历史上的折磨》《政治伊斯兰历史散论》《遗产辞典》《政治和文学中的呈现与隐匿》《伊斯兰历史中的坦荡人物》等。这些著作表现了他深刻的学术见解及其对阿拉伯伊斯兰文化历史的全新解读。

　　20 世纪 70 年代在北京工作期间，阿莱维结识了时任《今日中国》主编的著名国际主义战士、中国共产党党员伊斯雷尔·爱泼斯坦（Israel Epstein）。在爱泼斯坦的鼓励、帮助和引导下，阿莱维在工作之余开始学习中国语言、文化和哲学，并通过英文阅读了大量中国典籍。经过几年的学习，阿莱维不仅对中国文化，特别是道家思想产生了浓厚兴趣，而且初步具备了用中文阅读的能力。1994 年，他在大马士革出版了《中国拾珍》一书，书中收入他 20 世纪两度在中国工作时完成的部分研究和翻译成果。1995 年，他还在大马士革出版了译作《道德经》，其中收入他翻译的《道德经》全文以及《庄子》内篇（7篇）。

《中国拾珍》全书共 336 页，分为 4 部分，分别为：第一部分，地理与历史；第二部分，哲学；第三部分，文学作品选译；第四部分，中国与伊斯兰。其中，第二部分共有 158 页篇幅，分为三章：哲学史概述；自然哲学选读；社会哲学选读。在前言中，阿莱维介绍了他写作此书的初衷：

通过延续了六百多年之久的贸易往来，穆斯林了解到中国的工艺，但并没有像钻研古希腊人的哲学和萨珊人的政治制度一样，深入了解中国的哲学和政治制度。一些阿拉伯、土耳其和波斯的穆斯林融入了中国社会，他们在阿拔斯王朝之初穆斯林涌进中国的早期就到中国做官。在做官之前，他们先参加科举考试，不少人在考试成功之后便得到任用。这些考试最重要的内容就是儒家学说。但是，我难以解释的一个奇怪现象是：伊斯兰遗产一直在谈论希腊的哲学、印度的智慧、中国的工艺和波斯的政治……但是，穆斯林知识分子却没人想去了解一下中国的艺术和工艺背后的理性知识。

通过《中国拾珍》这部书，我希望阿拉伯人获得的对东方文化的知识，能相当于他们对西方文化的了解；还希望他们能重新认识自己，不仅通过他们自己的遗产，而且通过与他们同出一脉的东方传统来认识自己。写作本书并非为了讨好中国，尽管中国在我不为阿拉伯祖国所容时赐予我安宁的生活。本书针对的读者是阿拉伯人，他们痴迷于西方，已经丢失了人性的根基，尤其需要找到智慧的源泉。

本书哲学部分所占篇幅最大，因为我在其中发现了西方有些开明之士希望找到却又难觅的东方智慧。我们阿拉伯读者可以从中得到仁爱和慈悯，并且在饱受统治者的压迫和列强的霸权之后，找到捍卫自己、抵抗权贵的武器。中国智慧和伊斯兰教中积极的苏非主义一起，构成了人类觉悟互为补充的两个宝库，为劳苦者提供慰藉，同时又陶冶了自由的人格，赋予人蔑视权贵专制的力量。[1]

作为一位阿拉伯思想家，阿莱维对中国哲学有不少独特而深刻的见解。他如此评说中国哲学思想的特点、长处与不足：

中国的哲学家们对宇宙规律、自然现象、政治、伦理、社会组织等议题进行了深入探究。他们拥有独到的认识论，我们可以从墨家和名家那里有所领会。他们对宇宙的产生、物质的变化、生命的演化、存在的本源、万物之间的关系等都提出了自己的设想。他们表达了反对妄想与迷信的开明思想，致力于

1　阿莱维：《中国拾珍》，叙利亚境界（Al-Mada）出版社，1994年，第9—10页。

使正义成为人类存在之本，让民众明确他们的自然权利，向治理国家的君主阐明他们对百姓负有的义务。他们的方法论是直觉与辩证逻辑的混合体。就一般的逻辑问题而言，他们倾向于使用归纳法确定本质，而非使用论证的方法；这体现在他们选择用名称而不是界定来下定义。他们主要的不足，是没能将逻辑学发展到希腊哲学经亚里士多德之手达到的水平。中国理性主义的水平相当于亚里士多德之前的希腊哲学（从泰勒斯到柏拉图），中国的哲学语言亦如是，不过这没有影响各学派在充分进行探究和推理时具备的广度和深度。[1]

他认为中国哲学不像西方哲学那样追求逻辑的严密性，但是以辩证法（辩证逻辑）见长，这尤其体现在道家思想中，他对道家思想中体现的辩证逻辑给予高度评价：

辩证逻辑是中国哲学的最大成就之一。是道家，首先超越了事物间形式上的联系——正如亚里士多德的逻辑所描述的那种联系，认识到事物之间一方面相互交错、彼此互动，一方面又相互对立。在道家思想中，任何事物都不能离开其他事物而存在，任何存在着的事物都有其对立面，这是事物与众不同的基础和得以存在的奥秘。一切存在的事物都是其对立面存在

1　《中国拾珍》，第 102 页。

的结果，唯有事物的对立面保持存在，事物才能保持存在。道家逻辑不承认亚里士多德的无矛盾律，即便是在需要无矛盾律对事物进行必要区分的情况下。如果说，在亚里士多德那里，白是黑的对立，那么在道家那里，二者则是同一体。对立面相互转化的规律是道家逻辑的一个根本，死源于生，生源于死，一方的存在并不会根据亚里士多德的无矛盾律消灭另一方的存在，而是会唤起另一方的存在。同样，道家的学说中也没有排中律。在道家看来，山并不是非静即动，动和静是两个相对的状态，没有绝对的动，也没有绝对的静。正如后世的萨德尔丁·设拉齐[1]所言，自然是流动的原质。道家和设拉齐都意识到掌握辩证法的困难。设拉齐曾说过，理解辩证法需要强大的洞察力，凭借其灵光可发觉消逝者乃是永恒者。道家则表示，对真理的觉察超越了人们对待事物惯常的方式，人类在变化中迷茫了太久，因而难以把握其背后的真相。这体现了研究对立与交错之间相互关系的困难。这种困难一直伴随着不断演进的辩证逻辑，或许辩证逻辑中并没有让自己显得比亚氏逻辑更为简单的技巧。[2]

1　萨德尔丁·设拉齐（1572—1640），出生于波斯名城设拉子的中世纪什叶派哲学家、苏非大师。

2　《中国拾珍》，第 103 页。

阿莱维还认为，以毛泽东为首的当代中国共产党人也得益于道家的辩证法思维，因此具备较强的处理各种复杂矛盾的能力：

中国的共产主义者，特别是"文化大革命"之前的毛泽东，都熟谙在他们不同阶段的政治活动中与矛盾有关的问题，他们在妥善处理这些矛盾时也表现出超过苏联人的水平，后者常常在这一领域显得左支右绌。中国共产党的领导人对中国传统哲学经典的吸收是出了名的。毛泽东的成功，以及他的领导才能，在很大程度上归功于他承自道家的智慧。[1]

在阿莱维看来，中国哲学的另一成就体现在为政之道。孔子、荀子和法家提出了很多治理国家和社会的原则，而道家、墨家等学派则提出了实现社会公正和民主的设想。这也给后人留下了宝贵遗产。哈迪还指出，中国哲学强调以人为本，对人的关注胜过对自然的关注，这与伊斯兰苏非思想也有异曲同工之处。

阿莱维是在当代阿拉伯世界具有重要影响的思想家。他关于中国思想文化的著译成果虽然不算十分丰硕，但鉴于他的影响力，以及他对中国思想文化的真知灼见，他为阿拉伯知识界

1　《中国拾珍》，第103页。

了解中国思想文化的价值及魅力，做出了十分重要的贡献。他对中国文化的个人兴趣，还源于他认为中华文明和伊斯兰文明具有天然的亲缘性，两者都体现出"人文主义"的本质，因而不同于西方的精神虚无主义和物质主义。因此，虽然他在中国生活的时间不算长，但中国文化为他的学术生涯和思想留下了深刻的烙印。他的译作《道德经》出版时，封面上有他自己手书的中文名字"老海"——这是他在华工作时中外朋友对他的昵称。他在大马士革的寓所门上，悬挂的门牌写着"两个文明的高地"——确实，哈迪·阿莱维通过自己的毕生求索，已经登临伊斯兰文明和中华文明的思想高地，并饱览了两大文明的无限风光。

穆赫森·法尔加尼

穆赫森·法尔加尼，埃及人，1959 年出生于伊斯梅利亚省，1981 年从艾因·夏姆斯大学中文系毕业，是埃及高校设立中文系后培养的第一代汉语人才。1987 年获得硕士学位，1995 年获得博士学位。现为艾因·夏姆斯大学语言学院中文系退休副教授，埃及最高文化委员会翻译委员会成员，埃及国家翻译中心中国语言文学专家组成员。

穆赫森就读的艾因·夏姆斯大学，是位于埃及开罗的一所著名高校，也是整个非洲和阿拉伯世界第一所开设汉语专业的大学[1]。在大学学习汉语期间，穆赫森师从于上海外国语大学派出的阿拉伯语教师计雪、北京语言大学的阿拉伯语教授杨孝柏等中国老师，并与他们建立了深厚的感情。在中国老师的启发、感染和指导下，他对中国语言文化的兴趣愈发浓厚，大学期间就尝试翻译中文作品。毕业留校任教之后，在埃及著名小说家杰马勒·黑托尼、著名报人哈赛宁·海卡尔、著名思想家贾比尔·欧斯福尔等文化名流的鼓励下，他开始翻译中国古典文化、文学作品。据穆赫森回忆，当他 2005 年翻译完《道德经》后，对中国文化情有独钟的作家黑托尼立即安排在自己主编的《文学消息报》上连载，此举在埃及文化圈引起了广泛关注。译文刊登后，曾于 1973 年访问中国并采访过周恩来总理的哈赛宁·海卡尔先生于次日凌晨致电黑托尼询问："翻译《道德经》的译者是谁？我们埃及也有人能翻译中国经典？"海卡尔拿到报纸后，马上开始反复诵读，并能熟记一些句子，在电话里和黑托尼讨论起"道""阴""阳"

1　1958 年，艾因·夏姆斯大学就经埃及高教部批准试办汉语专业，几年后停办。1977 年，该校语言学院设立中文系，并招收第一批学生。1981 年，中文系首批学生毕业。

等中国文化概念。[1] 受到这些文化精英的鼓励，穆赫森投入更多精力翻译中国思想文化经典。迄今为止，他发表的主要译作有《四书》（《论语》《孟子》《大学》《中庸》）、《道德经》《战国策》《列子》《孙膑兵法》《离骚》《老残游记》等。此外，他还翻译了冯骥才的《高女人和她的矮丈夫》、高行健的《灵山》和《车站》、莫言的《牛》《梦境与杂种》、阿来的《尘埃落定》等现当代文学作品。穆赫森在译介中国文化、文学经典方面做出了突出贡献，受到了中国政府与各界人士的肯定和赞扬。2011 年第 43 届开罗国际书展上，他获得主宾国中国新闻出版总署颁发的"中国文学翻译与出版奖"；2013 年获得中国新闻出版总署颁发的第 7 届"中华图书特殊贡献奖"；2016 年 1 月 20 日，他作为 10 名为中阿友好做出杰出贡献的阿拉伯人士之一，受到正在开罗访问的习近平主席的接见。

穆赫森对于母语阿拉伯文和中文都有很高的造诣，在翻译中国文化经典时还经常参阅英文和法文资料。他对待翻译态度认真，一丝不苟，精益求精。译文总体上准确精当，地道流畅，不求形似，但求神似，善于在原文基础上作必要的灵活变通，

1　参见黄学呈、张福贵、哈赛宁：《和合兼容的中华文明是"一带一路"的文化起源》，载《华夏文化论坛》第 22 辑，第 343—344 页。

以适应阿拉伯读者的阅读习惯。不过，其译文"由于是参照白话文译出的，中国古典语言的简练、优美与雅致就未曾得到很好的体现。这虽说有些遗憾，但翻译本无尽善尽美之说。穆赫森的翻译，在阿拉伯翻译界来说，已经是实现了极大的突破"[1]。

值得一提的是，穆赫森不仅热爱中国传统文化，而且对中国文化经典作品有着颇为深刻、独到的思考和见解。他的这些思考和见解，既体现在译文的字斟句酌中，也体现在他为每个译本撰写的详尽剀切的序言或导读文字中。这些文字往往思绪蹁跹，文采飞扬，具有很高的可读性。例如，他在《论语》的译者序中对儒学的精神价值及其在当代的复兴作了以下评价：

儒家思想能够历久弥新，继续影响当代中国；因为儒学在本质上既不同于基督教，不是一种高高在上、脱离现世的宗教（基督教在中国的传教以失败告终），也不是一种绝对意义上的、专注于艺术和美学思考的哲学流派，而是一个将认知和美学融为一体的思想体系。因此，20世纪90年代儒学在中国的复兴

1　郅溥浩、丁淑红、宗笑飞著：《中外文学交流史：中国—阿拉伯卷》，山东教育出版社，2015年，第392页。

并不为奇，尽管在 20 世纪初（即五四时期），当中国在科学与民主等激进现代化思潮的裹挟下迈进新世纪门槛时，儒家文化曾被打倒，但它现在又东山再起。这到底是怎么回事呢？

其实，对儒家学说表面上的批判，实际暗含着对儒家精神价值的坚定认可。中国那一代启蒙思想家都有传统教育的深厚根基，都受过儒学的熏陶；对他们而言，批评孔子的某些言论容易，但是抛弃儒家的传统却绝非易事。这两者差别巨大。

事实上，当今中国正以间接的方式，为儒学的复兴敞开了大门。当前这一历史阶段见证了世俗时代文化的盛行：光怪陆离的城市，飞速的现代化进程，剧烈的社会变动，高物价和各种证券，摩天大楼，车流滚滚，歌星闪耀……一个新的时代正在开辟，这对中国的精神构成了威胁，对内部的和谐形成了压力。儒家学说得以兴盛的条件又一次具备了，于是儒学被再次唤醒。[1]

如果说 21 世纪是只属于儒学的世纪，那是一种极度夸张的说法。但可以断定，新世纪的黎明，必然伴随着新儒学的兴起，它必将在东方旭日升起的地方熠熠生辉。[2]

1　穆赫森译：《论语》，埃及最高文化委员会出版，2000 年，第 11 页。
2　同上，第 14 页。

在老子《道德经》的译本序言中，穆赫森比较了以道家哲学为代表的中国文化和埃及文化对于生命与死亡的不同认知，并对其原因做了很有新意的解读：

道家哲学和所有中国哲学一样，没有专注于对死亡的思考，"死亡"这个字眼对历代所有中国人来说都是一个忌讳。

也许，中国和埃及两个古老文明相互间没有交集的原因，在于埃及文明一直被死亡之念纠缠着，直到被埋在泥土之中；而中华文明却坚执于生命，在喧嚣的生命之穴中孤独守望。也许，中国数目巨大的人口让中国人产生一种足以抗拒死亡幻影的心理机制，而埃及历史上艰辛、粗糙的生活，容易让人产生一种消极的抗争心理，不甘沉溺于安逸生活的危险之中。还可以得出一个自然且符合逻辑的看法：中国的人口增长为华夏大地生生不息提供了常燃的薪火，而尼罗河谷的人口增长却成为一种心理重负，让泥土之下的不朽灵魂难以承受。两大文明最鲜明的不同，体现为道家发明了旨在让人长生不老的中草药，而法老的埃及却发明了堪称"生命之面具"的木乃伊制作法。[1]

穆赫森深受中国文化的熏陶，也深受埃及文化精英黑托尼

1　穆赫森译：《道德经》，埃及最高文化委员会出版，2005 年，第 9 页。

等人的文化革新理念的影响；因此，他往往以中国文化、中国经历作为镜鉴，映照自己身处的阿拉伯文化和社会中的一些弊端，他对阿拉伯社会盛行的盲目崇古、泥古不化等落后思想，尤其怀有清醒的批判和反思意识。在《列子》的译本序言中，他说明了自己翻译中国古代文化经典的初衷，并阐述了对于"传统"和"现代"这对矛盾的独特见解：

> 然而，我对中国文化遗产的重视，却并非出于这样的认知，即认为前人在哲学和思想领域的实践探索，包括那些具有宗教特征的遗产，是神圣而高高在上的。我绝非那种回归过去思想的倡导者，不认为应该从过去的话语中获得灵感，或从其智慧中觅得安慰。相反，我在生活中一向信奉的，是诸如"进步""向前看""古为今用"之类的话语。当我还是年轻大学生的时候，我就从中国老师们那里受到这种思想的熏陶；而他们身处的中国社会，一直在满怀希望，不懈努力，追求进步。我认为，我习得、记住的关于中国文化、语言和文学的那些知识，已经成为我信奉的理念和意识的一部分。我之所以认为中国古籍值得翻译，是因为我在现当代中国发现了体现现代理念、证明人的伟大的天才般创举。是的，在现当代中国能发现更伟大的成就：在民族复兴的先驱者身上，在为国家进步奠定基础的几代知识

分子和作家们身上，在那些追求知识和文明、抛弃过去的神话、拒绝落后传统的人们身上，在建设国家的新长征的壮举中，在梦想为人创造更美好未来的几代革命者的奋斗中……在这一切之中，在为创造明天而奋斗的所有人身上，有着比所有的过去、所有的遗产更持久更永恒的成就。

我将这部译作以及所有关于中国传统文化的译作献给读者，是想和各位一起，了解人类早期思想实践留下的若干篇章，这或许有助于我们基于更扎实的基础，对人类思想历史做出更自信、更准确的分析和评价，以认识人类探索前进的独特道路。[1]

在《战国策》的译本序言中，他进一步阐明了自己对待古代遗产的观点——"任何古代遗产的价值，都在于其能否照亮当下"。他写道：

我相信，翻译可以起到心理分析的部分作用，起码可以具备这种意识；通过中国古代文献的翻译，我们可以把握中国文化的一些基本特征，了解其发展的历程，认识其隐藏在历史深处的长处和不足。也许，翻译可以照亮那些文本背后的秘密，希望这能够释放我们借鉴他者的能量，让这种借鉴意识不断增强，让人的理性道路不断延伸。在我看来，任何古代遗产的价值，

1 　穆赫森译：《列子》，埃及国家翻译中心出版，2011 年，第 33—34 页。

都在于其能否照亮当下。或许我的言辞略显唐突，但这点说明还是必要的，因为我们身处的时代，是一个膜拜遗产、神化过去和先人、甘愿躺倒在灵柩和坟茔之中的时代。[1]

穆赫森对中国文明在世界的地位及其与西方的关系也有独到的见解。他表示，在阅读和翻译中国经典作品时，经常看到西方学者对中国文献的评点。中国古典文本很早就通过各种途径传到了欧洲，中国文明一直或明或暗地影响着西方文化，刺激或滋润着整个西方文明的成长。穆赫森认为，观察世界近代史，不能简单地视为西方引领世界，西方学者的思想同样受到包括中华文明在内的东方文明的影响。他还认为，西方对东方事物的关注，重点关注"形而下"的"术"和"技"，对东方"形而上"的人文精神只是持娱乐调侃的态度，殊不知东方的社会人文心理是人群根本价值的承载。西方试图将自身的"形而下"工具理性用暴力凌驾于东方人文价值之上，这是不可取的。当前，西方发达国家需要收敛和反思，东方古老思想的价值需要重新挖掘，这是一个事关未来的命题。中华文化有务实与温和的内部调整机制，体现为关注人类，关注自然，关注整体利益；

1　穆赫森译：《战国策·上卷》，埃及国家翻译中心出版，2008年，第27页。

在全球化的今天，中华文明对当今世界的发展意义重大。[1]

　　由上述可知，穆赫森博士是一位挚爱中国文化、深受中国文化影响的埃及"中国通"。中国驻埃及使馆前文化参赞陈冬云博士称赞他"是迄今翻译中国古代经典最多的阿拉伯学者，厚朴执着，学识渊博，学风严谨端正，翻译精益求精。是阿拉伯世界最了解古代中国的一人"[2]。对于这一评价，穆赫森博士当之无愧。

1　参见黄学呈、张福贵、哈赛宁：《和合兼容的中华文明是"一带一路"的文化起源》，载《华夏文化论坛》第 22 辑，第 354 页。
2　同上，第 342 页。

第五章

《道德经》在阿拉伯的译介和影响

在浩如烟海的中国传统文化宝库中，老子的《道德经》是一部特殊的重要经典著作，其中蕴含的独特智慧深刻地影响了一代代中国人的精神世界。在国际上，老子的《道德经》也深受世界各国人民的重视和喜爱，其影响甚至超过了《论语》，被公认为在国外译介最多、传播最广的中国典籍。在阿拉伯世界的情况也不例外，老子的《道德经》是阿拉伯文译本最多、传播最广、影响最大的中国传统文化经典。

一、《道德经》的阿拉伯文译介

　　《道德经》的第一位阿拉伯文译者，是埃及著名作家、哲学家、翻译家阿卜杜勒·盖法尔·迈卡维（1930—2012）。他于1962年在德国弗赖堡大学获哲学与德国现代文学博士学位，回国后在开罗大学哲学系任教，又先后任教于也门萨那大学和科威特大学。他曾发表过多部短篇小说集、剧作以及关于哲学和文学的学术著作，并依据德语翻译了大量德国思想和文学作品，是德国思想和文学最重要的阿拉伯语译者之一。2003年，他曾荣获埃及最高文化委员会颁发的国家文学表彰奖。

　　迈卡维对中国文化和文学也一直怀有浓厚兴趣，并坦言受到过中国文化，特别是老子和鲁迅等古今思想文学大师的影响。1967年，他依据德国汉学家德博（Günther Debon）的德语译

本转译的《道德经》阿拉伯文译本在开罗出版，译名为《道德
经：道路与美德之书》，这部中国思想的重要经典首次有了阿
拉伯文译本。初译完成后，迈卡维还请艾因·夏姆斯大学语言
学院德语系主任穆斯塔法·马希尔审校了全文。在该书的《译
者说明》中，迈卡维写道：

　　遗憾的是，我对中文一无所知，因此，本译本参照了我设
法找到的三个外文译本；这三个译本清晰地表明对原文的理解
差距之大。毫无疑问，原文的语言是极为隐晦和复杂的。作为
本书正文的《道德经》诗篇文本，是我经过对不同译者的译法
和观点作对比、取舍后，自认为是最可靠、最接近原作者之直觉、
智慧和诗意的文本。在正文的脚注中，我附上了部分句子的其
他译法；但为了不给读者增添阅读负担，我并未附上所有的不
同译法。对于一些晦涩的表达，我参照几位权威译者和阐释者
的观点做了注释，尤其是德文译者德博和英文译者韦利的观点。
中国作家林语堂的译本含有他自己的许多评论，并缀以大量来
自庄子——老子最耀眼、最杰出、最有诗意的学生——著作中
的故事和趣闻；他的译文优美而简洁，但我对他的译本总体持
谨慎态度，因为有的学者指出老子和庄子其实有着本质不同。

　　读者尽可以按照自己的喜好在不同的译法中作取舍。但愿

真主有朝一日能让一位阿拉伯人通过原文，直接将这部堪称神作的经典译成阿拉伯文。或许，我们不用等太久就会出现这样的译者。[1]

由此可以看出，为了译好这部"在过去几百年里挑战着东西方的翻译者、阐释者之能力的作品"[2]，迈卡维的翻译态度是十分严谨和认真的。此外，他还撰写了一篇长达10页的《序言》，在其中介绍了关于老子生平的传说，阐释了"道"和"德"这两个书中的基本概念，介绍了老子的主要思想及其特征，以及产生道家思想的古代中国的社会、历史背景。迈卡维认为，《道德经》"是一部集神秘主义、实用智慧和政治理论于一体的著作"[3]，他在序言中高度肯定了道家思想的价值：

无疑，道家是对中国古代传统宗教发起的一场伟大革命，它对自由表达出极大热情，对古老的礼仪表示叛逆，它是针对社会虚伪和各种陈规旧俗发起的一场战争。道家都是神秘主义者，他们与大自然融为一体，在儒家主导的强调理性和外在的道德说教的氛围里，他们厌恶虚伪，注重灵感和抒情诗的精神。他们重视智慧甚于知识，支持个人反抗集体。面对儒家提出的

1　迈卡维译：《道德经：道路与美德之书》，辛达维出版社，2022年，第17页。

2　同上，第8页。

3　同上，第14页。

人应该对家庭和社会秩序承担义务和责任的学说，道家为心灵的波动、灵魂的向往和想象的火花开辟了空间。道家智者有意摆脱拥有一切的欲望，他追求的只是拥有那个绝对而简朴的"一"，回归于"道"——一切生命的本源，一切存在的奥秘。

其实，如果"无为"等同于懒惰和自甘卑贱，那么《道德经》不值得我为它书写片言只语。然而，在这个赞美成功和野心而无论其后果是什么的时代，老子对我们的教导是虚怀和谦卑；在这个焦虑席卷一切的时代，老子让我们回归宁静的本源；在这个人类肆意炫耀力量，几乎忘了人并非神灵的时代，老子提醒我们不能过分和逾度；在这个兵戈的喧嚣此起彼伏的时代，老子唱起了柔顺、友爱、和平的赞歌。毫无疑问，这样一位写作者，值得我们当代人停顿片刻，聆听他的教导，并思考一下他是否正确。我们会在他的话语里听到希腊智慧的回声，古希腊人留给我们的，还有比中正、知止更珍贵的教诲吗？我们从中还能听到"山上宝训"和"辞朝演说"[1]的回声。老子会让我们联想起从远古至今那些忍耐者、谦卑者的行列，托尔斯泰便是其中离我们最近的一位。如果老子的智慧能让我们发出会心

1　"山上宝训"或称"登山宝训"，指《新约·马太福音》第5章到第7章的内容，主要是基督耶稣在靠近迦百农的山坡上对信众的训诫。"辞朝演说"，指伊斯兰教先知穆罕默德于公元632年率领穆斯林最后一次去麦加朝觐时作的演说。

的微笑，那么，它也一定会在这微笑之外，带给我们耐心、希望和慰藉。[1]

从上述可知，迈卡维对老子思想有着十分深刻的理解。他的译本虽然是《道德经》的第一个阿拉伯文译本，但其翻译质量和学术含量都已达到了很高的水准，为道家思想在阿拉伯世界的传播做出了突破性的重要贡献。

《道德经》的第二个阿拉伯文译本，由伊拉克著名学者、思想家哈迪·阿莱维（1932—1998）完成。阿莱维曾于1976至1981年间在中国外文局担任阿拉伯语专家，其间结识了时任《今日中国》总编辑的著名国际主义战士、中国共产党党员伊斯雷尔·爱泼斯坦。在爱泼斯坦的鼓励、帮助和引导下，阿莱维在工作之余开始学习中国的语言、文化和哲学，并着手翻译《道德经》，译本经巴勒斯坦解放组织驻北京代表处主任萨米·穆赛莱姆审校后，于1980年在贝鲁特出版，译名为《道之书》。该译本主要依据华裔学者冯家富和其夫人简·英格里希（Jane English）合作的英译本转译，同时参照了英国著名学者李约瑟的巨著《中国科学技术史》第11卷中《道德经》的部分译文。

1　迈卡维译：《道德经：道路与美德之书》，第16页。

由于阿莱维当时在自学汉语，因此他还经常借助汉语词典查考
原文疑难之处。1995 年，该译本在贝鲁特文学宝库出版社再版，
再版时还收入他翻译的《庄子·内篇》。

阿莱维的《道德经》译本总体上采用了直译的策略，用词
尽量忠实于原文，句式简古，平淡之中别有深意；但有时也过
于拘泥于原文，恐不利于一般阿拉伯读者理解文意。

在译本卷首，阿莱维撰写了 50 多页介绍道家思想的《导
读》，较为详尽地阐述了道家的本体论、人生论、政治思想和
发展历程，还分析了道家思想对现代中国革命的影响。值得一
提的是，由于阿莱维本人信奉马克思主义和社会主义，他在一
定程度上也将自己的思想信仰投射到对《道德经》的解读中。
如他在《导读》中写道：

显然，道家自创始人（老子）开始，就是针对文明的一场
革命，是对古代中国阶级社会的反抗，它体现了对于原始社会
诸多优点的认识，而在中国忍受着走出前文明时代的阵痛时，
这些优点在中国某些地方依然得以保留。道家对于文明的这一
立场，也体现在恩格斯对于文明的定义中——文明是"人对于
人的剥削"。从这一角度来说，我们也可以把道家视为反抗阶
级制度的一场革命，在这一制度中，文明社会的悲剧显露无遗。

……道家提倡俭朴和出世，也曾被人利用，尽管这些主张原本是针对富翁和权贵提出的，是面向智者而非大众的。后世的道家空谈哲学话语，因而被人用来麻醉穷人，令他们消极出世。然而，道家完全有理由称自己是反抗阶级制的一种思潮，其遗产中不乏反对文明时代的社会和政治压迫的反抗思想，在道家的首要经典《道德经》中，这一思想体现得尤其明显。[1]

阿莱维在《导读》中还将道家思想与伊斯兰哲学中的有关思想（如苏非思想）进行比较，阐述了自己对道家某些思想的独特理解。如：

在此需要提及，道家思想，尤其是其首要经典《道德经》，和伊斯兰苏非思想有一共通之处：两者都注重培养个人——首先是知识分子——的自由人格，反抗国家和金钱的权力（苏非还反抗宗教的权力）。在道家著作中，个人独立于国家及其阶级衍生体的富人这一思想占有核心地位。道家对这一思想的强调，并称之为"顺应天性"，其实包含着对看似消极的"无为"思想的否定，因为这种思想实际上倡导的是抵御人的自然欲求，这需要智者体现出意志的力量。为此，智者应该付出巨大努力修身养性，不是为了顺应天性，而是为了摆脱天性，这样才能

1　阿莱维译：《道之书》，贝鲁特文学宝库出版社，1995年，第50页。

成为智者。道家自称为"顺应自然",但是却陷入一个悖论,因为统治者和富人利用这一主张,肆意满足身体和精神需求:沉迷于男女和饮食之欲,对名利孜孜以求。这些需求,正是人的本性所求。阿拉伯古诗人麦阿里认为,人的自然欲求是理性的对立面,根据他的说法——这同样也是道家的说法——人毕生都在和自然欲求斗争。[1]

　　在道家学说中,"自然"是一个十分重要但意义含混的概念。阿莱维注意到"自然"和"顺应自然"可能产生的歧义和悖论,体现了很有深度的思考。同时,他对"顺应自然"会被人们用作沉迷于声色犬马借口的担忧,还体现了道家文化和伊斯兰文化对于人性善恶的不同理解。老子在《道德经》中认为"含德之厚,比于赤子",主张"复归于婴儿""复归于朴",即"复归于自然",体现了对人性认识的"性善论"。而伊斯兰教作为三大一神教之一,认为人生下来就有原罪,《古兰经》中还有"人性的确是怂恿人作恶的"[2]之说,体现了对人性认识的"性恶论"。因此,中国的道家文化和伊斯兰文化对"顺应自然"的态度有所不同,也就可以理解了。

1　阿莱维译:《道之书》,第50—51页。
2　见马坚译《古兰经》"优素福章"第53节。

综上所述，阿莱维的《道德经》译本不仅在翻译上独具特点，而且还具有很高的学术价值，体现了阿拉伯左翼知识分子对中国文化和道家思想的独特理解。

《道德经》的第三个阿拉伯文译本，是埃及作家、翻译家阿拉·迪卜（1939—2016）完成的。迪卜曾发表过多部长篇小说、短篇小说集，翻译过贝克特、亨利·米勒等欧美作家的作品，2001年曾获埃及最高文化委员会颁发的国家文学表彰奖。他的《道德经》译本于1992年在苏阿德·萨巴赫出版社埃及分社出版，书名为《通往美德之路：中国圣书》。该译本依据冯家富夫妇合作的英译本转译，并经埃及著名翻译家巴德尔·迪卜审校。译者为译本撰写了简短的《序言》，用几段文字介绍了道家思想及其基本概念，并谈及这本著作对他本人产生的影响：

着手翻译这本书的时候，我正在经历一段迷惘的生活：个人和公共事务的失败，思想和行为上的迷惘。

这次翻译与我（的心灵）产生了某种关联。我不是说翻译为我解决了问题，但它照亮了某些方面，让我以不偏不倚的、简朴的态度对待生活。

…………

这本书与我的关联，还涉及艺术领域，如启发我追求表达的简洁。

我更多地是用灵魂和心灵、而非理智去接近这部著作。也许，这正是这部书揭示出的人类身上最根本的矛盾之一吧。[1]

由于《序言》中未对老子和道家思想作必要的背景介绍和说明，译文中也缺少必要的注释和说明性文字，一般阿拉伯文读者通过该译本理解《道德经》的奥义是十分困难的。该书前言中还出现了"《道德经》一书可追溯至公元前2500年"[2]这一明显的错误，将此书的历史提前了2000年，这是令人遗憾的疏忽。

《道德经》的第四个阿拉伯文译本，由叙利亚学者费拉斯·萨瓦赫（1941— ）完成。费拉斯是阿拉伯世界著作等身的著名学者，主要从事古代神话、宗教史、比较宗教及东方哲学研究，著有《理性的初次历险》《神话与意义》等20余部作品。他曾于2008年12月首次来华，参加北京第二外国语学院举办的中阿学术研讨会；2012年9月至2018年7月间，他在北京

1　迪卜译：《通往美德之路：中国圣书》，苏阿德·萨巴赫出版社埃及分社，1992年，第1—4页。

2　同上，第2页。

外国语大学任教 6 年。1998 年，大马士革阿拉丁出版社出版了
费拉斯翻译的《道德经》译本，书名是《道德经：中国道家智
慧的圣经》。该译本主要依据刘殿爵（D.C. Lau）的英译本转译，
并以冯家富夫妇译本和张中元（Chang Chung-yuan）译本为参考，
译完后又与刘楠祺（Liou Kia-hway）的法译本对照，对译文再
作修润。

费拉斯的译本将直译和意译相结合，译文通达、流畅而典
雅。尤其值得称道的是，该译本学术含量很高。译者不仅为译
本撰写了《序言》和《导读》，还在正文之后附上详尽解读每
章文字的《阐释与评论》，三者共占全书约三分之二篇幅。他
在《序言》中介绍了自己翻译《道德经》的缘由以及译本的结构：

对于研究人类精神生活历史的学者而言，他总会在其中发
现若干驿站，令他驻足，在其间庇荫纳凉，汲取滋养，享受宁静，
以获得继续前行的力量和意志。此类驿站，有的他途经而过，
一去不返；有的让他流连再三，屡屡回望；有的则驻留心间，
挥之不去，与他须臾不可分离。《道德经》就是最后这类令人
沉醉的驿站。自从 15 年前我首次阅读此书以来，我时不时地
再读不同译本、不同相关论著，以探究书中隐晦之处，并记下
我对原文的评论和感想。随后，我生出将此书全文译成阿拉伯

文之念，希望能采不同译本之长，去感求明。之所以产生此念，是因为我对中国和远东思想的研究已颇有心得，且因常年研读《道德经》，对其心仪已久，并有幸领略其中魅力。

翻译《道德经》这样一部难度极大的著作，必须将翻译和解读、阐释结合。因此，本译本将翻译与解读、阐释同步进行。全书共分三部分：第一部分介绍道家思想及其在中国思想中的渊源；第二部分是《道德经》全文之译文；第三部分是对各章正文的阐释与评论。[1]

在《导读》中，他介绍了《道德经》的形式和内容特点，并对读者如何阅读、理解这部经典提出了建议：

《道德经》是一部关于智慧而非哲学的著作。老子不会设立一个逻辑前提，然后一步步地作推论并得出结论。他让思想自然迸发，并以高度浓缩、概括的方式形之于文，因而经常导致意义的含混。书中体现的是一种崇尚简洁的诗歌文风，而非说理、探讨和论证的文风。因此，有些章节看似没有外在联系，有些思想和说辞又屡屡重复，这在各种智慧之书和宗教文本中颇为常见。

---

1 费拉斯译：《道德经：中国道家智慧的圣经》，大马士革阿拉丁出版社，1998年，第5页。

与形式相关的，还有本书的内容特点。《道德经》的文本可从多个层面解读：形而上层面、社会道德层面和政治层面。同一章之内，意义可能在三个层面之间转换；即使是一段内容，也有可能作不同层面的解读，即同时从形而上、道德和政治层面解读。因此，作者的某些表述可能含有多层意思。如"圣人"一词，既指能够悟道的智者，也指能够遵循自然之道治理国家的贤君。又如"天下"一词，既指政治意义上的"国家"，又指一般意义上的"世界"。[1]

在《阐释与评论》中，费拉斯经常用深入浅出的语言和道理，阐明老子思想的深刻含义。例如，他这样解读《道德经》的核心概念之一"无为"：

生活的艺术更接近航海术而非兵家之术。在航海时，水手按风向调整船帆，他利用风而非对抗风。因此，水手的行为是自然规律的一部分，而非独立于或对立于这一规律。老子著作中经常出现的"无为"，并非有些人以为的那样含有消极意义，他提倡的是我们现在才开始理解的真正的积极性，体现为顺应宇宙运行的规律，抛弃已被今人诟病的征服自然、役使自然的想法。

---

1 费拉斯译：《道德经：中国道家智慧的圣经》，第30页。

　　道家的这一自然观，并非拒绝一切利用自然的技术手段，而是倡导能体现人道精神、让人和周遭环境产生有机联系的技术。[1]

　　他还常把《道德经》体现的中国文化与中东伊斯兰文化、西方文化作比较，以说明老子思想的特点。如在解读"天下皆知美之为美，斯恶也；皆知善之为善，斯不善也"中表达的辩证统一思想时，他写道：

　　宇宙的稳定与均衡，是事物在各个层面既相互对立又相互依存的结果。远东文化中这种辩证统一的理念，不同于中东和西方文化中二元对立的观念。根据二元对立观，对立的事物处于永恒的对抗中，光明与黑暗、善与恶、健康与疾病、生命与死亡……都在不停地斗争。而根据辩证统一观，对立的事物不会为了战胜对方而对抗，因为没有对立方，另一方也不会存在；当一方致力于消灭对方而存在，它自己也将不复存在；因为没有疾病就没有健康，没有黑暗就没有光明，没有死亡就没有生命，没有恶就没有善。[2]

　　有时，费拉斯还用现代科学理论来印证老子超越时代的远

1　费拉斯译：《道德经：中国道家智慧的圣经》，第125—126页。
2　同上，第125页。

见卓识，如在阐释《道德经》第五章"天地不仁，以万物为刍狗"
这一节时，他用加拿大著名天体物理学家于贝尔·雷弗（Hubert
Reeves）的理论加以说明：

> 于贝尔·雷弗在其著作《宇宙：寻找诞生的瞬间》中认为：
> 物理宇宙的自然规律不含有任何道德意义；对自然规律而言，
> 善与恶是与它完全无关的概念，因为它是非道德的规律。老子
> 表达的也是同样的观点。他认为自然界的本源通过阴阳或天地
> 两股力量呈现，这一本源是中立的，谈不上仁慈或残酷；它和
> 人格化的神灵不同，不确立道德法规，不会惩戒或奖赏。因此，
> 圣人不会就伦理道德对人类作任何告诫，而是帮助人实现一个
> 开放的自我。只有封闭的自我才需要道德说教来指导自我与他
> 者的关系；而对于开放的自我而言，它的行为就体现了道德。
> 道家的圣人指导灵魂，而儒家的圣人指导道德，两者有很大不
> 同。道家不在乎由外界强加于人的道德，认为个人只要顺由其
> 天性行事，就不会违逆道德。[1]

由此可见，费拉斯的译本是一个译文总体上准确通达、阐
释特别详尽剀切的高质量译本。由于他在当代阿拉伯学术界具
有重要影响力，因此，他的这一译本问世后广为人知，大多数

1　费拉斯译：《道德经：中国道家智慧的圣经》，第135页。

研究中国文化、道家思想的阿拉伯学者都以其作为重要参考书。

新世纪初，笔者在出访叙利亚期间购得费拉斯的《道德经》译本，经认真研读并与哈迪·阿莱维的译本作比较研究后，发表了论文《评〈道德经〉的两个阿拉伯文译本》[1]。后受外语教学与研究出版社委托，笔者承担了《大中华文库》系列丛书之一《老子》的阿拉伯文翻译任务，并经友人介绍联系上在叙利亚生活的费拉斯先生。经商量，他授权笔者对其《道德经》译本作必要修改，作为《大中华文库》的新译本。由笔者修改的新译本主要依据陈鼓应先生校释的《老子》原文翻译，并参考了张松如、李零等当代学者的相关著作，完成翻译后又经费拉斯审读、润色、认可，最终译稿由外语教学与研究出版社于2009年出版，书名为《老子》。总体而言，这个新译本保留了原译本的优点和特点，并在此基础上对原译本作了约三分之一的修改。主要修改体现为：

1. 纠正了原译本中的部分错误。例如，第42章"道生一，一生二，二生三，三生万物"这一节，费拉斯原译本将"二"

1　见薛庆国：《评〈道德经〉的两个阿拉伯文译本》，载《阿拉伯世界》2001年第1期。

和"三"译成序数词（"第二""第三"），并在阐述时认为"一"指"阳"、"二"指"阴"，这种理解恐有悖老子本意。任继愈先生认为，这节文字"并没有更多的意义，只是说，事物因混沌的气（或朴，或一）分化成为万物，由简单到复杂的过程罢了"[1]。因此，把"一""二""三"都译为不表顺序的基数词，似更能体现由一分化为万物的思想。此外，把"一"理解为"阳"，把"二"（第二）理解为"阴"，即把阴阳分了先后，并不符合中国文化中认为阴阳对立而相互消长的理念。因此，笔者修改的译文，将此节原文中的"一""二""三"都译为基数词，并在《阐释与评论》中做了必要说明。

2. 体现了中国学者对《道德经》研究的新成果。例如：第1章中"故常无，欲以观其妙；常有，欲以观其徼"，在通行的王弼本等版本中，都以"常无欲""常有欲"断句。而当代著名学者陈鼓应先生认为：老子一贯主张无欲，反对有欲，因此，"常有欲，以观其徼"是说不通的；只有以"常无""常有"断句，才能通顺解释全章，因为"道"是"常无""常有"的统一（统一于"常无"）[2]。费拉斯原译本按照"常无欲""常

1　任继愈：《老子研究》，转引自陈鼓应：《老子注译及评介》，中华书局，1984 年，第 232—233 页。
2　陈鼓应：《老子注译及评介》，中华书局，1984 年，第 57—61 页。

有欲”理解，笔者采用了陈鼓应先生的观点，按“常无”“常有”断句并重新翻译。

3. 依据考古新发现纠正了对部分原文的理解。如第 2 章中“长短相形，高下相盈”中“盈”字，通行的几个古本原作“倾”，但 1973 年长沙马王堆出土的帛书本为“盈”。张松如先生认为：“‘盈’依帛书，河上公、王弼、傅奕等俱作‘倾’，当是避汉孝惠帝刘盈讳而改，‘盈’义长。”[1] 费拉斯原译本此句按“高下相倾”理解并翻译，笔者采用了张松如先生的说法，按“高下相盈”改译。

4. 有意体现对原文的不同解读。例如，第 40 章中“反者道之动”，对于“反”通常有两种理解：“一、相反，对立面。二、返。”陈鼓应先生认为，这两种理解都有道理，因为“在老子哲学中，讲到事物的对立面及其相反而成的作用，亦讲到循环往复的规律性”[2]。费拉斯原译本将“反”作“返回”理解，译作“道的运动是返回后方的”。笔者修改的译文，将“反”作“对立面”理解，译作“道的运动是对立统一的”，并在《阐释与评论》中说明了对“反”的两种理解。这样，可有助于读

1　张松如：《老子说解》，齐鲁书社，1998 年，第 20 页。
2　陈鼓应：《老子注译及评介》，中华书局，1984 年，第 223 页。

者理解原文表述本身就含有的歧义特点和丰富性。

5. 使译本更接近原文的修辞风格。例如，第 5 章中的"天地不仁，以万物为刍狗"，费拉斯原译本采用意译，译为"天地不存在怜悯或残酷，中立地对待万物"。笔者修改的译文，保留了原文中"刍狗"这一意象，以期在译文中体现老子原作的一个重要写作特点，即用自然景物和日常生活中的事理来阐发深奥的思想，"以其所知喻其所不知"。

6. 在修改译文的基础上，笔者改写了原译本《阐释与评论》的部分内容；并按照《大中华文库》统一体例，增加了杨牧之撰写的总序、傅惠生撰写的前言等内容，并以汉阿对照版形式出版。

值得一提的是，这个译本是《道德经》阿拉伯文翻译史上首个中阿学者的联袂之作。笔者和费拉斯先生通力协作，旨在向读者奉献一个忠实于原文、体现当代学术研究成果、呈现原文的丰富性和表达特点、译语流畅典雅、阐释详尽得当的理想译本。从译本问世后国内外专家学者的反馈来看，新译本基本达到了这些目的。从译本问世的时间来看，本译本是《道德经》的第七个阿拉伯文译本。在这次成功合作的基础上，笔者趁费拉斯 2012—2018 年在北京外国语大学担任阿拉伯语专家期间，再度与其合作，完成了《论语》《孟子》的阿拉伯文翻译，并由五洲传播出版社列入《丝路文库》系列丛书于 2021 年出版。

《道德经》的第五个阿拉伯文译本，译者是一位名叫约翰·古迈尔（1910—2006）的黎巴嫩神父，由巴黎圣母院大学卢瓦兹分校出版社 2002 年推出，译名为《道路及其能量》。古迈尔毕业于黎巴嫩圣约瑟大学，曾在该校及其他大学教授文学和哲学，后担任基督教神父。他发表过《阿拉伯哲学家》（10 卷本）、《纪伯伦与尼采》等著作，并翻译过印度文化和泰戈尔诗作。2003 年，他还依据法文翻译出版了《中国古诗选》。

根据《道路及其能量》封底的信息，这个译本是依据法文译本转译的，译者认为这是一部"哲学诗集"："可以说，本书在很大程度上类似于艾布·阿拉·麦阿里的《鲁祖米亚特》[1]，或是欧玛尔·海亚姆的《鲁拜集》[2]。老子是一位诗人、

---

1 艾布·阿拉·麦阿里（973—1057），阿拔斯王朝著名盲诗人，以理性思考著称，享有"哲人中的诗人、诗人中的哲人"之誉。诗集《鲁祖米亚特》是他的代表作，收入他思考宇宙、人生、社会、宗教等话题的诗作。

2 欧玛尔·海亚姆（1048—1122），古波斯著名诗人、数学家，《鲁拜集》意为四行诗集，是诗人的代表作，在世界范围内享有崇高声誉。

智者，而并非一位哲学家。一首诗篇里呈现的若干思想，在其他诗篇里不再出现；其中没有形成深思熟虑而严谨缜密的哲学流派。"[1]

　　《道德经》的第六个阿拉伯文译本，由埃及汉学家、艾因·夏姆斯大学语言学院中文系副教授穆赫森·法尔加尼完成。该译本于 2005 年 4 月 24 日在著名作家杰马勒·黑托尼担任主编的《文学消息报》上刊登，同年作为"国家翻译计划丛书"之一由埃及最高文化委员会出版单行本，书名为《道之书》。这个译本，是第一个从中文直接译成阿拉伯文的《道德经》译本。在《译者序言》中，穆赫森较为详尽地介绍了老子生平、传说中老子与孔子的来往、道家思想产生的历史与社会背景、道家思想的主要特点、儒家和道家思想的对比等内容，还把以道家哲学为代表的中国文化和埃及文化做了简要的比较。其中，他以生动的笔触谈及自己翻译《道德经》的感受和体会：

　　起先，我以为人们对于《道德经》的阿拉伯语翻译未予足够重视，是对中国乃至亚洲的文化遗产翻译中的一个严重疏忽。现在，当我完成了此书的翻译后，我承认事情远非我一开始设

---

[1]　参见 https://www.neelwafurat.com/itempage.aspx?id=lbb104009~64159&search=books。

想的那么简单。那些对《道德经》敬而远之的译者们完全情有可原。

现在我也明白了，为什么有的《道德经》译者会把原作搁置一旁，而用自己的方式再现原作思想；而为数不少的另一些译者则重新编排章节。

所有这些译者都情有可原，因为翻译《道德经》实在太难！

这些情况，是一切着手翻译《道德经》的译者都会遇到的难题。把这本书译成阿拉伯文，其难度更是我未曾所料。我在翻译每个汉字、每个短语、每个句子时都遇到了困难。原著开本不大，篇幅也不多，表达极为简练（阿拉伯文译文是另一回事），但是翻译这本小书花费的功夫，却超过了翻译一本大部头的哲学百科全书！

为了更好地理解原文意思，我搜集了三个中文注释本。但让我吃惊的是，三个注释本的理解各不相同，有时甚至互相矛盾。我又找来英文译本作参考，却发现英文译本的出入更大！于是，我去请教研究中国古代文化的专家（本人的专业是语言学），也阅读了不少评论《道德经》各种外语译本的论文，意识到原文具有高度象征性，确实可以作多种解读，甚至是相互矛盾的解读。但是，为部分学者所诟病的，是有的译本为了让译文清晰明了，采用的却并非"道家之道"！因为原文具有一种刻意的玄妙和神秘性，并非一目了然。许多译本的问题在于它试图解开（或自以为解开了）原文之谜，却丢失了原文中富含的象征性，用庸俗的报道式文体对原文做了简单化处理，而对原文中的诗意表达置之不顾，而恰恰是其中的诗意，为当代逻辑、语言和精神的发展提供了启示。

此外，当代语言已经被索绪尔的结构主义理论、乔姆斯基的生成语言理论歪曲，被查尔斯·皮尔士的符号学理论凌驾，被弗洛伊德和荣格的解释学理论证伪，被比尔·盖茨的计算机软件所否定，这样的当代语言已经无法很好地表达古代中国的经典文本。

我意识到，《道德经》文本具有神秘主义色彩。也许，我可以借用苏非神秘主义的某些表达，阿拉伯文化遗产中不乏此类富含暗示、象征性的表达方式。但我需要做一个非常重要的说明，我的译文固然受到苏非象征和隐喻语言的启发，但苏非照明哲学语汇中特有的、十分丰富的意蕴，却并非我的译文语言所要传达的。我的译文如果带有一点苏非的氛围，那也未尝不可，因为苏非语言其实就是暗示和象征。（难道苏非主义者明确表达过什么？）

　　总之，这个译本是一位阿拉伯译者对一个中国文本尽其可能的想象，他在翻译时不想多加阐释，也不指望译出一个能够读懂的、与原作平行的文本。他只是尽可能地转换原文，希望能够保留原文中的象征性，以及其中的隐晦和朦胧。[1]

　　从以上文字可以看出，穆赫森翻译《道德经》时遇到了巨大的困难，同时也付出了艰辛的努力，并对这项译事有着十分独到的思考。正如他坦言，这个译本"是一位阿拉伯译者对一个中国文本尽其可能的想象……不指望译出一个能够读懂的、与原作平行的文本"，他的译本力图保留原作的神秘气氛和隐晦性、开放性，具有一定的文学价值，但同时也为一般阿拉伯读者深入领会老子的思想造成不少困难。这个译本的重要价值在于，它是第一个直接从中文译成阿拉伯文的译本。其问世后受到埃及文化界的高度重视，著名作家黑托尼、著名报人海卡尔等埃及文化名流都予以好评。早在1967年，第一位将《道德经》从德文转译成阿拉伯文的译者迈卡维先生曾在译本的《译者说明》中写道："但愿真主有朝一日能让一位阿拉伯人通过原文，直接将这部堪称神作的经典译成阿拉伯文。"[2]他的愿望在将近

1　穆赫森译：《道之书》，埃及最高文化委员会出版，2005年，第15—16页。
2　迈卡维译：《道德经：道路与美德之书》，辛达维出版社，2022年，第17页。

40 年之后终于实现了。

　　《道德经》的第八个阿拉伯文译本，由叙利亚人穆赛莱姆·赛卡·艾米尼（1958—　）完成，2017 年在大马士革现代思想出版社出版，书名为《中国圣书：道之书或后继者之道》。艾米尼是一位建筑工程师，20 世纪 90 年代曾在日本京都大学先后获得建筑学硕士和博士学位，回国后从事古建筑的修缮、维护工作，并在大学教授伊斯兰建筑课程。艾米尼对伊斯兰文化遗产，特别是苏非神秘主义颇有造诣，对日本和中国古代思想也有浓厚兴趣。他的这个译本主要依据日文译本转译。他不仅撰写了长篇序言，较详尽地阐述了自己对老子思想的认识，还在对译文章节的注释中体现出他对原文的独特理解。值得重视的是，他往往将老子的思想与伊斯兰思想联系起来，找出两者之间的相似性。例如，他在《序言》中列举了《道德经》和《古兰经》的若干相似之处，如许多章的尾句修辞手法类似、祈使句结构的普遍使用、在描绘天地江海等自然现象时重复词语和句式、对于事物和其对立面关系的看法近似，等等。在对译文的注释中，他也常用《古兰经》或"圣训"等伊斯兰经典来印证老子的观点。如在注释《道德经》第 9 章中"持而盈之，不

如其已"这句时,他认为《古兰经》中也有体现老子知退善让、适可而止思想的类似表达:

> 《古兰经》教导说:"他们用钱的时候,既不挥霍,又不吝啬,谨守中道。"这不仅是指花钱要适度,而且也针对各种形式的、物质或精神上的失衡。[1]

又如,在解读《道德经》第5章中"天地不仁,以万物为刍狗"这句时,他引用了伊斯兰教先知穆罕默德的"圣训"加以说明:

> 根据阿漪莎的传述,先知曾说:"太阳和月亮都是真主的迹象,太阳和月亮不会为了任何人的生死而亏缺。"[2]

值得一提的是,艾米尼的译本书名中出现的"后继者"(Abdāl)一词,也是一个具有浓厚伊斯兰文化特色的词语:按照部分穆斯林的理解,伊斯兰教历史每隔一段时间都会出现一位革新者,或称"后继者",承担起革新、捍卫宗教的使命。因而,"后继者"近似于宗教"圣徒"。艾米尼把《道德经》书名译成《中国圣书:道之书或后继者之道》,其实也体现了他对老子及其学说的独特理解:认为《道德经》是一本"圣书";老子和道家之道,乃是"后继者"或"圣徒"之道。

---

1 艾米尼译:《中国圣书:道之书或后继者之道》,大马士革现代思想出版社,2017年,第47页。所引《古兰经》经文,见"准则章",67节,马坚先生译文。
2 同上,第42页。

他对《道德经》的这一认识，也体现在他的翻译策略中，他在《序言》中写道：

我想用阿拉伯和穆斯林读者能够理解的道理、用伊斯兰的术语将此书译成阿拉伯文，来体现我对这本书的理解和认知。我认为，自己的这点微薄努力其实具有重要意义，可以揭开此书的面纱，让阿拉伯穆斯林思想家了解这部自古以来塑造了亿万民众生活的杰作之真谛。[1]

他在《序言》中比较了《道德经》和伊斯兰经典的众多相似之处后甚至认为："《道德经》或许是一部天启经典。穆斯林都知道存在多部天启经典，最著名的如《旧约》和《新约》，但不能排除还存在其他天启经典。"[2]

由上述可知，艾米尼《道德经》译本的最大特色，是用伊斯兰文化的视角理解、阐释《道德经》；译者对道家思想和伊斯兰思想相似之处的发掘和认识，对于中伊两大文明的对话和沟通很有意义；但与此同时，他将《道德经》视为一本宗教"圣书"，甚至是近似于《古兰经》的天启经典，这一说法固然有其新意，但难以作为客观的学术观点成立，也表明他对中国古

---

1 艾米尼译：《中国圣书：道之书或后继者之道》，第 13 页。

2 同上，第 28 页。

代历史文化的背景及其独特性缺乏了解。此外，他对《道德经》
和伊斯兰经典相似之处的分析，其中一部分也有勉强比附之嫌。

　　《道德经》的第九个阿拉伯文译本，由科威特 That Alsala-
sil 出版社于 2021 年出版，其译者是巴勒斯坦诗人、小说家、
评论家穆罕默德·艾斯阿德，书名是《真理之道与正途美德》。
该译本依据美国汉学家布莱克尼（Raymond Bernard Blakney）
的英语译本转译。由于译者是位诗人，此译本的特点是简洁凝
练，在一定程度上体现了《道德经》原作的风格。

　　通过以上介绍可知，迄今为止正式出版的《道德经》阿拉
伯文译本起码已有九个。归纳而言，《道德经》阿拉伯文译本
有如下特点：

　　1. 除了迈卡维和阿莱维两个译本外，其余译本均于 20 世
纪 90 年代以后问世，这与改革开放以后中国的文化、政治和
经济在阿拉伯世界的影响力显著上升有关。

　　2. 译者来自不同国家（埃及、叙利亚、伊拉克、黎巴嫩、
巴勒斯坦等），不同职业背景（作家、诗人、汉学家、学者、
神父、工程师等），表明《道德经》受到阿拉伯各个国家、各

界精英的普遍重视。

3. 译本大都从其他外文（英、德、法、日等）转译而成，但也有汉学家（穆赫森）直接依据中文翻译，另外还有中阿学者（薛庆国、费拉斯）合作的译本。中阿学者合作能发挥各自所长，是中国文化经典外译时值得推广的一种方式。

4. 不同译者采用的策略有所不同，有的主张直译，有的偏向意译，有的直译与意译并重。不同译本体现了不同特点，但都为全面、完整、深刻地传达原作的奥义做出了贡献。

5. 大多数译者在正文之外，还通过序言、注释、评述等形式，表达了他们对《道德经》的理解；对于翻译这样一部意蕴极为丰富、深奥的古代经典，这是十分必要的。尤其值得注意的是，有的译者还将自己的意识形态和思想观念投射在对《道德经》的解读中，这也属正常现象，表明《道德经》这部伟大思想经典具有开放性和普适性。

最后，在译成阿拉伯文的中国古代文化经典中，《道德经》的译本之多是遥遥领先的。这一现象并非偶然，在世界范围内，"《道德经》是被译介得最多的中国典籍，据统计，已经被译为73种语言文字，凡数千种，其在英语世界的发行量仅次于《圣经》和《薄伽梵歌》……截至2020年4月，共有各类《道德经》

英译本（全译本、节译本、改写本以及借《道德经》之名进行的创作本）562种"[1]。为什么包括阿拉伯人在内的世界各国译者那么重视《道德经》？英国汉学家翟林奈（Lionel Giles）关于《道德经》的一段文字或许给出了答案：

　　《道德经》原文的措辞极为模糊、简洁，从来都没有如此深邃的思想被包裹进如此狭小的空间。宇宙中散着一些人们称为"白矮星"的星体。它们常常体积很小，但拥有的原子重量相较于它们的体积来说则异常巨大，以致这些星体表面的温度比太阳表面的温度都高得多。《道德经》堪称哲学文献中的"白矮星"：密度极高，且以白热程度散发着智慧之光。[2]

　　因此，对于《道德经》这样一颗散发着智慧之光的思想"白矮星"而言，它需要不同的译本像一面面镜子一样，从不同的层面折射出老子丰富而深奥的思想。可以预见的是，阿拉伯文的《道德经》译本今后还会不断出现。

1　王华玲、辛红娟：《〈道德经〉的世界性》，载2020年4月18日《光明日报》。
2　同上。

二、《道德经》在阿拉伯的影响

《道德经》不仅是阿拉伯文译本最多的中国古代文化经典，也是在阿拉伯世界产生最大影响的中国经典。可以毫不夸张地说，在现当代一流的阿拉伯文化、文学名人中，《道德经》的知音大有人在，其中有些人的思想和创作还在不同程度上受过这部中国经典的影响。在众多阿拉伯译者和知识精英的共同努力下，"道"这个纯属中国古代哲学范畴的概念，已在阿拉伯各国的书籍报章及学术论坛上频频出现，老子和他代表的道家独特的哲学思想，也被越来越多的阿拉伯民众所了解、欣赏。

黎巴嫩杰出的小说家、诗人、文学理论家米哈依尔·努埃曼（1889—1988），是最早表达对《道德经》的青睐，并向阿拉伯世界介绍老子的阿拉伯文学家。努埃曼是阿拉伯旅美派文学的主将，与纪伯伦、艾敏·雷哈尼并称"旅美文学三杰"，对阿拉伯现代文学影响深远。他于 1950 年发表的散文集《光明与黑暗》中，收入了一篇题为《大向导》的散文，其中回忆了他早年因为冥冥之中的一次机缘巧合接触到《道德经》的经历：

有一次我去费城出差，上午办完事，离返回纽约的火车开车还有半小时。我想在街上转转，然后回宾馆，再去车站。街上人挤车多，我拐进当地有名的一家商场，当然不是为了购物。那一阵，我满脑子考虑的不是尘世俗务，也非生活中的各种疑难问题。我像梦游一样走进商场，突然发现入口处右边有几张桌子，上面摆着图书。有一张桌子上方挂的牌子上写着："东方哲学"。我走近这张桌子，翻阅起摆着的图书。其中的大多数书我从未听说过，我随手翻着，突然发现一本小书，书名是《老子道德经》，这个书名跟桌上的其他书一样，令我觉得新鲜。我毫不犹豫地付钱买下书，随后回到宾馆。我没有去车站，而是走进房间锁上门，开始捧书阅读，手不释卷地从头读到尾。我仿佛不是在读书，而是在茫茫大漠独行时找到了一位忠诚伴侣，并且正是在我迫切需要一位精神伴侣的时候。我情不自禁地感叹：感谢老天爷，让一位 2500 年以前去世的中国人在此复活，和我这个出生于黎巴嫩、跟他毫不相识的陌生人成为知己！感谢老天爷让我俩在美国费城的一家宾馆结识。是的，冥冥之中有一位"大向导"将我引导，除了老天爷还有谁能成为这样的向导呢？[1]

努埃曼记录的这段经历，具体发生时间不详，但肯定发生在他 1932 年离开美国回到黎巴嫩定居之前。此时《道德经》尚未有阿拉伯文译本问世，因此可以断定，努埃曼在费城这家商场购买的是英文译本。他把这次机缘巧合写入文中，视其为改变他一生命运和思想的"大向导"之一，可见老子《道德经》对他的影响是多么巨大。

1932 年，努埃曼发表了散文集《阶段：生活的表象与内在之旅》，其中收入系列散文《三张面孔》——《菩萨的面孔》《老子的面孔》《耶稣的面孔》。努埃曼表示，他创作这几篇文章的目的，是意欲寻找在西方文明中找不到的那种"庞大、遥远、模糊的东西"。其中《老子的面孔》一文，无疑是出自阿拉伯大作家笔下有关《道德经》的一篇重要文献。在努埃曼眼里，老子是一位"狂人"，因为"当狂人试图以人类语言说

---

[1] 努埃曼：《大向导》，载《光明与黑暗》，贝鲁特努法勒出版社，1988 年，第 153—154 页。

明令自己醉心的事物时，却发现自己的语言始终无法被人理解，他们终究成为大地上不被理解的异客；若非如此，他们也不会成为'狂人'！"[1]他以诗一样的语言，表达了对老子这一位"狂人中的狂人"的敬佩：

我多么渴望：让我沾满尘土的双眼，对全人类的面孔视而不见；让我的思想逃遁到那既久远古老，又近在咫尺的幽静所在；让我未沾尘土的眼睛，注视那位狂人中的狂人，和平的天使，安详的使者，美德的圣徒，知足的典范，那万灵之灵——"道"——的传播者：老子！[2]

作为一位文学家，努埃曼对语言表达人类思想时的局限性深有切身之感，他为理解老子思想之奥义而感到苦恼，同时也为自己能分享这种苦恼而欣慰：

有限的人类的语言，用以表达没有限度、无法度量的伟大思想时，是多么糟糕的工具！诅咒这语言，它给你造成了多少苦恼！祝福这语言，它让我为你的苦恼而苦恼。于是，你的教谕犹如一道道火舌在我面前升腾，而不再是书写在白纸上的黑色文字。我能理解你道出的苦衷："吾言甚易知，甚易行。天

1　努埃曼：《阶段：生活的表象与内在之旅》，贝鲁特努法勒出版社，1989年，第15页。
2　同上，第16页。

下莫能知，莫能行。言有宗，事有君。夫唯无知，是以不我知。知我者希，则我者贵。是以圣人被褐而怀玉。"[1]

对老子思想中的核心概念——"道"，努埃曼是这样理解的：

道即是母……生命来自于她，归结于她。然而她不能用语言解释，无法用证据说明。能用语言解释、能用证据说明的事物是有限的，而这种精神、这种一切精神的精神，怎么能受到限制？

她是万物之母。从她的子宫（玄牝）中，精神降生，物质也降生。真是无法解释的奥妙！不朽的精神与速朽的物质竟然来自同一个本源！谁能像你一样认识到这一奥妙，他的面前就会洞开精神王国之门。唯有像你一样摆脱感官之欲，人才能步入这个王国。因为沉迷于感官的人，挣不脱有限物质的束缚；而被物质所缚的人，如何享有精神的自由？[2]

对于老子提出的最著名的"无为"思想，努埃曼也能深刻领会其价值，意识到它对于人间的统治者、立法者具有现实的警示意义：

1　《阶段：生活的表象与内在之旅》，第17页。

2　同上，第18—19页。

啊，老子！但愿人间的立法者、教法学家也能像你一样，认识到永恒的"道"的秩序和人为的一时秩序之间有着大不同。你说得真好："天下多忌讳，而民弥贫；人多利器，国家滋昏；人多伎巧，奇物滋起；法令滋彰，盗贼多有！"[1]

对于老子一再强调的尊重事物的自发性，以及"道"的非功利性、非占有性，如"生而不有，为而不恃，长而不宰，是谓玄德"的思想，努埃曼不仅予以高度评价，而且以其作为对照物，表达了对世上某些民众的宗教观的揶揄：

我多么喜爱这个母亲（道）：拥有一切却不以君王自居，恩泽普惠却不以美德自诩，蓄养万物却不加以主宰。而人世间却不乏这样的"造物主"：创造生灵只为取悦自己，因其受难而心安，因其屈辱而荣光，因其疲弱而获得力量！你的母亲生育万物，因为生育是她的天性。她不会这样警示自己的子嗣："我是你母亲，你需赞颂我；若你不将我颂扬，不遵循我的意旨，我将把你打入地狱。"[2]

对于老子追求的那种"众人熙熙，我独泊兮""俗人察察，我独闷闷""我独异于人，而贵食母"的精神境界，努埃曼也

1　《阶段：生活的表象与内在之旅》，第21页。

2　同上，第20页。

十分推崇，并高度理解老子超凡脱俗的忧伤、失望和孤独：

> 那忧伤夹带着光明！那位忧伤者不与嬉笑的人们一起嬉笑，因为他的欢乐源自精神世界，而人们的欢乐来自物质世界。那失望披戴着胜利的冠冕！那位失望者弃绝人类的一切贪欲，除了追求本源以外别无他求。那孤独被安详环绕。那位孤独者遗弃了尘土的自我，因而被人们遗弃，却找到了神性的自我，并被神性拥抱。那"贫穷"负荷着福祉，那位"穷人"对尘世的浮华闭起双眼，却得到了母亲——"道"的食粮。[1]

努埃曼还毫不掩饰自己从老子这位人类导师那里获得的警示和启迪：

> 哦，老子！你这众人中的异类和导师！但愿你能在我贪婪而无厌、怨恨而暴戾、轻蔑又傲慢、自高自大且颐指气使的心中，在我忽上忽下、忙于追逐欲念、企图之泡沫的心中，播下知足、博爱、自由、柔和、宽容、和平、安详的种子！[2]

在文章的最后，他对老子将五千言《道德经》交给关令后扬长而去、从人们视线里彻底消失的隐士之风，表示了由衷的钦佩，并以对老子的祝福结束了这篇堪称老子赞美诗的雄文。

1　《阶段：生活的表象与内在之旅》，第18页。
2　同上，第24页。

努埃曼对老子和《道德经》的激赏，在他不同时期创作的其他作品中也屡有体现。1960年，他发表了传记《七十述怀》，回顾了自己70年人生的三个阶段，抒发了自己的人生感悟。书中，他记录了中年时在美国乡间度过的一段离群独居的时光，其中有一段他在河边钓鱼时与"被钓的鱼儿"的对话："你面前的这个钓手绝非一般……他是柏拉图、塔里斯、菩萨、老子、耶稣、穆罕默德及一切文学、诗歌和艺术巨匠的朋友。"[1] 可见，他视自己为老子等人类思想和精神巨匠的朋友，并为之自豪。在《七十述怀》中，他还谈及自己对于老子之"道"的认识，认为这一概念与基督的"圣父"有相似之处。

> 我深入研究了自古以来的各种"内学"，研究了天启宗教和其他各种天道。令我惊讶的是：它们彼此尽管在时空上相距遥远，却在目的和方法上非常接近……老子的"道"与基督的"圣父"颇为相似。[2]

《七十述怀》中还收入一封努埃曼于1931年3月2日写给弟弟纳西布的信，信中他阐述了自己对于上帝的理解：

> 我的上帝不犒赏，不惩罚，不高兴，不恼怒，不仇恨，不

1　努埃曼：《七十述怀》（王复、陆孝修译），甘肃人民出版社，1993年，第357页。
2　同上，第210页。本文对原译文略有改动。

报复；从不局限于任何事物、任何地点和任何时间之内。他是一切，又存在于一切之中。它是具有多种不断变化的可感形象的唯一本质，但他自己却是唯一的、不变的。[1]

从这段文字可以看出，努埃曼的上帝观，跟一般基督徒理解的赏罚分明的上帝观有很大不同，他显然受到老子"天地不仁，以万物为刍狗""万物作焉而不为始，生而不有，为而不恃"等思想的影响。

1952 年，努埃曼还发表了长篇小说《米尔达德》，这被视为他小说创作的顶峰之作。作品以《圣经》中大洪水的故事为背景，描写挪亚得救后发生的各种事情，可视为创世神话的续篇，其写作风格与纪伯伦的名作《先知》有几分类似。在小说中，主人公米尔达德自告奋勇到方舟上当仆人，并对众人发表他关于宇宙、存在、人生的富有哲学意味的见解和启示。例如：

虚静是一个无边无际的空间。在那里，非存在转化为存在，存在转化为非存在。它是恐怖的虚无，能发出一切声音，之后沉寂；生发一切，之后消失；产生一切言语，之后抹去。那里便只有他（上帝）在……倘若你们未曾在面壁静思中穿越这样的空间和虚无，你们断不能认识自己存在的真相和非存在的虚

---

1 《七十述怀》，第 402 页。

幻，也不会认识自己存在的真相和万物存在真相之间的关联。[1]

在这段话中，我们或许能听到老子《道德经》的回响："致虚极，守静笃。万物并作，吾以观其复。夫物芸芸，各复归其根。归根曰静，静曰复命，复命曰常，知常曰明。"又如：

你们必须力戒多言，人说一千句话，恐怕只有一句值得说出来。其余的，不过是思想的迷雾，会令耳朵失聪，舌头疲倦，心灵闭塞。[2]

这里，我们也不难辨出《道德经》的影响："圣人处无为之事，行不言之教。""多言数穷，不如守中。"再如：

人应该像大海一样深广，包容一切；像大地一样静谧坦荡，能化废为宝；像空气一样灵活，无拘无束，什么也不能伤害它。[3]

这段的含义乃至比喻，都让我们很自然地联想到《道德经》的类似说法："为天下溪……为天下谷。"

由上述可知，努埃曼小说《米尔达德》是一部深受《道德经》影响的哲理小说。正如一位埃及学者所言："努埃曼小说主人公的故事在很大程度上就像这位中国师尊、哲学家的故事，努埃曼构思小说《米尔达德》的源头无疑就是老子的故事。努

1　努埃曼：《米尔达德》，贝鲁特努勒出版社，1975 年，第 121 页。

2　同上，第 123 页。

3　同上，第 80 页。

埃曼颂扬了老子的思想，并且与他进行了痴迷的、富有成效的对话。"[1]

与努埃曼同为"旅美文学三杰"之一的黎巴嫩文豪纪伯伦，也是老子思想的尊崇者。他虽然没有像努埃曼那样撰文详细谈论过老子，但其作品中也提及过老子，如在一篇题为《你们有你们的思想，我有我的思想》的散文中，他把老子视为人类思想、文化和科学的英雄之一：

你们的思想认为各民族的光荣是靠他们征讨的英雄，于是将尼禄、尼布甲尼撒、拉美西斯、亚历山大、恺撒、汉尼拔、拿破仑赞颂。而我的思想认定的英雄，则是孔子、老子、苏格拉底、柏拉图、阿里、安萨里、鲁米、哥白尼和巴斯德。[2]

作为努埃曼的同行和朋友，纪伯伦对影响努埃曼如此之深的老子思想起码是了解的，也很有可能研读过《道德经》。在纪伯伦的许多作品中，我们也能看到和《道德经》颇为相似的理念，不能排除他受到中国先哲老子的影响。如在其名作《先知》"论孩子"中，纪伯伦写道：

1　阿卜杜·达伊姆：《旅美文学》，转引自林丰民：《菩萨、老子和耶稣的面孔》，载《读书》，2006年12期，第23页。
2　纪伯伦：《纪伯伦全集·集外卷》，贝鲁特世代出版社，1994年，第91页。

　　你们的孩子，都不是你们的孩子，乃是生命为自己所渴望的儿女。他们是凭借你们而来，却不是从你们而来，他们虽和你们同在，却不属于你们。[1]

　　这其中的思想和《道德经》中"生而不有，为而不恃"的说法颇为接近。又如，在收入《珍趣集》的散文《伊本·法里德》中，纪伯伦这样表达对阿拉伯古代苏非诗人伊本·法里德的赞誉：

　　一位在纯粹思维神庙中的祭司，一位在广阔想象王国中的国王，一位苏非主义者大军中的统帅。……他没有像穆太奈比那样，从他那个时代的事件中选取题材；也没有像麦阿里那样忙于思考生命的隐蕴和奥秘，而是向世界闭上了眼睛，以便看到世界之外的事物；向大地的喧嚣堵上了耳朵，以便听到无限的吟唱。[2]

　　在这里，伊本·法里德这位闭上眼睛却能看到真谛、堵上耳朵却能听到无垠的苏非诗人，自然会让中国读者联想起老子笔下那种"不出户，知天下；不窥牖，见天道……不行而知，不见而明"的道家圣人。在此，纪伯伦受到老子《道德经》的

1　纪伯伦：《纪伯伦全集·中册》（冰心等译），甘肃人民出版社，1994年，第117页。
2　纪伯伦：《纪伯伦全集·上册》（伊宏等译），甘肃人民出版社，1994年，第623页。

影响是一种可能性；同时这也表明，道家思想和伊斯兰苏非思想确有契合之处。

　　埃及著名作家、哲学家、翻译家阿卜杜勒·盖法尔·迈卡维不仅是《道德经》第一个阿拉伯文译本的译者，其创作也受过道家思想的明显影响。1989 年，他发表了剧作集《黄皮肤皇帝》，收入 4 个从古代东方神话或传说中获得灵感的剧本。其中 2 个剧本与中国的道家思想有关。《黄皮肤皇帝》讲述了一个志在改变世界的年轻人的故事，他的抱负在专制的皇帝面前碰壁，但他并未彻底放弃，而是在一个边陲小村建立了一个安身立命的小小"乌托邦"。迈卡维通过几个人物之口，用戏剧舞台语言表达了他曾经翻译的《道德经》中的许多思想，同时又对其做出具有时代意义的解读。他在《序言》中如此介绍这部作品：

　　《黄皮肤皇帝》取材于老子的生平和他那本著作里的名言和诗句，以及另一位道家智者庄子作品中的寓言和语录。在这部剧作中，老庄是次要角色，而主角——如果算主角的话——则是一名修习老庄之学的年轻隐士，唤作"明清吾"（音译）。这位斗士般的圣徒，或是圣徒般的斗士，胸中怀抱着让改革者们备受煎熬的志向，那就是改变世界。然而这个斗士还没来得及改变自己，就急着要去改变世界。他的师傅想让他不要鲁莽，可他不听劝，执意动身去对抗"黄皮肤皇帝"这一不公、压迫、强权的化身。面对恐怖，他没有放弃匡扶正义的梦想。他远走到一个被忘却的边陲小村，建立起道家圣贤们设想中苏非主义式的"乌托邦"。那里有着理想中的民众，他们在仁爱、关怀、静谧和纯洁中生活着。可是，像这样的"乌托邦"能否抵御古代中国盛行的欺压、威吓和惩罚？在我们所处的复杂世界中，我们是否可以对这一问题作片刻的思考？还是说，它不过是智者和文人的胡言谵语，如今只能博得我们哀惜或同情的一笑？这些问题的答案并不重要，重要的是，乌托邦——即便是如此简陋的乌托邦——始终是我们不能轻易割舍的梦想。更重要的是，乌托邦表达出了不可让渡的永恒的必然，那就是挑战想粉碎所有人类梦想的强权。这不仅是为了自由、公正和创新的生活，更是单纯为了平等的生活。"[1]

　　这个集子中的第二个剧本《儿童与蝴蝶》，灵感来自"庄周梦蝶"这个著名寓言。迈卡维通过这个剧本，表达了他对于过分强调出世、逃避现实生活的极端道家思想的批评。他针对

---

[1] 迈卡维：《黄皮肤皇帝》，开罗，辛达维出版社，2017年，第10页。

的是当时埃及社会部分人面对社会现实时的消极心态。他在《序言》中写道：

> 第二个剧本《儿童与蝴蝶》的灵感来自一则庄子的精巧寓言，这则寓言源于机智而令人困惑的悖论和极端的唯心主义，它甚至抹消了现实和幻想之间的屏障。或许这种过度的自我主义倾向——它总是对诗人、文学家和哲学家形成威胁，在他们想要从现实出发对艺术和思想进行客观塑造之际防不胜防——是庄子强调道家哲学消极方面背后的深层原因，特别是先前提到的"无为"。庄子把道家哲学描绘成不愿或不能起到任何社会或改革作用的哲学，这与道家哲学创始人（老子）的想法完全不同，老子在道家哲学中寄寓了不少按现在标准来看具有革命性的观点和态度。或许这是儒家学者反对庄子思想，指责庄子反人类、反传统、反社会，却与鬼魂、暗影、北风和骷髅为伍的原因之一。[1]

从这些文字中我们可以知道，迈卡维通过对中国道家思想的再呈现、再利用，旨在表达自己对于当代埃及社会问题的思考。因为在他看来，真正的智者就如同老子一样，首先生活在自己的时代，与自己时代的问题作斗争。

1　《黄皮肤皇帝》，第 10 页。

受《道德经》影响的阿拉伯作家，还有突尼斯当代最著名的小说家、剧作家马哈茂德·米斯阿迪（1911—2004）。米斯阿迪曾任突尼斯教育部长、文化部长、国会议长，是个博古通今、学贯东西的学者型作家。其文学代表作有哲理剧《坝》、长篇小说《艾布·胡赖拉谈话说》和中短篇小说集《遗忘的诞生》等。其作品多富有象征意义，并有浓厚的哲理思辨色彩。他于1945年发表的小说集《遗忘的诞生》中收入短篇小说《旅行者》，这个短篇中没有任何通常的故事情节，只是描述了一个旅行者经人指点向东方寻求心安和梦的历程。作者通过他的内心独白，表达了对信仰、人生与世界的认识。小说篇幅不长，但熟悉老子及庄子思想的读者能读出其中蕴含的道家韵味，如：

心安，是来自天空的睡梦和休息，它远离躁动、费力与疲瘁，它与柔顺、安宁和静笃相伴随。身体和灵魂皆得安宁的人，秉守坚信和中道。但东方人的心安不是阿波罗式的心安，用表面的安宁掩饰心碎和内在的疾病，而是大理石般的静笃。东方人和东方的乐曲和雕刻线条一样，能不偏不斜地回归初始。

东方人总是笑对一切变化，处惊不乱，他有大理石一样的信念，有大理石一样的智慧。[1]

在这两段文字里，我们颇能感受到老子"致虚极，守静笃"和"常德乃足，复归于朴""见素抱朴"的意境。又如：

宇宙间没有什么是无奈、勉强、专横和强迫的。月光的清澈、静夜的柔和、江湖的充盈都是自然而然的作为，是天然、一致、和谐、合一和交流，是整体对整体的满足。

这段文字，也完全可以视为阿拉伯人对于老子"人法地，地法天，天法道，道法自然"以及"冲气以为和"思想的当代阐释。正如阿拉伯文学研究专家李琛所言，米斯阿迪的作品"让我们想到了《易经》，想起老子、孔子等中国伟大的思想家以及佛家的见解。他们都倡导向内求，于虚静中凝神于一，从而获得心灵的自由，也就是生命的自由……米斯阿迪笔下旅行者的旅行实际上就是庄子的'浮游''心游'……旅行者游于自然的天地之间，也游于所谓的梦境之中，即心灵神游的超时空的境界。米斯阿迪一再强调此境界到来的自然而然，是不着力也不着意的梦境。在那如睡如梦的境界里，旅行者得到再生"[2]。

1　米斯阿迪：《遗忘的诞生》，突尼斯出版社，1984年，《旅行者》见第119—133页。本文引用来自小说的网络版。

2　李琛：《阿拉伯现代文学与神秘主义》，社会科学文献出版社，2000年，第165—166页。

　　埃及当代著名小说家黑托尼也是老子的追捧者。对中国文化一向怀有浓厚兴趣和敬意的黑托尼，一直鼓励埃及汉学家翻译中国的文化和文学经典。他主编的《文学消息报》也成为刊登中国文化和文学作品的重要阵地。2005 年 4 月 24 日，《文学消息报》刊登了汉学家穆赫森直接从中文翻译而来的《道德经》译本，在埃及文化界引起了很大反响。2007 年他访华期间，曾在中国社会科学院外国文学研究所举办的中国中东文学对话会上发言，谈及《道德经》对他的影响：

　　我读完中国文化经典《道德经》之后，发现这部作品很像阿拉伯苏非派哲学的诸多名著，例如，它和伊本·阿塔拉·亚历山德里[1]的作品非常相似，其核心都是寻找真理。无论是中国文化经典《道德经》，还是苏非经典，它们都是我的灵魂之家。[2]

　　2015 年 1 月 8 日，埃及《金字塔报》刊登了记者对他的一个专访录；其中，他坦言《道德经》和中国哲学已成为他汲取的主要文化源泉之一：

　　自从我接触到老子的《道德经》以后，中国古代思想遗产

1　伊本·阿塔拉·亚历山德里（1260—1309）：出生于埃及亚历山大的中世纪著名教法学家、苏非主义者。
2　郅溥浩、丁淑红、宗笑飞：《中外文学交流史·中国—阿拉伯卷》，山东教育出版社，2015 年，第 393 页。

就成为我汲取的主要文化源泉之一。谁不了解中国的智慧和哲学，就不会真正了解中国的制造业（奇迹）。[1]

黑托尼是一位写作手法不断创新的当代作家。他的后期多部小说中都带有浓厚的苏非主义色彩，其中《落日的呼唤》《显灵书》等作品表达了作者对空间、时间、旅行、生命等主题富有哲理性的深刻思考，读者也可从中隐约找到道家思想的印迹。当然，道家是否或如何影响了黑托尼？这是一个还有待深入研究的学术课题。

叙利亚著名诗人阿多尼斯（1930— ）和老子的《道德经》也有某种关联。多次来华访问的阿多尼斯，曾不止一次在中国题材的作品中提及老子和道家，如他在 2009 年访华后撰写的散文《云翳泼下中国的墨汁》写道："刮起吧，孔子的风！刮起吧，菩萨和老子的风！让一切可感知的事物对我们敞开双臂！"[2]他在文中还记录了和北京外国语大学领导在餐桌上谈论的话题："我们似乎还谈到，在道家哲学中，存在是人亲近的

1　《采访黑托尼：埃及人民的直觉从不会错》，https://gate.ahram.org.eg/daily/NewsPrint/352975.aspx。

2　阿多尼斯：《云翳泼下中国的墨汁》，收入《在意义天际的写作》，薛庆国、尤梅译，外语教学与研究出版社，2012 年，第 211 页。

朋友，它如同一个答案；而在西方哲学中，存在似乎是遥远的，亦即它是一个问题。"[1] 但是，作为一个富有叛逆精神的思想家诗人，阿多尼斯的气质与道家思想其实并不完全合拍。在一次接受阿拉伯记者采访时，记者曾就他上述关于道家哲学和西方哲学的评论向他发问："我知道你更倾向于问题而非答案，这是否意味着在道家哲学和西方哲学之间，你更偏爱西方哲学？"阿多尼斯的回答是："西方哲学并非一个整体，它包括有时互相矛盾的好几种哲学。我历来确实偏爱那些能激发我提出问题、令我不安的思想，而不是让我心平气静的思想。"[2]

客观而言，阿多尼斯对老子和道家思想的了解并不深刻，他关于道家思想"如同一个答案"的说法也未必全面，但他对老子思想中的某些精神内核也是心心相印的。在他的思想和作品中，尤其是他创作的大量富有哲理性的诗歌短章中，随处可见能和老子智慧、道家思想对应的内容。例如：

> 正是他的欢乐，
>
> 为他的忧愁定制了琴弦。[3]

这其中体现的正是老子对立统一、相互转化的辩证思想。

1　《在意义天际的写作》，第 215 页。

2　瓦珐·哈提卜：《走进阿多尼斯》，叙利亚鲁斯兰出版社，2013 年，第 101 页。

3　阿多尼斯：《我的孤独是一座花园》，薛庆国译，译林出版社，2009 年，第 64 页。

他要抵达前方，往往只缺少

向后退却的几步。[1]

此句和老子"后其身而身先"的"以退为进"思想基本契合。

因为我航行在自己的双眼里，

我对你们说过：一切都在我的眼底，

从旅程的第一步起。[2]

这其中体现的认识观，和老子"不出户，知天下"体现的注重内在直观自省的认识观类似。

在我对诗歌的想象中，女人的内心和生命中应该具备一些男子气，反之亦然。男人的生命中如果没有一点阴柔之气，就不值得重视，就是一种欠缺。从本体学来讲，人之初不就是男女合为一体的吗？后来才有两性的分离。从人自我分离的那一刻起，人就开始孜孜以求，寻找自己失去的另一半……[3]

这段文字体现的两性观，和老子"知其雄，守其雌"中体现的两性观——雌雄同体、刚柔并济、尊崇女性，是高度一致的。

在阿拉伯学术界，已经有学者意识到阿多尼斯跟道家思想

1　《我的孤独是一座花园》，第 221 页。

2　同上，第 21 页。

3　阿多尼斯：《谈诗歌》，收入《在意义天际的写作》，薛庆国、尤梅译，外语教学与研究出版社，2012 年，第 80 页。

的这种内在契合关系。[1] 阿多尼斯在多大程度上受到道家的影响，也是一个值得探讨的话题。阿多尼斯或许并非老子真正意义上的精神同道，但这并不妨碍他理解老子的学说，欣赏其中的智慧和魅力。[2]

对于叙利亚学者、《道德经》的阿拉伯文译者费拉斯·萨瓦赫而言，老子和《道德经》对他产生了极为重要、难以磨灭的影响。2008 年 12 月他来华出席北京第二外国语学院举办的学术研讨会期间，宣读了论文《我为什么翻译〈道德经〉》，此文后刊载于中国外文局发行的阿拉伯文刊物《今日中国》2012 年第 12 期[3]。他在其中回顾了自己接触《道德经》之前经历的精神困惑和心路历程：

我曾四处寻找志同道合的探索者，希望他们能助我在先贤

1　参见突尼斯诗人、学者蒙绥夫·瓦哈伊比论文：《阿多尼斯与道家》，参见 https://www.jablah.net/node/3664。

2　2018 年 11 月，笔者赴伦敦出席学术会议，同期阿多尼斯应邀在大英图书馆演讲。得知我们会在伦敦相遇，他为我准备了一件珍贵礼物——手绘的《老子格言》画册。画册系他从费拉斯和我合译的《老子》一书中手抄格言隽语，配上用中国墨手绘的精美插图制成。在我看来，这是阿多尼斯以诗人艺术家独有的方式，对我这位译者表达厚爱，更对中国文化和老子表达爱恋和敬意。

3　文章电子版见：http://www.chinatoday.com.cn/ctarabic/se/2012-12/01/content_503442.htm。

走出的这条道路上继续前进。当我发现哲学家们都致力于建立一种能回答所有问题的思想体系时，我开始学习哲学；可是学过之后，我心中的疑惑有增无减：面对五花八门、各执一词的哲学流派我不知所措，哲学史给我们留下众多哲学流派和哲学思想，每个流派都自诩为真理在手，都想打破之前的流派；每个哲学家都竭力否定前人，随后自己又遭到后人的反驳。就这样，我不再幻想人类能够建立一种世世代代承前启后、不断完善、共同努力探索真理的人文主义哲学。

对哲学失望后我转而研究宗教史，确切地说是研究自己置身其中的中东文化圈之宗教。宗教和哲学异曲同工，都旨在解答人类的终极疑问；区别仅仅是：哲学代表了某一个人的智慧，而宗教则是整个民族智慧和文化的集中体现，历经数代智者贤人的思想历程和精神体验，逐渐得以形成。

这种对宗教的兴趣也归结于我个人的心理和思想因素。从根本上来说，我是个有信仰者，只不过我的信仰从一开始就不同于传统意义上的宗教信仰：我并不相信有什么人格化的神祇，超绝万物，统治世界，颁布清规戒律，约束人类之间的关系和道德修养。这样的神除了本领高强、无所不知，与人类其实并无区别。在我看来，现实世界的背后有某种超验的形而上的存在，与客观世界彼此独立同时又密不可分。这种形而上的存在不可以简单理解为某些神化的个体，甚至不能简单理解为唯一的神，它是不可能用惯常的语言来描述、表达的，虽然我们能够用心去感受之，因为我们自身作为这个世界的组成部分，也由两个层面组成，即物质层面和超验层面。

一开始我就自问，只有我一人有这种想法吗？带着疑问我开始了漫长的寻找，不觉半生已逝。

……我读到美国物理学家弗里特戈夫·卡普拉的著作《物理之道》，书中把宇宙物理学和量子理论的观点与远东文化圈一些哲人的思想进行类比，这一做法引发了我对东方文化的关注，于是我又研习了印度教和佛教。在研习中国佛教时，我接触到禅宗佛学——一门融合了佛学和道家思想的理论，通过禅宗我接触到《道德经》，此书顿时永远改变了我的命运，它成为我漫长的心灵旅程之终点。

在文中，费拉斯还叙述了道家思想如何改变了他的认知，让他获得心智和精神的快乐与平和，并相信这部中国古代经典对于当今人类具有启示意义：

每一种信仰都号称自己掌握了最高真理，解答了与之有关的一切问题。而老子的道家学说则认为，终极真理是不能用人

类的理性揣测的，所以根本不可能问出与之有关的问题，也不
存在答案。道家人士并不试图用知识去掌控世界，而是倡导用
一种远离理性概念、直接体验的方式去把握世界。这就是老子
所谓的"行不言之教"。

那些我在漫长的知识求索旅途中关注的问题，老子并没有
直接回答其中的任何一个，但他却给了我心智和精神的快乐和
平和。现在我无畏无求，用老子的话来说就是："保此道者，
不欲盈。夫唯不盈，故能蔽而新成。"

我想让尽可能多的人们也能享受到这样的平和，于是把《道
德经》译介给了阿拉伯读者。译作刚刚问世就得到了广泛的回
应，他们这样说："读了《道德经》，整个人都变了"，"《道
德经》改变了我的生活"。

我坚信，面临诸多问题的现代文明能够从这位先贤的思想
中得到诸多裨益。

由上述可知，老子和道家确实深刻地影响了费拉斯这位阿
拉伯学术大家的思想。鉴于费拉斯还因为《道德经》而结识中
国友人，进而在中国度过 6 年时光，我们还可毫不夸张地说，《道

德经》改变了费拉斯的生活和命运。[1]

　　老子和道家思想为什么在阿拉伯世界深受欢迎？其中一个重要原因，是道家思想与伊斯兰苏非思想确有不少相似之处：两者都强调通过非理性直接体悟的方式去把握世界，都主张摆脱繁文缛节、回归自然、追求自由，都推崇含蓄神秘的审美情趣。我们可以从中得到这样一个启迪：中国文化和阿拉伯文化既相似又互补的独特魅力，是两个古老文化彼此吸引、彼此接近的根本原因。

1　费拉斯回国后曾于2018年10月4日给笔者发来邮件，其中写道："未料到翻译《道德经》竟然改变了我的命运，令我在叙利亚内战最激烈时来到中国，享受了6年平静而充实的生活。在中国让我最为珍视的，是你和其他朋友对我的友情，尤其因为你们都是老子的后人。"近年来，叙利亚由于内外原因面临严重经济危机，绝大多数人民陷入贫困；费拉斯的中国朋友通过各种途径和名义屡屡接济他，助他摆脱困难，令他深为感动。

第六章

毛泽东著作在阿拉伯

　　毛泽东主席是中华人民共和国的主要缔造者和领导人。他既是一位伟大的政治家、革命家、战略家，也是一位著作等身的思想家、理论家、哲学家和诗人。他的著作不仅深刻地改变了 20 世纪中国历史的进程，而且对包括阿拉伯国家在内的世界各国都产生了不同程度的影响。考察毛泽东著作在阿拉伯世界的传播情况，对于研究现当代阿拉伯世界的中国形象有着直接相关的联系。

一、毛泽东理论著作在阿拉伯的译介、传播和影响

新中国成立后，向包括阿拉伯国家在内的世界各国广泛传播毛泽东思想，曾经是我国政治生活中的一件大事。但在1967 年之前，毛泽东著作的对外翻译出版较为零散，并没有系统规划。据了解，我国最早翻译出版的阿拉伯文版毛泽东著作，是 1950 年由北京民族出版社出版的《论人民民主专政》单行本，译者为北京大学东方语文系阿拉伯语教授马坚先生。1958 年，外文出版社翻译出版了《毛泽东论帝国主义和一切反动派都是纸老虎》。进入 60 年代，毛泽东著作的阿拉伯文译介出版速度明显加快，历年翻译出版的图书数目分别为 1961 年 2 部，1962 年 3 部，1964 年 3 部，1965 年 4 部，

1966 年 3 部。[1]

1966 年，中共中央成立毛泽东著作出版"五人规划小组"，由当时的中宣部副部长熊复担任组长，并讨论、制订了《关于加强毛泽东著作外文版翻译出版工作的规划》。《规划》要求出版 13 个语种的 4 卷本《毛泽东选集》（以下简称《毛选》），13 个语种指阿拉伯文、波斯文、朝鲜文、德文、缅甸文、葡萄牙文、世界语、泰国文、乌尔都文、印地文、印尼文、越南文和意大利文。其中，阿拉伯文、波斯文等 9 个语种的翻译出版任务交由外文局负责，其余 4 个语种由中联部负责翻译。1967 年 1 月，外文局下属的外文出版社组建了包括行政干部、翻译人员、外国专家、中文编辑、军事顾问、行政后勤人员在内的《毛选》翻译室，先后设立了德文、阿拉伯文、意大利文、印地文等 16 个翻译组，其中阿拉伯文、波斯文等 9 个语种翻译组担任 4 卷《毛选》翻译任务，其余 7 个语种翻译组只承担《毛泽东军事文选》和《毛主席语录》的翻译出版任务。这 16 个翻译组大都于 1967 年 1 月整体移师友谊宾馆，

1　参见何明星：《毛泽东著作阿拉伯文版的翻译、出版与发行》，载《中国出版》，2020 年第 17 期，第 63 页。据何明星介绍，有关数据来自中国国际图书贸易集团公司的内部资料：《对外发行基本资料：西亚非洲、阿法语区分册》。本文有关《毛选》出版数据，除另标注的以外，均引自此文。

集中起来从事翻译工作。除了 16 个翻译组，《毛选》翻译室还设有质疑组、军事顾问办公室、行政后勤办公室等。[1] 外文局牵头的《毛选》翻译室设立了多年，在多数语种基本完成翻译任务后于 1971 年 11 月宣布撤销。

翻译室成立后，各语种翻译组对待翻译《毛选》这项特殊的政治任务十分重视，制定了极为严谨的工作流程，以确保高质量、无差错地完成翻译、出版工作。中国外文局原常务副局长、曾担任《毛选》乌尔都文版翻译和审校工作的赵常谦曾这样介绍有关工作流程：

外文局《毛选》翻译室的翻译人员承担的不仅是翻译工作，而且是从翻译到成书的全部工作。不同语种从翻译到成书大体上都要经过极为严谨的工作流程。书稿没出办公室之前，至少要经过译稿、改稿、核稿、定稿、制作发排稿（打字、对读、字号与版面编排等）；发排稿要做到"齐清定"，即封面文字、扉页文字、目录、正文、标题等全书部件一次发齐，稿件整洁清楚且是最后定稿；发往印厂后要经过一校对读、二校对红甚至三校、四校印厂发回的长条稿，长条拼版后需检查拼版样，

1　赵常谦：《浅谈〈毛泽东选集〉非通用语种的翻译出版工作》，载《中国翻译》，2020 年第 1 期，第 32–33 页。

翻译部门须标明"可以付印"并由相关人员签字；上机开印之前，印厂会通知翻译部门到厂看"上板样"，看看哪个地方有没有在上板时被不懂外文的工人师傅的小锤子碰坏了等等。对于东方文字尤其是像阿拉伯文、波斯文、乌尔都文、普什图文等，常有包含一个点、两个点、三个点的字母，开机印刷后翻译部门还要派人24小时驻印厂跟机"看机样"，每印一定的印张数要检查一遍有没有损坏的字母。一本书印完了，翻译部门最后的工作是检查印厂折叠成一本书的"落版样"，检查无误，签发"可以付装"，印厂装订成书后，再次发回翻译部门，这叫检查"成品样"。在当时的条件下，校对出版环节常常比翻译审定环节还要耗时耗力。中文编辑部的质疑组也有相当严谨的工作章法。[1]

据笔者多方了解，先后参加过4卷本《毛选》阿拉伯文版翻译、审核工作的专家，有来自北京大学的刘麟瑞、陈嘉厚，北京外国语大学的高凤祥，对外经济贸易大学的刘长泽，外交部的李留根、管承治、黄镇、李光斌，中联部的沈昌纯，中国伊斯兰教协会的马贤，以及来自中国外文局系统的阿拉伯语翻

---

[1] 赵常谦：《浅谈〈毛泽东选集〉非通用语种的翻译出版工作》，载《中国翻译》，2020年第1期，第33–34页。

译李宏焘、巴达、陈学文、杜忠、丁璧因、沈锡飞、蔡惠杰等
人。另有几位译者曾在翻译组短期工作过。参与审校的阿拉伯
专家也从在京的多个单位抽调，包括苏丹专家穆罕默德·艾哈
迈德·塔哈、艾哈迈德·穆罕默德·海尔，巴勒斯坦专家艾布·杰
拉德，伊拉克专家杰拉勒·哈乃菲等人。曾于 1950 年最早翻
译发表毛泽东著作《论人民民主专政》的马坚教授，因为"文革"
开始后受到政治冲击，没有加入《毛选》的翻译队伍。[1]

北京大学阿拉伯语教授刘麟瑞先生是《毛选》阿拉伯文版
的主要定稿人。刘麟瑞（1917—1995），字石奇，河北沧州人。
自幼随父学习《古兰经》等伊斯兰教经典和阿拉伯语，中学毕
业后考入北平成达师范学校。1938 年赴埃及爱资哈尔大学留
学，1946 年归国后先后在南京东方语文专科学校、北京大学任
教，是将阿拉伯语教学正式引入中国高等教育的先驱之一，在
20 世纪中国阿拉伯语教育史上占有重要地位。在长期从事阿拉
伯语教学工作之余，他还参加了《阿拉伯语汉语词典》《汉语

1　1977 年，《毛选》第 5 卷出版后，多语种翻译工作也随即展开，工作地点在外
文局大楼。参加翻译、审校的阿拉伯语专家，除了此前翻译 4 卷本的部分人员外，
还增加了北大的邹裕池、张嘉南等人。《毛选》第 5 卷阿拉伯文版和其他非通用
语译本一样，在完成翻译、定稿、发排后，遵照上级指示停止付印，迄今未正式
出版。

阿拉伯语词典》《汉语阿拉伯语成语辞典》的编纂和审定工作，并与人合译了埃及作家阿卜杜·拉赫曼·谢尔卡维的长篇小说《土地》，翻译出版了茅盾的《子夜》、巴金的《家》《春》《秋》三部曲缩写本等中国文学名著，此外还发表了许多语言学方面的论文。我国资深阿拉伯语专家、担任北大东语系主任多年的陈嘉厚教授曾这样评价刘麟瑞的阿拉伯语和翻译造诣：

> 他擅长翻译，无论是汉译阿，还是阿译汉；也无论是口译，还是笔译，遣词造句总是那么贴切、优美、流畅，意思表达得总是那么准确清楚，每篇译文读起来都朗朗上口，如行云流水，皆属一流之作。无怪乎他为毛主席、周总理等国家领导人做翻译，或参加国际会议做翻译时，阿拉伯客人或与会的阿拉伯代表，常常感到十分意外和惊奇：想不到新中国居然拥有世界一流水平的阿语翻译，而且还是一位少数民族——回族的伊斯兰教信徒，著名的北京大学教授。[1]

　　鉴于刘麟瑞先生的阿拉伯语造诣有口皆碑，1966 年末《毛选》阿拉伯语翻译组成立之初，他就应邀加入其中，担任定稿组专家。据跟他一起参与《毛选》翻译的李光斌先生回忆：

1　陈嘉厚：《永远的怀念》，收入刘慧著《刘麟瑞传》，世界知识出版社，2008 年，第 430 页。

　　当时翻译要经过几个步骤：第一翻译，第二核稿，第三讨论，第四定稿组最后审定。各语种小组解决不了的问题，提交中央领导小组，由他们做出权威解释，各小组遵照执行。刘先生在对待翻译问题上始终是认真负责，一丝不苟。他一字一句地抠原文，吃透原意之后才动手翻译，从不轻易落笔。

　　记得有一次，在翻译毛主席《湖南农民运动考察报告》中的一段话时产生了意见分歧，争论得十分激烈，有的人争得脸红耳赤，刘先生虽然仍是平静地阐述其观点，但也提高了嗓音。最后，只好将争论的问题上交中央领导小组。数日后，答案发下来了，刘先生的意见是对的。这件事，又一次证明了刘先生的理论水平与驾驭语言的能力。[1]

　　令人遗憾的是，《毛选》的翻译工作也未能幸免于"文革"动乱的干扰。1969年夏天，正在友谊宾馆《毛选》翻译室阿拉伯文组工作的刘麟瑞先生，被莫名其妙地调回北大接受审查，他参与的翻译、审核工作也就此中断。[2]不久后，他和部分师生被派赴唐山开始了近半年的"教改生活"。1970年，他又被下放到江西南昌鲤鱼洲"五七干校"放牛一年多。据留校后不久

1　李光斌：《忆念恩师刘先生麟瑞》，收入《刘麟瑞传》，第466页。
2　据刘麟瑞先生告诉李光斌，他"因为一张为白崇禧作翻译的照片，被红卫兵发现，要查他与白的关系"。见《刘麟瑞传》第468页。

也被下放到那里劳动的仲跻昆先生日后回忆：

> 我曾私下里问过刘先生，为什么从"毛选翻译室"被剔出来了。他吐了一口烟，叹了一口气，苦笑了一下，沉吟了半天才说："大概觉得让我干这件事不太合适吧。"我心里总在想……难道这么一位阿语界的顶级教授最合适的位置，就是在鄱阳湖中一个被称为"鲤鱼洲"的孤岛上——一个著名的血吸虫疫区做"牛倌"放牛？每天放牛回来，看到他那一头白发，裤腿上满是泥巴，总让人有一种心痛的感觉。[1]

命运多舛的刘麟瑞先生，是"文革"动乱中一代中国知识分子的缩影。从学富五车、字斟句酌翻译《毛选》的大学教授，转眼间成为一身泥巴的"牛倌"，这巨大而荒唐的身份转换，不禁令人唏嘘。后人或许很难体会当事人的心路历程，但令刘先生宽慰的是，他曾付出巨大心血的《毛选》阿拉伯文版翻译工作最终得以高质量地完成。1968 年阿拉伯文版《毛选》第一卷在外文出版社出版，首印 9.2 万册；1969 年出版第二卷，首印 8.8 万册；1970 年出版第三卷，首印 8.9 万册；1973 年出版第四卷，首印 2.7 万册。各卷《毛选》的阿拉伯文版印数之多，远超其他中国题材的阿拉伯文版图书。译文的质量也受到阿拉

1　仲跻昆：《做人当如刘先生》，收入《刘麟瑞传》，第 537 页。

伯读者的好评：

这些译作一经发表，就受到了阿拉伯国家读者的高度赞扬。在《毛泽东选集》第一卷阿拉伯语译本出版发行到各阿拉伯国家后，很快就接到读者来信，他们赞扬文章译得好，文从字顺，符合阿语习惯，是地道的阿拉伯语。我们阿拉伯语组看到读者的反应，无不啧啧钦佩刘先生的功底深厚，也为有这样一位老师手把手地教我们、为我们把关而感到幸运。[1]

由于 4 卷本《毛选》的阿拉伯文翻译是我国阿语界众多高水平专家的集体智慧结晶，又经多位阿拉伯专家的润色，且有刘麟瑞先生等顶级语言专家的审核把关，加之主管部门对这项译事高度重视、制定的流程极为严谨，因此，外文出版社的阿拉伯文版 4 卷本《毛选》是体现"信、达、雅"翻译标准的典范之作，代表了中国题材图书阿拉伯文翻译的最高水平；甚至可以毫不夸张地说，这是我国阿语界完成的一项空前绝后的高质量翻译工程。事实上，我国学者迄今为止编撰、出版的多部阿拉伯语汉语翻译教材，都不约而同地从《毛选》中选用了许多译例，这也充分反映了学术界对其高质量译文的认可和赞赏。无疑，《毛选》阿拉伯文版翻译也是各语种《毛选》翻译的一

1　李光斌：《忆念恩师刘先生麟瑞》，收入《刘麟瑞传》，第 466 页。

个缩影。特别难能可贵的是，这项翻译工程是在"十年内乱"这个极不正常的历史时期完成的，来自不同单位的译者们克服种种干扰，任劳任怨甚至忍辱负重，体现了高度政治责任感，展示了一丝不苟、精益求精的专业精神，为在世界范围内传播毛泽东思想做出了重要贡献，留下了属于这个时代、打上时代烙印的宝贵精神遗产。

在阿拉伯世界，对毛泽东理论著作的翻译起步很早。1939年，埃及就出版了《中国共产党在民族战争中的地位》的阿拉伯文单行本（译者不详），此时距毛泽东1938年发表这部作品只有一年时间。到了20世纪50年代，多个阿拉伯国家在获得独立之后谋求彻底摆脱西方控制，因此希望借鉴中国等社会主义国家革命胜利的经验，有的出版社组织学者通过英文或法文转译毛泽东的一些著作出版，我国外文出版社出版的毛泽东著作的阿拉伯文译本，也授权给部分阿拉伯出版社出版。由此，毛泽东各类著作开始迅速进入阿拉伯读者的视野。

其中，伊拉克共产党主办的巴格达出版社1959年翻译出版了第一个阿拉伯文版《毛选》（2卷本），翻译授权、篇目选择均由英国方面直接与巴格达出版社联系，因为中方已将版权赠予英国共产党。此后，巴格达出版社还翻译出版了《抗日游击战争的战略问题》《实践论》《矛盾论》等 14 种阿拉伯文版毛泽东著作的单行本，这些单行本的英文底本均由中方提供。

叙利亚的大马士革出版社是一家历史悠久的出版社，其经理艾迪卜·东巴基曾三次访问中国，与中国合作历史长达 30 多年。该社曾于 1965 年出版了原叙利亚共产党员福阿德·艾尤卜根据英文本转译的阿拉伯文版《毛选》（3 卷本，第 4 卷改由黎巴嫩伊本·西拿出版社于 1965 年出版）。1967 年翻译出版了《毛主席语录》，印发 3000 册很快售完；1967 年 4 月 3 日函告中方，要求再加印 6000 册；并提到，其翻译出版的阿拉伯文版毛泽东著作，销售到黎巴嫩、沙特、伊拉克、苏丹、摩洛哥、巴基斯坦等国家和地区；销售最快的是《抗日游击战争的战略问题》，同时计划再加印 2000 册。

在埃及，开罗的思想出版社 1956 年出版了《论游击战》阿拉伯文版，纳迪姆出版社 1957 年出版了《新民主主义论》。环球书店的负责人哈吉 1961 年与中方建立联系，在中方支持下该书店 1963 年开设图书门市，1967 年翻译出版阿拉伯文版《毛主席语录》，这也是依据英文版为底本翻译的第一个阿拉伯文版《毛主席语录》。

黎巴嫩的伊本·西拿出版社由黎巴嫩共产党员杰米勒·夏蒂拉于 1964 年创办，该社于 1965 年出版了阿拉伯文版《毛选》第 4 卷，1967 年翻译出版了从法文本转译的阿拉伯文版《毛泽东军事文选》。

据初步统计，由阿拉伯出版社自发翻译出版的毛泽东著作数目大约为 30 种，加上中方提供的 95 种阿拉伯文译本，阿拉伯出版社累计出版毛泽东著作 120 种左右。毛泽东著作在阿拉伯世界的翻译、出版和发行，大体上可以分为三个阶段：1956—1961 年借助中国和阿拉伯各国陆续建交的有利形势而快速发展的时期，1962—1977 年依靠当地左派机构出版和发行时期，1978 年之后因中国国内政治形势变化而逐渐放缓和停滞的时期。

毛泽东理论著作阿拉伯文版成规模的翻译、出版、发行，自 20 世纪 50 年代初开始至 70 年代末大致结束，前后历经约 30 年时间。毛泽东的思想借由这场中阿双方共同促成的翻译运动，在阿拉伯世界产生了十分广泛的影响。譬如，中国首任中东问题特使王世杰大使回忆道：

　　我有幸当过几次毛泽东的翻译，我觉得在第三世界毛泽东主要是一个伟人，一个战略家、军事家、导师的形象。当年中东地区有一大批人到我们国内参加军事训练，他们学的就是毛泽东政治，当时包括像巴勒斯坦、叙利亚、伊拉克等国政府官员都在学毛泽东政治思想，像赞比亚等有些国家还用毛泽东思想来组建他们的党和军队。1969 年，叙利亚派了一个军事代表团到中国来，看到中国人对阿拉伯人的支持，看到毛泽东的人民战争思想的威力，回去以后，第二年我去参加他的国庆典礼，就一人发了一本小册子《毛泽东论人民战争》。一个国家能够在他的国庆阅兵典礼上给所有的外宾及他的高级军官人手发一本这样的小册子，这个事影响很深。[1]

　　专门研究中国文化海外传播史的学者何明星写道：

　　在阿尔及利亚民族解放军队伍中，毛泽东的《中国革命战争的战略问题》《抗日游击战争的战略问题》《论持久战》等著作，都被指战员所熟知。有一次，阿尔及利亚民族解放军的政治部主任向媒体记者介绍说："我们部队的政治和思想教育工作中，有专门的一课是介绍中国革命的经验。我们的官

1　王世杰等：《三位前驻外大使谈亲身感受毛泽东在国外的影响》，见人民网：http://people.com.cn/n/2013/1227/c348421-23959653.html。

兵都知道毛泽东有句名言：军队与人民的关系是鱼和水的关系。我们按照这一名言来处理我们的军民关系。"[1]

在中国外文局工作的伊拉克专家卡迪米如此谈论他眼中的毛泽东：

说起来，其实我对中国最早的认知，来自伊拉克课本中的毛泽东。毛泽东在伊拉克是一位名人。在 20 世纪 90 年代的巴格达，你能找到的最多的关于中国的书就是毛泽东的书。在伊拉克人的印象里，毛泽东带领一个庞大的国家战胜了敌人，建立了新的中国，这是非常了不起的成就。[2]

毛泽东思想对巴勒斯坦解放运动产生了尤其重要的影响。据巴勒斯坦解放组织的有关文件透露，"毛泽东的著作《中国革命战争的战略问题》《抗日游击战争的战略问题》《毛主席语录》是'法塔赫'（即巴勒斯坦民族解放运动）成员的必读读物"[3]。巴勒斯坦著名思想家、作家、军事理论家穆尼尔·谢菲格（1936— ）曾于 1988 年出版过一本在阿拉伯国家产生重要影响的著作《论兵法》，其中十多次提及毛泽东的

1 何明星：《天下谁人不识君：毛泽东著作的海外传播》，载 2011 年 7 月 5 日《光明日报》。

2 《向阿拉伯世界讲述中国故事》，载 2016 年 11 月 22 日《人民日报》海外版。

3 巴勒斯坦祖国通讯社报道：https://www.wattan.net/ar/news/288475.html。

军事理论，如：

毛泽东特别强调集中优势的原则，并据此制定了"以守为功""以弱胜强""从不利战局中寻找有利因素""化被动为主动"等战术。他以雄才大略，辩证地看待集中优势这一原则，其中包括两个方面：一是分散敌人兵力，二是集中优势兵力各个歼灭敌人。他认为，在战略防御中获得胜利，主要依靠集中兵力。1928 年他写道："根据我们的经验，分兵几乎没有一次不失败，集中兵力以击小于我或稍大于我之敌，则往往胜利。"[1]

许多中年以上的阿拉伯人对毛泽东怀有特殊感情，笔者对此也有深刻印象。笔者曾于 20 世纪 90 年代在中国驻叙利亚使馆工作，经常遇到前来使馆索要阿拉伯文版毛泽东著作的当地人或巴勒斯坦人，他们谈起毛泽东无不充满崇敬之情。

1　穆尼尔·谢菲格：《论兵法》，贝鲁特阿拉伯研究与出版公司出版，1988 年，第 66 页。

二、毛泽东诗词的阿拉伯语译介

众所周知，毛泽东主席不仅是一位伟大的政治家、思想家、军事家和哲学家，还是一位杰出的诗人。早在 20 世纪 50 年代初，他的诗作《沁园春·雪》《七律·长征》等，就在人民群众中广为流传。1957 年 1 月由诗人臧克家担任主编的《诗刊》创刊，创刊号发表了毛泽东的 18 首诗词，这是他的诗词作品首次集中发表。1958 年《中国文学》杂志英文版第 3 期刊发了这 18 首诗词的英译文，译者是著名翻译家叶君健、钱锺书等人。1958 年 9 月外文出版社出版了单行本《毛泽东诗词十九首》，在上述 18 首诗词之外，增加了由英籍专家戴乃迭女士翻译的《蝶恋花·答李淑一》。1963 年 12 月，人民文学出版社出版了由毛泽东亲自校订的收录其 37 首诗词的《毛主席诗词》。外文局也着手对这 37 首诗词进行英文翻译或重译工作。但此项工作后来由于"文革"而中断，英译本《毛泽东诗词》直到 1976 年才由外文出版社出版，并成为其他语种译本的参考范本。

外文出版社的《毛泽东诗词》英译本问世以后，其他语种的翻译工作也在外文局的组织和牵头下开展。阿拉伯文的翻译以外文局的译者为主，吸收了参加过 4 卷本《毛选》翻译的北大刘麟瑞、陈嘉厚教授，以及外交部李留根等人。1972 年起在北大任教的叙利亚诗人、作家萨拉迈·奥贝德应邀担任审稿工作。1979 年，《毛泽东诗词》阿拉伯文版由外文出版社出版，其中收入 37 首诗词，并在最后的附录中，对中国古典文学中"诗"和"词"的特点与发展历史作了简要介绍。参与翻译的李留根曾经回忆起当年工作中的一段趣事：

记得有一次翻译毛泽东词作《念奴娇·鸟儿问答》。最后几句是：

"土豆烧熟了，

再加牛肉。

不须放屁，

试看天地翻覆。"

这是毛泽东为了嘲笑赫鲁晓夫填的一首词。当时争论的焦点是"放屁"如何译。有人主张直译，有人不赞成，争得不可开交。（刘麟瑞）先生仔细听取了双方的意见，又同叙利亚专家奥贝德先生反复琢磨，否定了直译。阿拉伯文里面，"放屁"就是"放屁"，是一种生理现象。此处直译易使阿拉伯读者费解，甚至产生误解。译成"胡说八道"意义一目了然，又押韵，确是一个很理想的方案。现在看来这是不言而喻的事，但在那个"左"的思潮盛行的年月，要对最高领袖的用词做这样的翻译处理，不仅需要有深厚的学养，更需要有足够的政治勇气。[1]

1966 年 5 月 5 日，在贝鲁特出版发行的著名文学刊物《文学》刊登了也门人萨利赫·达罕根据英文翻译的《毛泽东诗词10 首》。萨利赫·达罕（1941—2012）是也门记者、作家，当时在《中国画报》社担任阿拉伯文专家，回国后曾担任国会议员、新闻与文化部顾问等职。他翻译发表的这"10 首诗词"其实只有 7 首，他在译文之前的《序言》中解释道："包括《登庐山》《咏梅》《和郭沫若同志》3 首在内的 10 首诗词都已译完，但这 3 首将在译完郭沫若撰写的一篇评论文章后再发表。"很可能出现的情况是，他在理解、翻译这 3 首诗词时遇到困难，需要借助郭沫若撰写的文章才能理解并翻译。他还在《序言》

1　李留根、刘文昭：《永远的怀念》，收入《刘麟瑞传》，第 481 页。

中写道：

诗歌翻译是一项艰难的任务，译者往往不讨好，尤其是在阿拉伯语、汉语这两种完全不同的语言之间翻译；难上加难的是，我依据的英语文本本身也不是原文，而是译自汉语。这几首诗歌即属于此类情况。所以，即使是最有经验的译者，也只能对原文中的某些东西弃之不顾，尤其是原诗的节奏和韵脚。

……有几点需要作一下说明：

1.我在翻译时完全依据英文译文，只是在组织词句、安排诗行时偶然作变通。2.这不能算最终的正式译文，而是一次将毛泽东主席诗词译成阿拉伯文的初步尝试（希望今后还有机会做更多的尝试）。有些诗词的译文不尽如人意，只能算是经过加工的文本……[1]

除了对自己的翻译作了说明以外，他还对毛泽东诗词本身及其价值做了说明：

在此，有必要再作两点说明：

第一点与诗人有关。在过去几年中，诗人一直不愿发表其诗作，因为他认为旧体诗太复杂、太难、太陈旧，不希望中国

1　萨利赫译：《毛泽东诗词10首·序言》，载贝鲁特《文学》杂志，1966年5月号，第44页。

青年诗人们加以模仿。但是，他一直受到来自各方的压力，所以只好"服从"，在 1957 年 1 月的《诗刊》上首次发表了 18 首诗作，同时给主编写了一封信，大意是这些作品诗味不多，也不希望别人模仿此类风格诗作，因为实际意义不大，但盛情难却，只好寄去发表，主编可随意作必要改动。

但我要向阿拉伯文学家们强调，有成百上千的中国诗人一开始并未听从毛主席的建议，他们纷纷模仿这些诗词，但都未获成功。他们在遣词造句、使用意象与象征及神话、表达富有启示的爱国主义等方面，都难以和毛主席的诗词媲美。他的作品绝没有含糊、肤浅、不受欢迎之诟病，其中既有充满艺术感的画面，又能被谱写成爱国歌曲，在全体人民和知识分子中广为传唱。不仅如此，连在台湾的毛主席的敌人，那些追随蒋介石的人们，也认为毛主席是现代中国的最杰出诗人。

第二，本人翻译这些诗词之目的，是丰富阿拉伯现代诗歌的内容。近期，希望有机会再向读者介绍中国现代诗歌。[1]

在互联网搜索可知，黎巴嫩生活图书馆出版社曾经出版过阿拉伯文版单行本《毛泽东诗词》，译者是黎巴嫩作家和诗

1　萨利赫译：《毛泽东诗词 10 首·序言》，载贝鲁特《文学》杂志，1966 年 5 月号，第 44 页。

人乔治·乔尔达格（1933—2014）。从网上难以找到该书的出版年份和其他信息，但根据封面的破损程度和色泽判断，该译本很可能也出版于20世纪60年代。在国际在线读书社区Goodreads该书的讨论区中，有位网名叫Tariq Alferis的读者留言如下：

> 毛泽东的多数诗作是在战争期间创作的，每首作品都有特殊的含义和故事。由于译者乔治·乔尔达格的努力，我理解了其中部分作品，但大多数作品我还是没有读懂。不过，这些诗是毛泽东的作品，这就够了！[1]

其实，这位阿拉伯读者的感受十分正常，理解毛泽东的诗词确实不易。他的诗作视通万里，思接千载，既体现了中国文化的深厚底蕴，又展现出自成一体的独特魅力。除了或大气磅礴或苍凉沉郁的意象和意境之外，许多诗作中都包含一些神话、典故、人名、地名，以及和创作背景相关的事件、境遇，还体现了中国古典诗词的独特神韵。因此，这些诗词对于外国译者和读者来说，难度之大是不言而喻的。

在阿拉伯世界流传最广的阿拉伯文版毛泽东诗词作品，是叙利亚学者马姆多哈·哈基翻译的《毛泽东：来自中国的诗》，

1　https：//www.goodreads.com/book/show/113604.Poems。

该诗集由黎巴嫩觉醒出版社 1966 年出版。我国军事外交官曹彭龄先生曾撰文记述了他和马姆多哈·哈基的友谊，以及这本诗集翻译出版的经过。20 世纪 60 年代，曹彭龄被派到我国驻叙利亚使馆工作，使馆为他和几位青年外交官聘请的语言辅导老师，恰恰就是哈基博士。1960 年，哈基从曹彭龄赠他的法文版《中国文学》上读到毛泽东的 18 首诗词，非常兴奋，对他表示："过去，我只知道毛泽东是中国的政治领袖，也是一位领导过长征、推翻过美国支持的蒋介石、创建了新中国的传奇人物，却不知道他还是一位了不起的诗人！"[1] 当下便决定将这 18 首诗词译成阿拉伯文。

为了帮助哈基完成这项翻译任务，曹彭龄托人从国内寄来臧克家先生解读这 18 首诗词的著作，向哈基博士介绍毛泽东诗词的含义及写作背景，甚至跟他一起探讨一些词句的译法。曹彭龄回忆道：

哈基博士在翻译毛主席诗词时，绝不满足于将原诗的意思翻译过去，他说：诗属于美学范畴，一首好诗会以它高尚的格调、优美的意境和诗歌特有的音韵、旋律产生的感染力，深深

1　曹彭龄：《友谊树上的花蕾：记毛泽东诗词首位阿文译者哈基博士》，载《世界文化》2008 年 12 期，第 10 页。

打动读者的心灵，令他或悲或喜，或哭或歌，欲罢不能。如果失去了它原有的特色，就会变得索然无味，不能感动人、鼓舞人，那便失去了翻译的意义。因此，在翻译时，他还特别关注原诗词的音韵、旋律，常要我一遍遍用中文为他大声朗诵，他在一旁仔细地聆听、品味。[1]

1966 年 1 月，这本诗集由黎巴嫩阿拉伯觉醒社出版。哈基博士很高兴地给曹彭龄赠送了刚拿到的新书，并说："这不仅仅是阿拉伯学者、诗人翻译的第一本毛泽东诗词，而且是我出版的第 60 本书，我将它作为我即将来到的 60 岁生日的最好纪念……"[2]

在这本诗集卷首，哈基博士还撰写了一篇《译者序言》，他介绍了理解、翻译毛泽东诗词时遇到的困难：

我们还不习惯于我们尚不了解的描写。我们了解西方诗歌，了解阿拉伯诗歌。至于（本诗集中）此类描写，我们则是完全陌生的。这些诗是在不同场景写的，我们对它全然不了解，不了解它的政治、斗争价值。也许某一个词语象征着当地一个重大事件，中国人听了会情不自禁地激动起来。而这同一个词语，

1　同上，第 12 页。

2　同上。

却全然不能引起我们的注意。某些词语具有特别的铿锵的音乐性，但在翻译时却丧失殆尽。某些词语由于某种排列组合，具有不可分裂的联系和特别意义；而别的语言无论表面字句、意义怎么相同，也反映不出其深含的内容。他们的神话对于我们来说也是陌生的，既不同于希腊神话，也不同于阿拉伯神话。在他们那里，"老人星"是一位恋人，他与恋人"土星"只有在阴历七月初七才能在天河的桥上相会。桂花酒是永生者的饮料，桂花树高入云端。吴刚想攀爬上去，但树枝阻挡了他。每当他用斧子砍断一根树枝，在原处又长出一根树枝……就这样他成为永生者，但必须永不停止地砍桂花树。三百万玉龙，搅动天地，其鳞片落在山上，成为柔软的白雪。猴王用它巨大的扇子对山扇动，便下起了大雨。还有诸如此类的存在于他们传说和民俗深处的神话。我们只能惊讶地面对它，却不知如何欣赏它。

在他们的诗中有许多名词、历史、数字，使我们之间产生了某种空白。我们感觉到它，但不能明白它。《如梦令·元旦》这首诗的开头这样写道："宁化、清流、归化，路隘林深苔滑。"或《菩萨蛮·大柏地》："赤橙黄绿青蓝紫，谁持彩练当空舞？"你会感到有某种诗歌精神在你心中跳动吗？也许你会想到阿拉伯古代诗人伊本·鲁米[1]描写虹的颜色的诗句：

> 似南方来的巧手，
>
> 在天空绣出锦衣。
>
> 上面微微呈黑色
>
> 下面直插入地里。
>
> 这是斑斓的彩虹，
>
> 绿色红色黄色白色，
>
> 像少妇拖着的裙摆，
>
> 色泽鲜艳长短不一。

如果你将两首诗相比较，会感到明显的差别。伊本·鲁米的颜色，像个活动的少女，来回走动，夸耀她身上穿的衣服，一部分连着另一部分，表现出协调、和谐和丰富。而中国的这首诗，仅仅是物质的虹，跳动着各种颜色，用这种物质的方式表现画面，失去了诗歌灵魂。也许在汉语中，表现这些颜色的词具有特殊的音乐性，但通过翻译我们感觉不到。[2]

应当说，作为一位译者，哈基对诗歌翻译之艰巨性、局限性的认识颇具专业眼光，他也意识到中阿两种文化、语言之间

1　伊本·鲁米（836—896）：阿拉伯中世纪大诗人。

2　哈基译：《毛泽东：来自中国的诗·序言》，转引自郅溥浩等著：《中外文学交流史：中国—阿拉伯卷》，山东教育出版社，2015年，第423—424页。

的转换是必定不可能完美的。这两段文字也告诉我们，毛泽东诗词在异国文字中的呈现，总会有一些意义和形式上的缺损，一切译者都只能知其不可为而为之，在外文中最大限度地再现原作的思想和形式之美。但是，哈基根据自己对原作的有限理解，将毛泽东和阿拉伯古诗人伊本·鲁米的诗作对比，并做出优劣评判，这显然有失偏颇。我国阿拉伯文学专家郅溥浩先生就此指出：

> 伊本·鲁米描写彩虹的诗句固然优美，但毛泽东对彩虹的描写却绝不是物质式的。"赤橙黄绿青蓝紫"，这是彩虹的色彩，当它在天空时，时而是静的，时而又是动的。"谁持彩练当空舞"，这就完全充满了动感、想象，且气势磅礴，胸揽天宇；比起"南方来的巧手""少妇拖着的裙摆"，真的是不可同日而语了。[1]

值得一提的是，阿拉伯左翼组织"共产主义之声"创办的"网上阿拉伯人毛泽东图书馆"也收入了哈基的这个诗词译本网络版，但却删除了《译者序言》，并对此做了一个简短说明："这位阿拉伯译者是阿拉伯民族主义右翼成员，具有资产阶级倾向，《序言》中含有某些非马克思主义的反革命言论，因此本电子版特将《序言》删除。"显然，这个"说明"对哈基的美学和

1　郅溥浩等著：《中外文学交流史：中国—阿拉伯卷》，第 426 页。

诗学观点的批评有点上纲上线了。

　　毛泽东著作的对外传播，不仅是当代中国政治生活中的一件大事，而且在中国文化史上也具有突破意义——这是来自中国的思想有史以来首次大规模地在世界范围内传播。由此，在世界范围内，特别是在阿拉伯国家等第三世界国家中，毛泽东成为千百年来知名度最大的中国人，也是对世界产生最大影响的中国人之一。毛泽东著作的海外传播，留给当代中国的文化遗产是巨大的、多方面的。它向世界塑造了一个与旧中国截然不同的新中国形象，传播了中国革命和建设的宝贵经验，鼓舞、启迪了世界各地受压迫、受剥削人民的正义斗争，培养了许多熟悉中国政治和文化的朋友和同情者，还锻炼了一大批高水平、高素质的对外翻译、传播和发行人才。毛泽东著作海外传播的这些意义，也完全适用于其在阿拉伯各国的传播。因此，在阿拉伯世界的现当代中国形象建构中，阿拉伯文版的毛泽东著作起到了不可替代的重要作用。

第七章
中国文学在阿拉伯

　　文学是一个民族思想、情感和经历的写照，同时又深深地熏陶、影响了这个民族的个体。从文学的角度，可以更全面、真实、深刻地了解一个民族、一个国度。中国是一个文学大国，在世界文学的版图上占据着独特而重要的地位。中国文学历史悠久，底蕴深厚，千百年来滋养着、丰富着无数中国人的精神世界。同样，阿拉伯民族也十分爱好文学，自古就留下了极为丰富、宝贵的文学遗产。因此，自现代起开始希望全面了解中国的阿拉伯人民，自然会生发了解中国文学的愿望。而有意走向世界、走近阿拉伯人民的中国，也自然乐意向阿拉伯人民展示自己丰富的精神世界。中国文学就是在这样的契机和背景下，逐渐呈现在阿拉伯人民的面前。

一、中国古典文学在阿拉伯

　　中国古典文学源远流长，博大精深，是世界文学宝库中光彩夺目的瑰宝。但阿拉伯世界对中国古典文学的译介和研究，却起步很晚。直到 20 世纪，阿拉伯普通读者乃至文化精英对中国文学都知之甚少，了解程度不及对于中国哲学和思想的了解。1932 年，埃及文豪塔哈·侯赛因在一次题为《阿拉伯文学和世界文学》的演讲中认为："可以称得上世界级伟大文学的，为数很少。不妨列举以下四种：古希腊文学、古罗马文学或拉丁文学、波斯文学以及阿拉伯文学……这些文学，我们是可以花些工夫加以探讨的，从而看看我们阿拉伯文学在其中究竟占据怎样的位置……但这并不意味着排除印度文学与中国文学，只是因为对这两种文学，我们知之甚少。"[1] 从这番言论不难看出，即使博学如塔哈·侯赛因这样的顶级阿拉伯学者，他对中国文学仍然缺乏了解。

1943 年，现代埃及著名哲学家扎基·纳吉布·马哈茂德（1905—1993）和著名学者艾哈迈德·艾敏（1886—1954）联合撰写的三卷本著作《世界文学史略》在埃及出版，这套文学史介绍了英、法、德、俄、意、美等欧美主要民族以及阿拉伯、波斯、希伯来等东方民族的文学发展历程；令人遗憾的是，这三大卷文学史只有不足 3 页的篇幅介绍了中国文学，且主要介绍了孔子及其思想。从书中关于中国文学的以下这段文字可以看出，两位作者对于中国古典文学实际上几乎一无所知：

中国古典文学主要探讨道德原则，汇集了后代应该遵循的许多前辈智慧。作家们记录了前人的智慧，作为后世之典范，以让后人获得今生和来世的幸福。中国的作家在民众心中和国家眼里都拥有崇高地位，并获得优厚报酬。中国古典文学丰富多样，达到上乘水准，令近现代作家们无法在此基础上再有新的创作，因此，近现代中国文学只是对古典文学的评论而已。

1　中国社会科学院外国文学研究院编：《东方文学专集》（一），中国社会科学出版社，1979 年，第 199 页。

中国人将古典文学遗产视若神圣，不允许任何人越其雷池一步。中国人是世界各民族中最保守、尊古的民族，把任何作家想要跟古典作家媲美的想法视为大逆不道。因此，中国的语言也未发生任何新的变化。[1]

新中国成立后，特别是中国的改革开放进程开启后，阿拉伯世界对中国文学的关注开始增加，介绍中国文学发展全貌的书籍、论文、文章开始增多，其中的成果以译作为主。1988年，黎巴嫩学者亨利·祖盖布将法国当代汉学家奥迪勒·康德谟（Odile Kaltenmark，1912—2007）的著作《中国文学》译成阿拉伯文，在贝鲁特奥维达特出版社出版。该书共分9章，扼要介绍了从先秦到晚清中国文学的发展脉络。虽然该书篇幅不大，而且是对法国学者著作的译介，但它对阿拉伯读者全面了解中国古典文学的概貌起到了积极作用。

1994年，叙利亚作家、诗人、画家、外交官扎卡利亚·舒莱基（1940—　）发表了《中国文学入门》一书。这是迄今为止由阿拉伯人撰写的唯一一部中国文学史类著作。舒莱基曾于1981—1988年间担任叙利亚驻中国大使，这期间与中国作家有

1　扎基·纳吉布·马哈茂德、艾哈迈德·艾敏：《世界文学史略》（第一卷），开罗，辛达维出版社，2021年，第39页。

不少接触，遂萌生念头撰写一部介绍中国文学全貌的著作；后利用在华工作的业余时间，收集、阅读了大量有关中国文学的阿拉伯文书籍，回到叙利亚后撰写成书。全书共 600 多页，分12 章，分别探讨远古自先秦文学，秦、汉文学，三国、两晋、南北朝和隋朝文学，唐和五代——中国文学的黄金期，宋代文学，元代文学，明代文学，清代文学，1919—1948 年间文学，1949—1976 年间文学，1977—1981 年间文学，中国现当代诗歌。作者采用点面结合、重点突出的写法，每章先综述某一时代的文学特点及文学产生背景，然后重点介绍主要作家和作品。例如在第一章中，第一节先分析中国文学的总体框架、特点与发展脉络。作者认为，中国文学的特点之一在于其历史悠久，且文化、文学延续不断，一脉相承，并对周边国家产生深远影响；特点之二是古典文学以诗歌为主，其形式多样，发展充分；主题体现了农耕文化的特色，崇尚自然；写作常用象征、比兴的手法。此后，作者顺着中国文学的历史源头——上古神话传说中的伏羲、黄帝、炎帝谈起，然后介绍周朝文学特点：用含义深刻的故事说理，并举《孟子》中的若干故事为例；其次谈中国散文的发轫，涉及孔孟、老庄的著作与思想，《易经》，墨子、荀子及其学说，最后介绍作为历史散文的《春秋》。第二节则从中国诗歌的起源和特点起笔，论及《诗经》《楚辞》等作品。又如第四章关于中国文学的黄金时期唐代文学，作者首先介绍韩愈、柳宗元等人的散文革新，随后勾勒了唐代诗歌的发展全貌，此后又设立单独小节分别介绍李白、杜甫、白居易等人的生平、诗歌特点及对唐代文学繁荣的贡献。

由上述介绍可知，舒莱基撰写的这部关于中国文学的著作内容丰富，资料翔实，为阿拉伯读者较为全面、详尽地了解中国文学的发展概貌和主要成就起到重要作用。作者虽然并非专治中国文学的学者，却为写作此书花费十多年工夫，值得中国学界钦佩和感激。

2017 年，巴勒斯坦的耶路撒冷开放大学出版了英国著名汉学家翟理斯（Herbert Allen Giles，1845—1935）的《中国文学史》阿拉伯文译本，译者是曾于 1977—1979 年间担任巴勒斯坦解放组织驻北京代表处主任的萨米·穆赛莱姆（1947— ）。他在北京工作期间，曾审校过伊拉克学者哈迪·阿莱维翻译的《老子》，还曾翻译出版过《伟大的道路：朱德的生平和时代》《中国对阿拉伯世界的外交政策：1955—1975》两部著作。翟理斯的《中国文学史》于 1901 年首次出版，是 19 世纪以来英国研究、译介中国文学的第一项杰出成果。作者翟理斯 22 岁到中国，在中国生活了 20 多年，熟悉中国的语言文字和文化传统。《中国文学史》是翟氏对中国文学所做的总体描述，同时也是立足于西方学术传统、运用西方学术观念，对中国文学进行建构的成果。该书第一次系统地向西方读者展示了中国文学的概貌，使西方人对中国文学的发展历程有了比较系统的了解。同时，该书译介了大量中国文学作品，文笔流畅，不仅是一本文学史著作，还是一部出色的中国文学读本。穆赛莱姆的阿拉伯文译本是根据翟理斯原作 1973 年英文版翻译的。在《译者前言》里，他介绍了翟理斯的生平及这部著作的重要价值，表明自己翻译此书和翟理斯撰写此书有着同样的目的：改变人们对中国文化的无知和误解，传播中国文化和文学的巨大价值。

阿拉伯民族是个热爱诗歌的民族，自然会特别关注历史悠久、独树一帜的中国古典诗歌。20 世纪后半叶起，多种有关中国古典诗歌的阿拉伯文的选读本先后问世，虽然隔了翻译这一层"磨砂玻璃"，但阿拉伯读者可以通过这些作品，隐隐约约地了解中国古典诗歌的魅力。1967 年，叙利亚诗人、学者阿卜杜勒·穆因·马鲁海（1917—2006）出版了从法语转译的华裔旅法诗人、学者胡品清女士（Hu Pin-ching, Patricia

Guillermaz，1921—2006）的《中国诗选：从源头到如今》。
马鲁海曾于 20 世纪 70 年代三度来华工作，在完成这部译作之
后，他又和叙利亚作家纳伊姆·霍姆西合作，翻译出版了胡品
清的另一部作品《中国现代诗选》（译作未标明出版年份）。《中
国诗选：从源头到如今》主要是一部中国古典诗歌读本，阿拉
伯文版全书共 385 页，其中近现代中国诗歌只占十分之一篇幅。
该书首先介绍了中国诗歌的主要历史阶段、特色和古典诗歌的
格律，然后选取了从舜帝的《南风歌》到晚清诗人的作品共约
300 首古典诗词，为读者呈现了中国古典诗歌的概貌。

　　1983 年，中国建设出版社出版了叙利亚诗人萨拉迈·奥贝
德翻译、编选的《中国古诗选》。奥贝德曾于 1972 年至 1984
年间在北京大学、新华社担任阿拉伯文专家 12 年，这本《中
国古诗选》是他在北京大学阿拉伯语教师吕学德协助下直接从
中文翻译而成的。书中共收入唐宋 15 位诗人的 74 首诗词，这
15 位诗人是：王维、李白、岑参、杜甫、白居易、坎曼尔、杜
牧、李商隐、欧阳修、王安石、苏轼、李清照、岳飞、陆游、
辛弃疾。值得一提的是，坎曼尔是中国唐朝回纥族即维吾尔族
诗人，他自幼学习汉语，喜爱李白、杜甫等人的诗作，受李白"俱
怀逸兴壮思飞，欲上青天揽明月"等诗作影响，给自己取名"坎

曼尔"（在回纥语中意为"月亮"）。《中国古诗选》收入了
他的三首诗作，其中包括《忆学字》：

　　　　古来汉人为吾师，

　　　　为人学字不倦疲。

　　　　吾祖学字十余载，

　　　　吾父学字十二载，

　　　　今吾学之十三载。

　　　　李杜诗坛吾欣赏，

　　　　迄今皆通习为之。

　　在《译者前言》中，奥贝德从一位阿拉伯诗人的角度，表
达了对于中国古典诗歌主题和内容的独到认识。他写道：

　　中国古代诗歌表现了哪些内容呢？

　　无疑，大自然是这一诗歌最丰富的营养来源之一。中国是
一个充满大小河流、山脉相连的国度。这些山脉有的青翠浓绿，
有的终年积雪。而大小山峪中坐落着许多庙宇，周围是阡陌相
连的广阔田野，到处是青砖黛瓦的农舍，就像是一双天才的巧
手绘制而成。中国还有广阔的大草原，有时像一张绿色丝绸地
毯，有时又像翻动着金色浪花的海洋。那里有一望无际的牧场，
装点着各式各样的鲜花，牛羊遍地，鸟儿鸣啭。这里的天空多

数情况下湛蓝透明，云彩飘动，像一幅丝织的锦绣画面。

中国古代诗人由此获得他们整个诗歌或几段诗歌的灵感，尤其是月夜、春天、迷人的小湖和静谧的乡村。现实与想象或是神话交汇成诗，风格简练、明快，具有很强的象征性、隐喻性。野雁在秋风瑟瑟中飞回南方的故土，暗喻着诗人对故乡的思念；黄昏，喻示着诗人走向不可知的未来；高山象征着青春活力、威严、敢于抗争；河流，象征着命运奔流到海，不知回返。

诗人经常将自然与各种场景相连，表现自己的思念、忧伤、欢乐。大自然不能把诗人与他生活其中的人民分离开。诗人无论走到哪里都会亲眼看到、亲耳听到、亲手触摸到、亲身感受到人民的痛苦和希望。他们的悲伤是何其多，他们的欢乐是何其少啊！许多宫廷诗人不能长期怀抱着他们的丝竹、琴弦，他们看到的暴虐、不公和宫廷腐败，吞噬着他们的良心。他们抛下丝竹、琴弦，投身人民的棚屋，回到自然的怀抱，享受自由的风情。

这个时代诗人们描写的悲剧是什么呢？最大的悲剧莫过于战争！

中国古代诗人能够分清正义的防御性战争和扩张性的侵略性战争的区别。他们赞扬抵抗性、解放性的战争。而扩张性的战争是帝王们发动的，每次这样的战争都没有真正的胜利者。诗人描写战争带来的悲惨景象：男人们血肉横飞，老人加以掩埋，以致父亲们都希望不生男孩而只生女孩，以免男孩子以后被战争所摧残和吞噬，广阔的田野只见寡妇和丧子的女人耕种，她们没有农作的经验，也没有从事如此艰辛劳动的能力。

战争需要男人和金钱作燃料。男人被驱赶上战场，他们多半不知道战争的原因和目的，他们与彼此并无仇隙的人进行战斗。

钱是用鞭子征集起来的，这都是来自皇宫或是地方官的授意，或者二者根本就是一丘之貉。税收数目巨大，税吏冷酷无情，天灾人祸连绵不断。人民在呻吟，诗人在痛苦。诗人描写劳动者的苦难——上岁数的卖炭翁，田间收割者，流浪汉，失夫丧子的妇人，服徭役者……诗人批评和揭发暴虐的剥削者——大地主，税吏官，乃至大臣和君王们。

在中国诗人眼里，他们都是豺狼，吃人民的肉，喝人民的血。

中国古代诗歌的另一个重要内容是思念祖国，或思念故乡——回到童年的游乐场，回到青年时的记忆，像飞鸟倦飞归巢，像恋人回到恋人身边。在多数情况下，他们的这种思念往往是向着南方。王朝的京城多半在北方或西北方，许多文学家、艺术家被吸引到那里去，这是他们从事思想和学术活动的中心，但京城不能浇灭诗人心中对南方故乡、对亲朋好友的思念。思念有时是非常强烈的，这种思念使我们想起了本世纪（指 20 世纪——译者注）初阿拉伯海外诗人，尤其是黎巴嫩诗人们的诗歌。

如果云彩向南方飘去，诗人会欢呼，一旦月儿出现，他们会激动。秋天来临，大雁飞回南方的家园，更增加了诗人对亲人和故乡的思念。他们会向大雁致意，希望能像它们一样，也有一双翅膀，也能一起飞翔。

多数中国古代诗人的诗歌有着共同的主题和内容，如颂酒，这可以和阿拉伯诗人艾布·努瓦斯、波斯诗人欧玛尔·海亚姆媲美，在同一题材上有着相同的内容和场景。也许欧玛尔·海亚姆的世界性声誉也不可能遮盖住杜甫、李白的声誉。

其他诗歌主题和内容还有爱情、赞颂、悼念……这里无法一一叙述。

最后，中国古代诗人表现出了勇敢、忠于人民、热爱祖国的美德，他们的诗作具有透明性，表达了对美好未来的向往——经过长期的艰苦斗争，无数人的牺牲，流淌了数个世纪的鲜血和泪水，这样的美好未来终于成为现实！[1]

1994 年，伊拉克著名学者哈迪·阿莱维在大马士革出版了《中国拾珍》一书，收入他在华工作期间完成的关于中国哲学、历史和文学的研究与翻译成果，其中包括《诗经》中的几首诗歌。阿莱维在介绍《诗经》时，把它和古代阿拉伯最早的诗歌——贾希利叶时期诗歌做了别开生面的对比：

> 《诗经》可以和贾希利叶时期的阿拉伯诗歌类比。不过，《诗经》中的诗作主要是民间歌谣，作者大都佚名；而贾希利叶诗歌的作者大都有案可稽。两者都忠实地反映了当时两地的自然和社会环境。中国的《诗经》朝气蓬勃、生机盎然，因为中国的大自然多姿多彩，有无数高山、深谷、森林、花园、农田，自古就给中国大地披上绿装，在这多彩的自然中形成了中国人独特的性格，在诗歌中体现为表达的简洁和情感的朴实。此外，中国古代有国家存在，文明高度发达，这也很明显地反映在诗歌中。贾希利叶诗歌是大漠、风沙、沙丘的产物，人们自由不羁，性情刚硬，适应了阳光、刀剑、无政府的生活，服从代代相承的骑士价值观。于是产生了铿锵动听、格律严谨的诗歌，

1　转引自郅溥浩、丁淑红、宗笑飞著：《中外文学交流史：中国—阿拉伯卷》，第 426—428 页。此处对译文略有变动。

这种诗具有很强的音乐性，在长诗中体现得尤为明显。与轻松的诗歌小调相比，贾希利叶诗人更爱长诗。在这些诗中，沙漠的各种动植物也得以忠实地呈现。乳香树被用来比喻女子的身材，野牛的眼睛被用来比喻姑娘的明眸大眼，柽柳的炭火被用来比喻爱情和思念之火……然而，贾希利叶的诗歌即使是在爱情的烈焰中，即使是借姑娘之口道出，和中国古代的情诗相比，仍然是粗粝狂野的。[1]

值得一提的是，《中国拾珍》在译介的《诗经》诗篇之后，还往往列出可与之相比的阿拉伯古代诗句，这为后人从事中阿诗歌的比较研究提供了重要线索。此外，该书选译的中国古典文学片段，还包括《西游记》节选、关汉卿剧作《窦娥冤》节选、中国古代民间故事、韩愈散文等内容。

2015 年，旅居英国的伊拉克著名诗人萨迪·优素福翻译出版了《金樽：李白诗选》，由贝鲁特骆驼出版社出版，其中共收入李白重要诗作 50 首。这是当代阿拉伯一流大诗人亲自翻译的中国古代伟大诗人的诗作，是中阿文学交流史上的重要事件。据诗人自述，李白、杜甫都是他最喜欢的中国大诗人，他和友人、中国青年诗人倪联斌通信时，经常谈论中国诗歌，谈

1　阿莱维：《中国拾珍》，叙利亚境界（Al-Mada）出版社，1994 年，第 218—219 页。

论李白；他是在 2009 年中国之行后萌生翻译李白诗歌的念头的。萨迪为《金樽：李白诗选》撰写了题为《诗人李白如何悄悄走进了我们的生活……》的译者前言，他最后写道：

我告诉中国朋友倪联斌，我下决心要把李白的作品翻译成阿拉伯语。

他笑着说道："他那时候的世界和今天的中国可完全不同……"但他又说："你知道吗？我还在上幼儿园的女儿现在就在背诵李白的诗呢！"

可以看出，萨迪以此旨在说明，中国古代诗人李白的影响力是超越时空的。

在这篇前言中，萨迪没有介绍自己的译文是从哪一个英文译本转译的，但却梳理了李白如何影响当代阿拉伯诗歌的曲折脉络：李白的诗篇《长干行》经过美国印象派诗人庞德的翻译，影响了伊拉克当代伟大诗人赛亚卜，又通过赛亚卜的转译，影响了萨迪创作的著名诗篇《萨利姆·马尔祖格》。由于这本诗选是由萨迪这位当代阿拉伯大诗人亲自翻译的，因此，以阿拉伯文呈现的李白诗歌在很大程度上保留了原诗的诗意、意境和总体风格，多数诗篇在阿拉伯文中也是一首优美的、可以传诵的诗歌。

2017年，埃及著名汉学家阿卜杜勒·阿齐兹·哈姆迪（1959—　）教授从中文直接翻译了《唐代诗选》，由埃及国家翻译中心出版。阿卜杜勒·阿齐兹现任爱资哈尔大学语言与翻译学院中文系主任，并在埃及阿斯旺大学负责中国文化和文学课程的教学。他在中国学习、生活、工作过20多年，熟知中国文化和历史。他翻译出版了近30部中国文学与思想作品，主要译作有《鲁迅小说选》《茶馆》《日出》《蔡文姬》《原野》《边城》《艾青诗选》《活着》《第七天》等，此外还翻译了《论语》《道德经》等中国古代思想经典，以及《中国文化要略》《中国思想发展史》《当代中国人》等著作。2018年，他获得第九届沙特国王阿卜杜拉·本·阿卜杜阿齐兹国际翻译奖"荣誉奖"。

阿卜杜勒·阿齐兹编译的《唐代诗选》共收入李白诗作5首，杜甫诗作9首，白居易诗作8首。译者还在卷首撰写了《中国古诗导读》，介绍了中国古典诗歌从先秦到唐代的发展历程以及主要流派。在三位诗人的诗作之前，译者还较为详尽地介绍了诗人的生平、创作特点及其文学地位和影响力。在该书的封底，译者是这样评价这三位中国伟大诗人的：

李白是中国文学史上最伟大的浪漫主义诗人，其地位犹如济慈之于英国诗歌；杜甫是中国文学史上最伟大的现实主义诗人，是中国诗人的旗手，也是中国诗歌星空中最深邃、灿烂的星辰；白居易是同时代最为高产的诗人，他的诗作全景般地再现了他生活的时代。如果李白是诗仙，杜甫是诗圣，白居易就是中国诗歌皇冠上的明珠。

1994 年 3 月 28 日，中埃两国签订了一份文化交流和教育合作协议。协议商定，由北京语言大学和埃及的艾因·夏姆斯大学合作，以汉阿两种语言翻译出版两本中阿文学中具有代表性的作品。北京语言大学阿拉伯语教授杨孝柏（1937—2015）在埃及艾因·夏姆斯大学中文系任教期间，与李延祜教授和埃及汉学家沃希德·阿卜杜·哈米德合作，指导中文系师生翻译了《中国古代诗文选》，由北京语言文化大学出版社于 1997 年出版。其中收入从先秦两汉到明清时期中国古代诗歌、散文、戏剧、小说的片段。此外，杨孝柏还指导埃及师生翻译了《阿拉伯古代诗文选》，也于 1997 年出版。这两本书出版后一直被埃及高校中文系列为必读教材，产生了较大的影响。杨孝柏教授是我国阿拉伯语界著名学者，曾出版过《乡村检察官手记》《生命之歌：沙比诗选》《祖国颂：巴勒斯坦诗选》《遥远的归途》等译作，还编写过多种阿拉伯语教材。

此外，2007 年，埃及《文学消息报》选登了汉学家穆赫森·法尔加尼翻译的《诗经》若干篇，包括《关雎》《桃夭》《汉广》等。2003 年，埃及阿拉伯出版公司出版了《纤细的手指——中国女性诗歌古今节选》，其中收录了自公元前 2 世纪到 1945 年的一些中国女诗人的作品。近几年，《大中华文库》推出了多个中国古代诗歌的阿拉伯文译本，如《诗经》（刘欣路、尤梅、穆赫森·法尔加尼译，2016）、《楚辞》（谢杨、马哈茂德·布希译，2015）、《唐诗选》（李唯中、王德新、李珮译，2016）、《宋词选》（张洪仪译，2020）、《元曲选》（张洪仪译，2020）等。

中国古典小说，尤其是四大名著也受到阿拉伯文化界的重视。1968 年，埃及开罗阿拉伯作家出版社出版了《猴子》一书，其中节选了《西游记》的 30 章内容。这个译本是根据 1961 年英国"企鹅系列世界文学丛书"英文版《猴子》转译而来，该译本还曾于 1998 年由阿联酋阿布扎比文化署出版社再版。1984 年，中国外文出版社与叙利亚大马士革出版社合作出版了《火焰山：西游记节译》，由叙利亚翻译家、曾经翻译过《毛泽东选集》的福阿德·艾尤布根据英文转译。2015 年，外文出版社推出埃及翻译家伊斯梅尔·侯赛因根据英文转译的《西游记》阿拉伯文全译本，并列入《大中华文库》出版汉阿对照版。这是《西游记》的首个阿拉伯文全译本。

1985年，叙利亚翻译家苏海勒·艾尤布花了16年时间从英译本转译的阿拉伯文版《水浒传》（3卷本）由叙利亚大马士革出版社与中国外文出版社联合出版。苏海勒·艾尤布（1933—1992），叙利亚大马士革人，与翻译家福阿德·艾尤布系兄弟。苏海勒兼有小说家、翻译家、律师的身份，曾任叙利亚作协小说创作组负责人，叙利亚全国律师协会秘书长。他于20世纪50年代开始写小说、诗歌和评论，出版过诗集、小说及文学论著。译作有《浮士德》《高尔基选集》等。从20世纪70年代起，苏海勒·艾尤布开始根据英文转译中国作品，1973年出版了鲁迅的《阿Q正传》，1976年出版了鲁迅的《故事新编》，在阿拉伯读者中产生过不小影响。此外，他出版的译作还有巴金的《春天里的秋天》、杨沫的《青春之歌》、曲波的《林海雪原》等。20世纪60年代末，他着手翻译《水浒传》并于1985年完成翻译出版。关于该书的译名，他反复与中国专家商量，最后定为《湖畔的英雄们》，封面有"鲁智深大闹野猪林"的图画。2006年，这一译本在贝鲁特世代（Aljeel）

出版社再版；2010 年，又被外文出版社列入《大中华文库》推出汉阿对照版。

1984 年，北京外文出版社和叙利亚大马士革出版社联合出版了根据英文转译的《赤壁之战：三国演义节选》。这是阿拉伯读者首次了解中国古典名作《三国演义》。2015 年，由伊拉克翻译家阿巴斯·卡迪米和中国翻译家王复合作完成的《三国演义》阿拉伯文全译本问世，由外文出版社列入《大中华文库》出版汉阿对照版。阿巴斯·卡迪米 1998 年来到中国，先后在新华社、外文出版社担任阿拉伯文专家，曾翻译出版了《聊斋志异》《中国社会》等书籍，并参与翻译了《习近平谈治国理政》。2014 年获得"中国政府友谊奖"，2019 年获得第 13 届"中华图书特殊贡献奖"。他在接受中国记者采访时表示，他在接手翻译《三国演义》后，被作者罗贯中的叙事风格以及整部小说对人物的刻画深深打动，因而爱上了这部小说。他说："《三国演义》共塑造了形态各异的数百个人物。我被深深地吸引了，仿佛能够身临其境地感受到战场的飞沙走石。"为了了解小说中的历史背景知识，他进行了广泛的阅读。在翻译期间，每当灵光一现，琢磨出更好的句子，他"甚至会从睡梦中醒来，记下想法，然后把备注放在枕头下面，防止第二天早晨忘记修改译本"[1]。外文出版社推出的汉阿对照版《三国演义》共有5卷，前4卷由阿巴斯根据英文转译，第5卷由王复直接从中文翻译。王复（1945— ），我国著名阿拉伯文翻译家，曾任《今日中国》杂志阿拉伯文版主编，其中国文化经典类译作包括《尚书》《孙子兵法》《西厢记》《群书治要360》等，另翻译出版了各种中阿互译作品近百部。2021年，她凭翻译的沙特阿拉伯女作家拉佳·阿利姆获阿拉伯小说布克奖作品《鸽子项圈》，荣获卡塔尔国第七届"谢赫哈马德翻译与国际谅解奖"。

　　1992年，外文出版社出版了由巴勒斯坦翻译家穆罕默德·奈米尔·阿卜杜勒·凯里姆从英文转译的《红楼梦》缩译本（共2册，分40回）。在简短的《译者前言》中，译者介绍了《红楼梦》的文学地位，认为"《红楼梦》被认为是最伟大的中国经典小说……两百多年来声名远播"，还介绍了曹雪芹的家族背景、身世经历，并对原作前80回和后40回的关系作了说明。译本的每章围绕一个标题（通常取原著双标题中的一个）叙述一个相对独立的故事，每章结尾处不设悬念，次章开头处不作呼应，根据故事完整性需要对原著进行了合并或拆分。全文一

1　刘翔瑞：《阿巴斯·卡迪米：扎根中国的异乡客》，http：//cn.chinadaily.com.cn/2016-06/02/content_25592071.htm。

开始就是"当日地陷东南，这东南一隅有处曰姑苏"，只讲人间事，原著中的"太虚幻境"只是作为贾宝玉的梦境出现，对全文没有统摄作用，所以原著的"满纸荒唐言"在此译本中少了很多"荒唐"的成分，也不再处处隐射，千里伏笔。原著中以贾府为主的四大家族，在缩译本中只留下贾府这一条线，从元春省亲的风光无限，到查抄贾府的人心惶惶，再到贾政复官，宝玉、贾兰中举的时过境迁，对贾府命运的交代虽然简略，但比较完整。缩译本中另一条更主要的线索是宝黛钗的爱情悲剧，从宝黛初会到宝玉宝钗大婚、黛玉焚稿，最后宝玉出家，三个人的故事是涉及章节最多、细节描写最丰富的部分，但和原著相比，其丰富性和深刻性都不可避免地减少了很多。虽然阿拉伯文缩写版只保留了原著约三分之一的内容，但是对于保留的部分，包括大量的诗词歌赋，译者都作了忠实、准确的翻译；对历史人物、典故风俗等带有文化特征的内容也作了正确而较为详尽的说明（全文注释共82处）。考虑到原著本身的深度、难度和中阿语言文化的巨大差异，应该说译者较成功地用阿拉伯文叙述了《红楼梦》这部鸿篇巨制的核心内容，用严谨负责的态度向阿拉伯读者传递了《红楼梦》展现的中国文化的诸多方面。因此，这个译本在阿拉伯世界爱好中国文学的读者中产生了一定影响力。[1]叙利亚作家协会前主席、著名作家阿里·欧格莱·阿尔桑对这一版本的《红楼梦》给予很高评价，他在其著作《中国：关系、阅读、见闻》中曾这样记述自己的读后感：

《红楼梦》的读者很难从缠绕大观园及其人物的芳香、巫术、诗歌、爱情、嫉妒、阴谋、腐败、冒险中走出，也难以理解这个妇女被边缘化——尽管她们在家庭和生活中是最重要的主角——的社会。令人尤为惊奇的是，在这部堪称时代文献的伟大小说中，遵从长者的传统和家庭等级制是如此鲜明，这也导致对皇帝的尊重和服从，而家庭之上的政治和社会等级制，其界限如此分明，执行如此高效，影响如此深远。

有时我干脆认为，《红楼梦》首先是一部关于"妇女缺席的社会中之妇女"的小说，或是一部"以感人至深的方式书写缺席的在场"的小说。那些女主人公留下的深刻印象令人难以忘怀：贾母、熙凤、黛玉，以及那些操持大观园事务的众多女性；而大观园，又在一定程度上浓缩了帝国的情形，并以光彩夺目的方式，浓缩了中国社会的图景。

小说最后宝玉的离去，是如同我们所熟知的苏非主义者那

1　清华大学人文学院汪颉珉副教授对本文中关于《红楼梦》阿拉伯文译本的评价有重要贡献，在此特作说明并向她致谢。

样，在遭遇人生的破败后遁世而去，还是与自然、与造物之光融合为一，浑然同体？[1]

2015 年，阿卜杜勒·凯里姆完成的这个缩译本又被外文出版社列入《大中华文库》推出汉阿对照版。2016 年，贝鲁特的传说出版社（Alhikayat）也出版了一个《红楼梦》译本，译者是穆罕默德·哈利勒·法尔哈特。从网上可以获得的资料来看，该译本只有 1 卷 416 页，可以肯定不是全译本；译者是一位英语教师，文学方面的翻译成果不多。因此，对该译本的质量和影响力难以有很高期待。令人遗憾的是，《红楼梦》这部举世公认的中国古典小说的巅峰之作，迄今为止还没有阿拉伯文全译本，这也是中国四大古典名著中唯一没有全译本的作品。

除了四大名著以外，还有多部中国古典小说被译成阿拉伯文出版，如《聊斋志异》《儒林外史》《老残游记》等。尤其值得一提的是，2017 年，张洪仪教授从中文翻译的《金瓶梅》问世，由中国对外翻译出版公司列入《大中华文库》推出汉阿对照版（4 卷本）。张洪仪教授是我国著名阿拉伯语言文学研究专家、阿拉伯语翻译家，曾任中国阿拉伯文学研究会副会长、北京第二外国语学院外语系主任。曾翻译过《宋词选》《元曲选》

---

1 阿尔桑：《中国：关系、阅读、见闻》，（出版社不详）2008 年，第 126—127 页。

（均列入《大中华文库》丛书）、缩编本《西厢记》，另著有
《全球化语境下的阿拉伯诗歌》，译有阿拉伯长篇小说《拜火
教》等作品。《金瓶梅》是她历时三年半独立完成的译著，也
是迄今中国阿拉伯语翻译家独立完成的最大部头汉译阿作品。
在翻译过程中，她深切体会到中阿两种文化差异巨大，使译者，
特别是古典文学的译者面临巨大困难。她在一次访谈中表示：

> 比如说儒释道、五行八卦、风水八字、建筑格局、天干地
> 支，各种游戏，比如六博、樗蒲、弹棋、围棋、马吊、麻将、
> 押宝、花会、字宝、辞令。再比如酒：各种药酒、补酒，可以
> 用一言难尽来描述。在翻译《金瓶梅》中李瓶儿出殡时，都快
> 难死我了，必须想象作法的场景，翻译了很久。中国文化的博
> 大和深邃是很多其他文化难以企及的。中阿这两种文化传统的
> 差异性就给翻译造成困难。如果我们放手让阿拉伯朋友翻译中
> 国文化典籍，可以想象他们在理解上会有多么大的问题，出于
> 不得已，重要的典籍我们不仅应该帮助他们翻译、校对，甚至
> 自己也应该积极参与。可能我们翻译得并不好，我们的语言
> 不够好，表达不够到位，但是先把基本内容翻译过去，然后
> 期待阿拉伯朋友的参与可能更利于讲好中国故事。这是我对文
> 化典籍外译的想法。我翻译《大中华文库》项目《金瓶梅》就

是秉着这样一种精神。[1]

在古典戏剧翻译方面，主要有埃及出版局 1981 年出版的《女性：心中女子——中国古典四幕戏剧》，中国外文出版社 1985 年出版的《关汉卿作品选译》（哈迪·阿莱维译），其中收录了关汉卿的著名元杂剧《感天动地窦娥冤》《单刀会》《蝴蝶梦》等。近几年，《大中华文库》丛书又推出了《牡丹亭》（谢杨、马哈茂德·布希译，2017）、《西厢记》（王复译，2015）等剧作的阿拉伯文译本。

---

1 《张洪仪谈阿拉伯文学》，见 2019 年 9 月 15 日澎湃新闻。

二、中国现当代文学在阿拉伯

1956 年，埃及哈纳出版社出版了郭沫若的历史话剧《屈原》，书名译为《阴谋》，该书可能是第一部翻译成阿拉伯文的中国现代文学作品。著名埃及作家阿卜杜·拉赫曼·谢尔卡维为此书作序。在序言中，他介绍了郭沫若在中国当代文坛的地位，并简要梳理了中国文学的发展脉络，他把此书称为"第一部翻译成阿拉伯文的中国现代文学作品……不仅是阿拉伯读者了解中国现当代文学的开端，也为埃及文学艺术创作者提供了新的经验"[1]。同年，埃及的《读书》杂志刊登了《鲁迅小说选》，收入《药》《孔乙己》《幸福的家庭》《故乡》等作品。

1　转引自郅溥浩、丁淑红、宗笑飞著：《中外文学交流史：中国—阿拉伯卷》，第 399 页。

自此以后，阿拉伯国家对中国现代文学的翻译日益增多。据不完全统计，被翻译成阿拉伯文的中国现代文学作品大约有上百部（篇）。许多中国现代作家的作品都已有了阿拉伯文译本。鲁迅等著名作家的作品还有多种译本问世。巴金、曹禺、老舍等人的话剧则经常被学习汉语的阿拉伯学生排成舞台剧，在学校节日期间上演。

鲁迅是中国现代文学的旗手，因而受到阿拉伯文学界的格外关注。关于鲁迅作品在阿拉伯世界的传播情况，本书将在第八章中予以专门讨论。

老舍也是一位深受阿拉伯人民欢迎的作家。据北京大学仲跻昆教授回忆，1980 年，他和在开罗生活、学习的几位中国朋友前去拜访大作家纳吉布·马哈福兹时，曾听马哈福兹说自己读过一本著名中国作家的小说，关于一个人力车夫的故事；由此可以基本断定这本书是老舍先生的《骆驼祥子》。鉴于《骆驼祥子》的阿拉伯文译本 1984 年才由外文出版社出版，估计马哈福兹读过的《骆驼祥子》可能是英文译本。20 世纪 80 年代开始，老舍的许多作品被陆续译成阿拉伯文。1982 年，中国外文出版社出版了老舍的儿童话剧《宝船》阿拉伯文版。1984年，外文出版社出版了从英文转译的阿拉伯文版《骆驼祥子》，译者是在外文局工作的巴勒斯坦专家穆罕默德·奈米尔·阿卜杜勒·凯里姆。1993 年，埃及大众书局出版的《亚洲文学选》收录了从英文转译的老舍短篇小说《火车》。2000 年，埃及哈雅出版社出版了《茶馆·中国优秀话剧选》一书，其中选译了老舍话剧《茶馆》的部分内容，该书也是从英文转译的。2001年，叙利亚大马士革文化部出版了老舍的作品《北京人》，由丽姆·约瑟夫·宰赫凯经法语转译，其中还收录了《月牙儿》《我这一辈子》《邻居们》《生灭》《老字号》等短篇小说。2002 年，埃及最高文化委员会（国家翻译项目）出版了由埃及汉学家阿卜杜勒·阿齐兹·哈姆迪翻译的《茶馆》（译名为《咖啡馆》），该译本是第一部直接从中文译成阿拉伯文的老舍作品。译者在前言中写道：

> 《茶馆》是中国旧社会各阶层生活情景的一幅生动、真实的画卷，写出了旧社会的黑暗与腐败。作者为了探讨社会和人性问题，表达自己从人性和人道主义的高度对社会、祖国和人民进行的思考，从历史中汲取了素材，从中我们可以看到作为"书写历史"的作家与"书写人性"的作家的老舍。[1]

1　阿卜杜勒·阿齐兹译：《茶馆》，埃及最高文化委员会出版，2002 年，第 1 页。

　　值得一提的是，对于《茶馆》原著中贯穿始终的北京方言，译者阿卜杜勒·阿齐兹用十分地道的埃及开罗方言进行翻译，使得译文读起来生动、流畅。这是译者翻译中国现代文学的一次成功尝试。2005 年，科威特新闻部资助的世界作品系列再版了该译本。

　　除了鲁迅和老舍以外，阿拉伯读者较为熟悉的中国现代文学家当属巴金和曹禺。1980 年，叙利亚大马士革出版社出版了巴金《激流三部曲》中《春》与《秋》的节译本。1990 年，北京的外文出版社出版了《巴金·激流三部曲》的节选本，收入"凤凰系列丛书"，由北京大学阿拉伯语教授刘麟瑞直接从中文翻译。1993 年，叙利亚文化部出版了巴金小说《寒夜》的阿拉伯文译本，作为其出版的"世界小说丛书"第 44 卷。2004 年，埃及最高文化委员会（国家翻译项目）出版了汉学家瓦希德·赛义德翻译的《海的梦》。

　　曹禺的作品也受到阿拉伯读者的喜爱。1982 年，外文出版社出版了《雷雨》《日出》的阿拉伯文译本。1988 年，科威特新闻部出版了阿卜杜勒·阿齐兹·哈姆迪翻译的《日出》，作为其出版的世界戏剧丛书之一。2014 年，阿联酋阿布扎比文化与遗产总局出版了阿卜杜勒·阿齐兹·哈姆迪翻译的《原野》。

1980年，外文出版社出版了穆罕默德·奈米尔·阿卜杜勒·凯里姆从英文转译的茅盾作品《春蚕集》，选译了其短篇小说《春蚕》《秋收》《林家铺子》《水藻行》等13篇，这是阿拉伯读者首次得以欣赏茅盾的文学风采。1985年，叙利亚文化部出版了鲁兹格·胡里从法文转译的茅盾短篇小说选《春蚕集》。2000年，叙利亚文化部又出版了同一译者从法文翻译的茅盾长篇小说《虹》。1986年，中国外文出版社出版了由刘麟瑞教授翻译的《子夜》，这是中国阿拉伯语译者翻译出版的第一部中国现代长篇小说。

除上述主要作家外，还有几位中国现代作家作品的阿拉伯文译本问世，如1988年外文出版社出版了《萧红短篇小说选》，2002年埃及最高文化委员会（国家翻译项目）出版了阿卜杜勒·阿齐兹·哈姆迪翻译的郭沫若剧作《蔡文姬》，2010年，阿联酋阿布扎比文化与遗产总局出版了阿卜杜勒·阿齐兹·哈姆迪翻译的《沈从文作品选》，等等。此外，现代作家和诗人刘大白、胡适、刘半农、闻一多、戴望舒、徐志摩、艾青、冰心、叶圣陶、张天翼、冯至等人的部分作品也译成阿拉伯语，在埃及和其他阿拉伯国家的文学刊物上发表。

在中国当代文学方面，1985年，阿拉伯作协《外国文学》

杂志刊出中国文学专刊（春夏季专刊），刊首是穆罕默德·哈拉布·法尔宰特博士写的《中国历史中文学与思想的漫长历程》一文，简单介绍了中国文学、哲学思想的发展脉络。专刊除收录了现代作家老舍的《月牙儿》、茅盾的《水藻行》等作品的节译之外，还收录了当代作家王安忆的《本次列车终点》。

由于改革开放后高速发展的中国引起阿拉伯人民愈来愈多的关注，中国和多个阿拉伯国家的文化、文学交流活动日益增多，中国政府对"文化走出去"的高度重视，对翻译出版的各类资助也迅速增加，中国当代文学在阿拉伯世界的翻译、出版工作在新世纪前后迎来了一个"井喷"。最近一二十年，由阿拉伯国家出版社单独出版，或是中阿出版社联合出版的中国当代文学作品数目众多，但由于出版社分散在阿拉伯各国，不少中国文学新书并没有通过正规发行渠道发行，因此，难以对中国当代文学具体的翻译出版情况做出精确的统计。不过可以说，当代中国重要作家的许多作品都已译成阿拉伯文。据不完全的统计，译成阿拉伯文的当代中国文学作品包括：莫言的《红高粱家族》《透明的红萝卜》《梦境与杂种》《幽默与趣味》《蛙》《牛》《变》《师傅越来越幽默》，余华的《活着》《第七天》《许三观卖血记》《炎热的夏天》《往事与刑罚》《在细雨中呼喊》《黄昏里的男孩》《两个人的历史》《十个词汇里的中国》，刘震云的《手机》《头人》《塔铺》《一句顶一万句》《温故一九四二》《我不是潘金莲》，铁凝的《永远有多远》《哦，香雪》《谁让我害羞》《阿拉伯树胶》，苏童的《一九三四年的逃亡》《妻妾成群》《另一种妇女生活》《关于冬天》，王蒙的《青春万岁》《这边风景》，张洁的《沉重的翅膀》《爱是不能忘记的》，徐则臣的《跑步穿过中关村》《啊，北京》，茹志鹃的《草原上的小路》《百合花》，杨沫的《青春之歌》，霍达的《穆斯林的葬礼》，陆文夫的《美食家》，谌容的《人到中年》，王小波的《黄金时代》，毕飞宇的《推拿》，麦家的《解密》，迟子建的《额尔古纳河右岸》，残雪的《新世纪爱情故事》，冯骥才的《高女人和她的矮丈夫》，毕淑敏的《世界上最缓慢的微笑》，阿来的《尘埃落定》，《格非中短篇小说集》，姜戎的《狼图腾》，王刚的《英格力士》，周大新的《安魂》，以及《西川诗选》《欧阳江河诗选》《吉狄马加诗选》《海子诗选》，等等。

　　以上译作大都有中方出版机构参与，或者获得了中方或阿拉伯国家政府部门的资助。此外，也有一些阿拉伯出版社自发地译介中国当代文学，但值得注意的是，这些出版社关注和译介的，大都是在西方国家销量较好的文学作品，这些作品要么反映出某种特定的政治倾向，要么迎合了西方人的猎奇心理。20世纪末，在阿拉伯文化界影响最大的作品，是旅英女作家张戎的自传式小说《鸿：三代中国女人的故事》。此外，在阿拉伯市场有一定销量的图书，还包括高行健的《灵山》和《一个人的圣经》，戴思杰的《巴尔扎克与中国小裁缝》，张贤亮的《男人的一半是女人》，卫慧的《上海宝贝》和《我的禅》（书名译为《嫁给佛》），等等。

在译介中国当代文学方面成果比较丰富的翻译家，除了本书前文已有介绍的穆罕默德·奈米尔·阿卜杜勒·凯里姆、穆赫森·法尔加尼和阿卜杜勒·阿齐兹·哈姆迪等人以外，还有以下几位汉学家：

哈赛宁·法赫米，埃及汉学家，现任沙特国王大学语言与翻译学院中文系主任。他翻译了莫言的《红高粱家族》《透明的红萝卜》，余华的《许三观卖血记》《炎热的夏天》《往事与刑罚》，刘震云的《手机》，以及《中国当代女作家作品选》《中国实验剧》等，并出版了学术著作《现代中国文学在埃及》。2013年，哈赛宁曾获"埃及国家青年翻译奖"；2016年，获第十届"中华图书特殊贡献奖青年成就奖"；2021年，获卡塔尔国第七届"谢赫哈马德翻译与国际谅解奖"。

雅拉·密斯里，埃及汉学家，职业翻译家，已出版的代表性译作包括：苏童的《一九三四年的逃亡》《妻妾成群》《另一种妇女生活》《关于冬天》，陆文夫的《美食家》，残雪的《新世纪爱情故事》，《格非中短篇小说集》，《西川诗选》，《欧阳江河诗选》，《海子诗选》等。2019年，雅拉获第十三届"中华图书特殊贡献奖青年成就奖"；2021年，获卡塔尔国第七届"谢赫哈马德翻译与国际谅解奖"。

在翻译中国文学领域成果较丰的阿拉伯汉学家还有瓦希德·赛义德，白鑫（艾哈迈德·赛义德），米拉·艾哈迈德，赛义德·顾德，马伟丽（拉莎·凯马勒）等人。由于埃及的中文教育起步较早，规模较大，目前阿拉伯国家的汉学家以埃及人为主。由于阿拉伯国家，特别是埃及的汉学家已经迅速成长起来，中国文学的阿拉伯文译介，已从20年前从英、法等外文转译为主，逐步过渡到从中文直接翻译成阿拉伯文为主。

现当代中国作家中，鲁迅、老舍、巴金、霍达、莫言、余华、刘震云等人，在阿拉伯文化界、文学界和文学爱好者中产生过不同程度的影响。如霍达的《穆斯林的葬礼》，因为其中

体现了中国伊斯兰文化的独特神韵，而引起许多阿拉伯读者的
重视和好奇。叙利亚作协前主席、著名小说家、剧作家阿里·欧
格莱·阿尔桑在读完这部小说后写道：

　　小说《穆斯林的葬礼》很美。其中人物的关系透明而精彩；
爱情是浓烈的，但又伴随着自我牺牲和精神升华；粗俗的肉体
之欢在这里难觅踪影。[1]

　　阅读《穆斯林的葬礼》让我乐此不疲。小说中的人物引人
入胜，难以从记忆中抹去，故事情节也让我深为感动。据作者
自述，小说人物源自真实的生活，但显然被作者置于深思熟虑
的艺术结构中。小说笔法精湛，刻画细致，通过细腻的情感、
洋溢的诗意、饱满的智慧和丰富的知识，为小说呈现的那段历
史赋予了生命。

　　令我高兴的是，作者对穆斯林的传统习俗和为人处世的生
活方式做了详尽的叙述，小说中的婚礼、葬礼等场合体现了宗
教礼仪，甚至还使用一些阿拉伯语，这深深地打动了我。[2]

　　莫言 2012 年荣获诺贝尔文学奖后，在阿拉伯文学界也引
起较大反响。许多阿拉伯媒体和文学刊物都发表文章、论文介

1　阿尔桑：《中国：关系、阅读、见闻》，（出版社不详）2008 年，第 129 页。
2　同上，第 139 页。

绍莫言及其作品。旅英埃及裔著名学者、伦敦大学现代阿拉伯语和比较文学教授、阿拉伯文学电子刊物《词语》（Alkalimah）的主编萨布里·哈菲兹，于2013年1月在《词语》上刊发长篇论文《莫言与中国的新文学世界》，详细介绍了莫言的主要文学成就及其获奖对于中国文学的意义。值得注意的是，他在文中多处将莫言获奖与埃及作家马哈福兹1988年获诺贝尔文学奖作比较，例如，他一直关注中国舆论对于莫言获奖的反应，发现多数人认为，诺奖对于中国文学而言来得太迟了；而这种情形也曾发生在埃及文坛。他写道：

在诺贝尔文学奖设立的一个多世纪里，有好几位中国作家理应得奖却被忽视了，如鲁迅、巴金，甚至杨沫、茅盾等人。因此，是时候让中国文学获得与其在当代世界文学版图上的地位相匹配的承认了，是时候把中国文学的精华翻译成世界各国语言了。这一切曾经同样发生在阿拉伯文坛，当马哈福兹获得诺贝尔文学奖时，我们认为那是一种道歉，因为该奖之前错过了塔哈·侯赛因、陶菲格·哈基姆、叶海亚·哈基、优素福·伊德里斯等人。有些为莫言获奖而感到鼓舞的中国评论家甚至认为，这是对作家和其归属的中国文学的价值观承认，因为中国文学配得上世界大奖。这也曾经同样发生在阿拉伯文化界。中国和西方的关系，和阿拉伯人跟西方的关系同样复杂：同样既爱又恨、暧昧不清；既期待得到西方的承认，同时又刻意表现得满不在乎、漠然置之，因为我们都知道西方持有双重标准，别有用心，道德上充满矛盾，中国对这一切都已承受已久。[1]

他还注意到莫言和马哈福兹都来自东方文明古国，其文学都充满政治和历史的映射；因此，要读懂两人的文学，就必须要了解两国近现代的重大历史事件：

中国文学和阿拉伯文学一样，都有着悠久而古老的文学史，也都经历了错综复杂的政治历史，现当代文学跟这样的历史对话，与之建立了文本联系，通过文学影射政治和历史。因此，有必要了解1911年的辛亥革命，1931年开始的抗日战争，1949年新中国的成立，1966年开始的"文革"……这一切，都是读懂莫言小说所必需的、根本性的知识背景。同样，要读懂马哈福兹的文学，了解他的小说意义的多重维度，我们就必须了解1919年埃及革命，英国殖民埃及的历史，1952年共和国的建立，以及之后发生的各种事件。

萨布里还敏感地意识到，莫言和马哈福兹的获奖还有一处

1　本文引用该论文的文字均译自该文电子版：http://www.alkalimah.net/Articles/Read/5016。

根本的不同，即两人的祖国虽同为饱经苦难的东方古国，但在
当下却面临截然不同的处境：

　　两人获奖还有一个根本的不同：在马哈福兹获奖的时候，
他的祖国正深陷倒退、依附、屈从的泥潭，整个社会江河日下，
腐败成风，知识分子被圈入驯服、蒙骗和控制的围栏中；阿拉
伯文化也陷于衰落的低谷，以恐怖主义和"伊斯兰恐惧症"的
形象呈现在世人面前。而莫言就比较幸运，他的获奖，正值中
国快速地跻身强大、先进的国家之列，在这个国家面前前景广
阔，其国民及其文化在世界各地受到赞赏和尊重，国家的形象
已转变为一个新兴的巨人，正在有条不紊地创造奇迹，而世界
也对它充满期待。

　　莫言的获奖，在阿拉伯世界迅速掀起译介其作品的浪潮。
短短几年间，就有 8 部莫言作品被译成阿拉伯文。不仅如此，
他的获奖还引发了阿拉伯文坛对其他当代中国作家的重视。这
一情况，跟马哈福兹获奖给埃及乃至阿拉伯文坛带去的积极影
响颇为相似。

　　由上述可知，中国现当代文学的阿拉伯文译介成果已经十
分丰富，但实事求是地说，阿拉伯文学家、知识精英对中国文

学的了解仍然有限，在阿拉伯各国的书店和图书馆里，中国文学的译作还不多见，形成畅销的中国文学作品为数更少；中国现当代文学对阿拉伯文学家和普通读者产生的影响，还不能和欧美大国的文学，乃至拉丁美洲的文学相比。这与中国文学在阿拉伯世界译介的历史不长、译者不多、译作水平参差不齐有关，还涉及历史、文化、政治、经济、空间距离等多种因素。不必讳言的是，在翻译出版中国文学过程中还存在不少粗制滥造的现象；一些翻译出版项目沦为华而不实、质量低下的面子工程。据有的汉学家反映，部分中文专业刚毕业的阿拉伯年轻人，甚至在校大学生也都在翻译大部头著作，因此闹笑话、出洋相的译文比比皆是。图书出版方面的浮夸、造假现象也屡见不鲜，个别出版机构为了夸大译介图书的影响，甚至不止一次编造某中国作家获得阿拉伯国家"最高文化奖"的虚假新闻，甚至还子虚乌有地虚构了"颁奖辞"和"领奖辞"，在国内外都造成了不良的影响。

客观而言，无论在阿拉伯国家还是我国，真正能将文学、学术作品高水平地译成阿拉伯语的译者，都是为数不多的。所以，中国文学、中文图书走向阿拉伯世界是一件急不得的事情，过于宏大的出版"计划"和"工程"，很可能意味着粗制滥造，反而会对中国图书产生"砸牌子"式伤害，而且有损严肃认真的高水平译者的积极性。据笔者所知，已有越来越多的阿拉伯学者、汉学家为中国文学走向阿拉伯世界过程中的一些乱象忧心忡忡，如埃及汉学家阿卜杜勒·阿齐兹·哈姆迪2014年在中国举办的一次研讨上发言认为：

目前中阿、阿中翻译队伍鱼目混珠，优劣不辨。就此，我很想了解一下，中国当代文学作品的中译阿工作究竟是什么人在把关？中译阿的中国文学对外推广计划的经费又是什么人在具体操作？原作者对自己作品翻译者的阿语水平了解有多少？对自己的著作被翻译成了什么样的阿拉伯语又知之多少？当下，某些人以职权和所谓学界地位来谋取个人名利，随意选择译者，完全置译者的阿拉伯语水平于不顾的现象，是令人深感遗憾的。如果认为只要阿拉伯语是其母语或专业而其人又在大学教汉语或阿拉伯语，就可以翻译任何中文著作，更不要说文学作品的话，那除了说他对翻译工作无知，还能说什么呢？[1]

著名汉学家穆赫森·法尔加尼也在接受埃及刊物采访时，表达了对政府资助反而造成中国作品的翻译水准降低的担忧：

1　阿卜杜勒·阿齐兹：《翻译当代文学，解读中国故事》，刊载于中国作家网：http://www.chinawriter.com.cn/2014/2014-08-26/215841.html。

中国无止境地给外国译者提供资助，导致出现了中国作品翻译出版的热潮，甚至可称之为"一种时髦"，但这却降低了翻译的水准，使得重大的翻译错误屡见不鲜。[1]

就中国文学作品阿拉伯文译本的翻译质量问题，多位阿拉伯作家曾发表文章提出批评意见。如伊拉克诗人、作家法迪勒·苏尔塔尼曾在阿拉伯主流媒体《中东报》撰文，批评了余华小说《活着》的阿拉伯文译本。他在肯定了小说原作的现实主义成就以后写道：

本文并不想探讨小说本身，而是要探讨一下阿拉伯语译文。我不懂中文，无法判断原作语言的高下，但可以肯定的是，译文语言远比原作语言逊色，因为很多处的译文甚至算不上通顺的阿拉伯语。譬如，动词的时态被很奇怪地混淆了，在同一个句子甚至同一行文字中，同时出现了过去时和现在时的动词；另外，对连词的使用堪称"灾难"，译者总是使用连词（Wa），仿佛阿拉伯文中就只有这一个连词！因此，阅读变成一个沉重的负担，让人真想赶紧放下，把书扔到一边了事。可是，我们能有几本中国小说可读？[2]

1　穆赫森：《中国作品的翻译成为时髦，但错误很多》，载 2008 年 9 月 15 日埃及《鲁兹·优素福周刊》。

2　苏尔塔尼：《不是译得随意，而是译得糟糕》，载 2017 年 3 月 26 日沙特《中东报》。

又如，厄立特里亚小说家黑吉·贾比尔在另一份阿拉伯主流媒体《新阿拉伯人》上也曾撰文，对小说《活着》的阿译本质量提出批评：

余华的小说《活着》今年出版了阿拉伯文版，虽然姗姗来迟，但阿拉伯读者还是有机会得以了解这位中国的著名作家。

然而，这个迟到的阿拉伯文译本却有点辜负了读者的期待。令人遗憾的是，读者吃惊地发现译文质量明显不高，让小说失去了许多魅力。通过阿拉伯文阅读小说的读者，只能硬着头皮，对译文中那些疲软而颇多硬伤的句子视而不见，原作是生机勃勃的，却在译者的笔下走了样。[1]

作为中国当代著名作家，余华迄今已有 7 部作品被译成了阿拉伯文。有研究者通过研究国际在线读书社区 Goodreads 上读者对不同译本的反馈，得出以下结论：（1）大部分余华作品的阿译本平均分低于其作品各种外语译本的综合平均分，这反映出余华作品的阿拉伯文译介效果有待提高；（2）《活着》作为余华首部被翻译成阿拉伯文的作品，其阿译本平均分排在第二位，略高于其他 5 部作品的阿译本平均分，这说明普通阿

1　贾比尔：《〈活着〉：来自中国的忧伤之歌》，载 2015 年 8 月 9 日《新阿拉伯人》。

拉伯读者对这个译本的认可度相对较高。[1] 因此，尽管阿拉伯媒体刊登了作家、诗人批评《活着》阿译本的文章，但这个译本的水平其实很可能高于其他不少译本。

针对中阿文学翻译过程中一些译者不负责任、敷衍了事的现象，中国阿拉伯文学研究会前会长仲跻昆教授生前曾语重心长地指出：

译事难，翻译中错误在所难免，这是可以理解的……问题在于我们的译者能不能在翻译时更认真、负责些，更严肃、仔细些，多花时间去推敲、琢磨，多问问人，多翻翻书，多查查字典，尽量把错误消灭在译文付印之前，尽量少出点错，少闹笑话，少出洋相。这种要求对一个严肃的翻译工作者来说，似乎并不过分，不能算是苛求，照例是应当能够做到的。否则，长此以往，就会砸了译者本人的牌子，也砸了阿拉伯文学的牌子。事关重大，切不可掉以轻心。

阿拉伯文学既然是一块名贵的璞，我们这些搞阿拉伯文学翻译的就该精心把它雕刻成璧。有璞而雕不成美玉，是件遗憾

1　参见李婷婷：《余华〈活着〉在阿拉伯世界的译介》，http://yuhua.zjnu.edu.cn/2022/0520/c15636a395492/page.htm。

的事；雕坏了，也是件遗憾的事。[1]

　　毫无疑问，仲跻昆先生的教导，也完全适用于对中国文学的译介上。一部译著或者著作，一旦出版发行，就会如影随形般永远跟译者、作者联系在一起，跟他的学术声誉联系在一起。因此，对待翻译和学术工作，是丝毫不可以疏忽、马虎的。

　　此外，笔者认为，由政府资助中国文学走出去是件好事，但制定规划时不能贪多、贪大，要更好地了解阿拉伯读者的需求，尊重市场规律，发挥市场作用。此外，还亟须建立翻译和发行的评估、监督机制，杜绝劣质译文和造假行为。

　　总之，中阿文学交流目前的水平，和中国与阿拉伯世界当前良好的政治关系、密切的经贸关系并不相称，也和中国与阿拉伯民族在世界文学版图上的重要地位并不相称。因此，中国的阿拉伯学界和阿拉伯世界的汉学界都有义务共同努力，扩大、深化、改进中阿文学交流，使之提升到更高的水平。

1　仲跻昆：《谈阿拉伯文学翻译》，载《天方探幽》，北京大学出版社，2017 年，第 341 页。

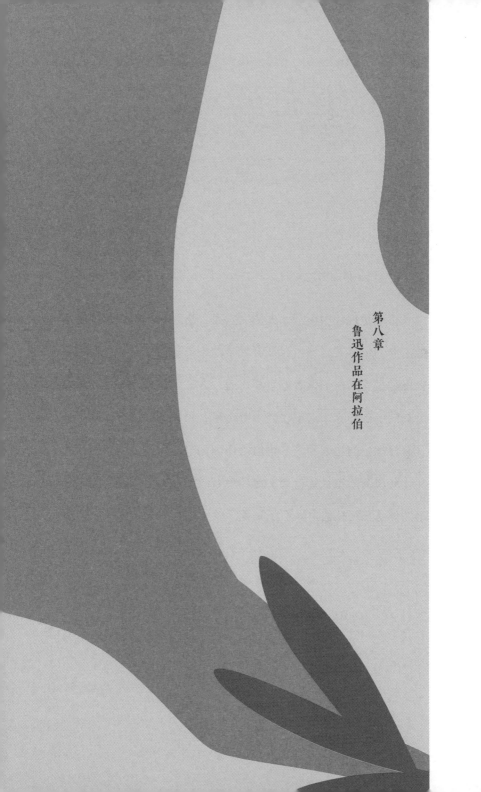

第八章

鲁迅作品在阿拉伯

　　鲁迅是现代中国最伟大的文学家、思想家，中国现代文学最主要的奠基人之一。在灿若繁星的中国现当代文学家之中，鲁迅是最受阿拉伯读者尊敬和喜爱，并在阿拉伯世界产生最大影响的中国作家，这不仅因为鲁迅享有最崇高的声誉、其作品具有最杰出的思想和艺术价值，还因为鲁迅生活、创作的社会文化环境与阿拉伯的社会文化环境有颇多相似之处。因此，鲁迅的作品在阿拉伯世界不乏知音，能被许多读者理解和激赏。

一、鲁迅作品在阿拉伯的译介和研究

自 20 世纪 50 年代起，鲁迅的小说就开始陆续被译成阿拉伯文。中国当代著名小说家、散文家杨朔在 1957 年出版了散文游记《亚洲日出》，其中收入一篇散文《阿拉伯的夜》，记述了作家那一年在开罗出席亚非人民团结大会时与当地文学家聚会的情形，其中提及：

聚会那晚，一位伊拉克作家，叫哈易卜，长期住在埃及，现时是开罗大学的研究员。他送给我两本书，其中一本是他用阿拉伯文译的鲁迅的小说，有《孔乙己》《故乡》《幸福的家庭》等好几篇，封面是鲁迅的木刻像。哈易卜很谦虚地说："这是特为纪念鲁迅逝世 20 周年时在开罗印的，恐怕是用阿拉伯文出版的第一本鲁迅的书吧。"[1]

　　杨朔提及的这位"哈易卜",其实就是后来大名鼎鼎的伊拉克著名小说家加伊卜·塔阿迈·法尔曼(1927—1990)。加伊卜是伊拉克20世纪"50年代辈"作家的主要代表,其长篇小说《枣椰树与邻居》(1966)被认为是伊拉克小说史上的里程碑式作品。少年时,他因患肺病而赴开罗治疗,并长期在开罗就学,其间结识了许多埃及文学家。1957年前后,加伊卜正在开罗从事文学创作和翻译工作,他赠给杨朔的这本"特为纪念鲁迅逝世20周年"而印刷出版的译作,应该出版于鲁迅逝世20周年,即1956年。同年5月30日,埃及和中国正式建立外交关系,成为第一个和新中国建交的阿拉伯和非洲国家。因此,在开罗翻译出版鲁迅作品肯定还有这一层外交和政治的考量。1958年,杨朔奉命前往开罗长驻,担任亚非人民团结委员会书记处中国书记。大约同年,加伊卜应新华社之邀来华担任阿拉伯文专家,成为在新中国工作的最早的阿拉伯专家之一。极有可能的是,在新华社和加伊卜之间牵线搭桥的,正是加伊卜1956年在开罗结识的中国朋友杨朔。而鲁迅及其著作,

---

1　杨朔:《阿拉伯的夜》,载《杨朔文集》(上),山东文艺出版社,1995年,第504页。

很可能既是这两位异国作家结识的纽带，也是加伊卜这位阿拉伯著名作家与中国结缘的缘由。

1964 年，中国外文出版社出版了中阿译者合作翻译的阿拉伯文版《鲁迅小说选》，其中收录了《药》《明天》《一件小事》《故乡》《社戏》《狂人日记》《阿 Q 正传》等共 18 篇小说。该书在 1974 年、1987 年还分别再版两次，足见其在阿拉伯国家深受欢迎。在出版中国题材作品一向颇为积极的叙利亚大马士革出版社，也于 1973 年和 1976 年分别出版了苏海勒·艾尤布翻译的《阿 Q 正传》和《故事新编》。此后，外文出版社先后出版了巴勒斯坦翻译家穆罕默德·艾布·杰拉德从英文转译的多部相关译作，如鲁迅作品《故事新编》（1984）、《中国文学 (1919—1949) ——鲁迅与其他作家》(1987)、《鲁迅传》(王士菁著，1991)。译者艾布·杰拉德在《鲁迅传》的《译者序言》中高度评价了鲁迅的文学和思想价值：

鲁迅先生不仅是中国伟大的文学家，而且是一位杰出的思想家、伟大的革命家与无与伦比的爱国主义者和国际主义者。鲁迅的思想与文学观的发展，与当时中国革命的发展有着密切联系。作为 20 世纪现实主义大师之一，鲁迅写出了深刻反映当时中国政治与社会状况的大量作品，他的作品中丰富的思想性、革命性与毫不妥协的战斗性，融合了中国人民的文化特性，以及他个人的理想、追求和优良品格；这也是最能体现鲁迅伟大文学地位的特征。鲁迅的思想是永恒的战斗思想，他一直关心中国人民追求进步和革命、要求彻底解放等重要问题。鲁迅先生走的是中华民族新文化的道路。我们翻译的《鲁迅传》一书，详尽介绍了鲁迅的生平与战斗精神，反映了鲁迅作品的历史背景。《鲁迅传》阿拉伯文版的出版，定会有助于广大阿拉伯读者了解这位文学巨匠。[1]

最近几年，鲁迅作品的阿拉伯文翻译又出现一个热潮。2016 年，埃及文化宫总署出版了青年汉学家米拉·艾哈迈德翻译的《狂人日记：鲁迅小说选》，共收入《狂人日记》《阿Q正传》《药》《一件小事》《社戏》《孔乙己》《明天》《故乡》等作品。埃及汉学家穆赫森·法尔加尼博士为这个译本撰写了50 多页的长篇《序言》，堪称一篇全面、深入研究鲁迅及其作品的很有见地的学术论文。穆赫森在《序言》中介绍了中国近代历史和鲁迅的详细生平，系统而全面地探讨了鲁迅各阶段主要文学创作成就及其特色，对鲁迅在中国现代文学史和思想史上的地位给予高度评价，并介绍了鲁迅作品在世界主要语言中

1　艾布·杰拉德：《鲁迅传》阿拉伯文版《译者序言》，外文出版社，1991 年。

的译介状况。对于鲁迅在现代中国文化中的重要地位，穆赫森介绍了毛泽东主席对鲁迅的崇高评价，并写道：

确实，鲁迅是随着中国新文化运动出现的一位光彩照人的文学家。他从未疏忽过自己作为 20 世纪初中国知识分子、思想家、民族精神深刻审视者的义务，他的一生都在关注阻碍自己祖国进步的文化和思想痼疾，试图在小说中反映中国人精神中的那些阴暗面。[1]

在《序言》中，穆赫森还阐述了鲁迅作品对于中国新一代作家产生的重要影响：

译者选择的这几篇小说，表明她对这些作品的价值及其在中国现代文学史的地位有深刻的认知。这些作品对当代中国作家也产生了重要影响，我们几乎可以视其为密钥式的文本，它们不仅有助于我们进入鲁迅的小说世界，而且有助于我们了解 20 世纪 80 年代中期以来新一代作家小说创作的艺术和思想框架，正是从鲁迅的麾下，在读者手中的这几篇作品的影响下，走出了莫言、高行健、苏童、王安忆、余华等新一代作家。[2]

2022 年，米拉在《狂人日记：鲁迅小说选》的基础上，又

---

1 穆赫森：《狂人日记：鲁迅小说选》（米拉译），《序言》，埃及文化宫总署，2016 年，第 51 页。
2 同上，第 56 页。

增加了若干短篇小说，在北京师范大学出版社出版了新译本《伤逝：鲁迅小说选》。

2016年，埃及汉学家、图书出版经纪人艾哈迈德·赛义德（白鑫）将北京外文出版社1964年出版的《鲁迅小说选》阿拉伯文译本（共收入18篇小说）略作润色后，列入埃及图书总署的"获奖图书系列"出版，书名为《狂人日记》，译者标注为"佚名译者"。2021年，该书又在白鑫拥有的埃及希克迈特出版社再版。

另外，据埃及汉学家阿卜杜勒·阿齐兹·哈姆迪介绍，他已经完成《鲁迅传》的翻译，将按照合同要求如期交给出版社；还应出版社的要求译完了鲁迅的3部代表作《阿Q正传》《孔乙己》和《狂人日记》，拟结集以《鲁迅小说选——三个悲剧》为书名出版。[1]

综上所述，鲁迅作品在阿拉伯世界的译介具有如下特点：1. 从20世纪50年代至今，各种译本不断出现，可见鲁迅作品在阿拉伯世界持续受到重视。2. 早期的翻译主要是从其他外语转译，近来已过渡到汉学家从中文直接翻译。3. 出版鲁迅作品

---

[1] 阿卜杜勒·阿齐兹：《翻译当代文学，解读中国故事》，见 http://www.china writer.com.cn/2014/2014−08−26/215841.html。

的，既有外文出版社等中国出版机构，也有埃及、叙利亚等国的出版机构，说明鲁迅的翻译出版工作受到国内外普遍重视。

4.翻译成阿拉伯文的鲁迅作品几乎全部集中于短篇小说，即《呐喊》《彷徨》《故事新编》中的作品，好几个译本系重复翻译、出版；鲁迅的散文集《朝花夕拾》和散文诗集《野草》迄今未有译文，鲁迅创作的大量杂文也没有选译本，而散文、杂文是体现鲁迅思想和艺术成就的不可或缺的重要文本。因此，迄今为止，在阿拉伯文中呈现的鲁迅形象仍然是不丰富、不完整的。

随着鲁迅的作品，特别是小说被不断译介成阿拉伯文，不少阿拉伯学者和汉学家也开始研究鲁迅及其作品。1987年，埃及艾因·夏姆斯大学语言学院中文系中国文学教授加尼·易卜拉欣撰写了题为《鲁迅小说中的现实主义》的论文，这是埃及最早研究鲁迅的学术论文。值得一提的是，不少学者注意到鲁迅与阿拉伯现当代多位著名作家都有相似之处；将鲁迅与阿拉伯文学家作对比研究，已成为鲁迅研究和中阿比较文学研究中的一个热门话题。譬如，北京师范大学中文系王富仁教授指导的约旦青年学者优素夫·哈塔伊白，曾以《矗立在世界东方的两位文化巨人——鲁迅和马哈福兹文化思想的比较》为题完成了博士论文，成为在中国高校获得中国文学博士学位的首位阿拉伯人。哈塔伊白在公开发表的论文摘要中认为：

　　鲁迅和马哈福兹虽然隶属于不同的国度与民族，受到了不同的文化熏染，他们各自生活的时代和经历、创作的风格特色也不尽相同，但这两位伟大作家的心灵是相通的，他们都表达了对善和美的向往，对邪恶与黑暗势力的执着的揭露与抨击，都表达了对自己民族乃至整个人类命运的密切关注，都在吸收外来文化和文学思想、继承本民族的传统文化和文学遗产方面，找到了一个最佳契合点，这是他们获得辉煌成就的一个至关重要的因素。[1]

　　埃及艾因·夏姆斯大学中文系教授哈桑·拉杰卜将鲁迅与埃及现代著名思想家、文豪塔哈·侯赛因（1889—1973）作比较研究，认为两位作家都反对复古守旧，都主张借鉴西方的文化和文学，都对本民族的文化传统持取其精华、去其糟粕的态度。

　　埃及汉学家哈赛宁在其著作《中国现代文学在埃及》中，将鲁迅与多位阿拉伯作家做了比较研究。他比较研究了鲁迅和埃及现代著名短篇小说作家、评论家叶海亚·哈基（1905—1992），认为鲁迅的短篇小说《药》与哈基的代表作中篇小说《乌

1　哈塔伊白：《鲁迅与马哈福兹文化思想的比较研究》，载 2002 年第 4 期《阿拉伯世界》，第 13 页。

姆·哈希姆的油灯》具有相似的主题，表达了相似的思想。两位作家分别以"药"和"油灯"为象征，批判了落后的传统思想、封建制度和封建礼教，揭露了国民精神的愚昧和麻木，提出了改造国民性的深刻命题。

哈赛宁还比较研究了鲁迅和埃及小说家阿卜杜勒·盖法尔·迈卡维，认为迈卡维小说的主题、题材、人物形象、创作技巧、风格、意象和象征手法等都受到了鲁迅的影响。迈卡维受鲁迅思想的影响，尤其体现为他对破坏旧文化、创造新文化和新的价值观的倡导。哈赛宁写道：

如果说鲁迅提出"改造国民性"的主张，一方面是破坏，向不合时宜的封建思想、旧文化、旧道德发起猛烈的攻击，另一方面是重建，在打破的基础上还要重新建设新文化、新道德观和新的中国社会；同样，埃及作家迈卡维小说的核心是反对埃及传统思想、等级观念以及埃及民众的落后与麻木，揭露并批判埃及 20 世纪 70 年代实行经济开放政策所导致的经济、文化、道德上的腐败。与此同时，他也是在破坏与批判的基础之上试图重建新的文化和新的社会。[1]

1　哈赛宁：《现代中国文学在埃及》，社会科学文献出版社，2020 年，第 58 页。引文对文字略加润色。

哈赛宁还认为，叙利亚当代女作家乌勒法特·伊德里碧和鲁迅之间也可进行对比研究。伊德里碧的小说创作，在主题、小说技巧、人物命运、故乡情结、女性问题等方面都受到鲁迅的影响。两人的作品中，都表现出了强烈的民族情感和对祖国前途、民族命运的忧患意识。两人都为了提醒祖国民众尽快打破旧传统的樊篱、走出那"绝无窗户万难破毁"的"铁屋子"而奋笔疾书，奋斗不已。

此外，毛里塔尼亚学者哈德拉米将鲁迅与黎巴嫩文豪纪伯伦作了比较研究，他着重分析研究了《伤逝》中的子君和纪伯伦中篇名作《被折断的翅膀》中的萨勒玛两个女主角的遭遇，认为"两个人同是封建思想压迫下不幸的女性，她们对女性在社会中受到的不公正待遇表示不满，也都有一定的抗争精神，但由于封建糟粕对她们的奴化教化起了作用，也由于封建势力太强大，她们的努力最终都归于失败"[1]。

我国阿拉伯文学研究专家郅溥浩先生（1939—2020）也将鲁迅和纪伯伦做过对比研究，他在论文《纪伯伦作品中的"狂"及其内涵的延伸和演变——兼与鲁迅〈狂人日记〉比较》中，

---

[1] 哈德拉米：《殊途同归：纪伯伦〈被折断的翅膀〉与鲁迅〈伤逝〉之比较》，载 1997 年第 1 期《上海鲁迅研究》，第 219 页。

比较了鲁迅的《狂人日记》和纪伯伦几个短篇小说中的"疯子"
形象。他写道：

> 鲁迅创作了《狂人日记》，一部写满"仁义道德"的历史，
> "狂人"只看出"吃人"二字。而吃人的竟都是"我"的亲人
> 和朋友，他们"早已布置，预备下一个疯子的名目罩上我"。"狂
> 人"偏偏敢于反抗，"你们要不改，自己也会吃尽。即使生得多，
> 也会给真的人除灭了"。这和纪伯伦在《疯癫的约翰》中表现
> 的约翰被指为疯子、《掘墓人》中所说"谁不拒绝父辈和祖辈
> 的恩赐，谁就将变成死人的奴隶，直到最后也成一个死人"的
> 思想已经相当接近甚至一致了。尤为深刻的是，鲁迅最后疾呼：
> "救救孩子！"而《掘墓人》最后是"我"与三个孩子用铁锹
> 埋葬死尸。孩子，代表纯洁、新生和未来，"将来容不得吃人
> 的人活在世上"。他们希望下一代能消灭这吃人的社会，埋葬
> 这腐朽的世界！

> 纪伯伦与鲁迅在创作思想中存在某些共同之处。而更为一
> 致的是，他们以后都摒弃了尼采思想和超人哲学。[1]

1 邝潘浩：《解读天方文学》，宁夏人民出版社，2007年，第16页。

二、鲁迅作品在阿拉伯的影响

由于几代中阿译者的共同努力，鲁迅的作品，特别是其小说已经被越来越多的阿拉伯读者熟知，也受到许多阿拉伯作家和知识精英的喜爱和好评，甚至还对部分阿拉伯作家的创作和思想产生了影响。

埃及著名作家、哲学家、翻译家阿卜杜勒·盖法尔·迈卡维（1930—2012），不仅是老子《道德经》的第一位阿拉伯文译者，也十分推崇、喜爱鲁迅的作品。他曾经说过："我读了伟大作家鲁迅的作品《阿Q正传》和其他短篇小说以后，简直无法表示我对鲁迅的敬爱。……这位伟大的作家对我的写作技巧有很大的影响，我有15篇以上的短篇小说是受了鲁迅作品的启发而写出来的。我从鲁迅学习了如何以新的方式和技巧改写我们的民间故事。"[1] 因此，迈卡维可能是坦言自己的创作受到鲁迅影响的第一位阿拉伯作家。他在接受埃及汉学家哈赛宁访谈时还表示："中国具有很丰富的文学传统，我读过中国不少文学作品，特别是伟大作家鲁迅的小说。鲁迅是一个伟大的现实主义作家，他的作品表明他很了解当时中国社会和中国民众的生活。我也很早将他的小说译成阿拉伯文，在开罗出版。我读过鲁迅的作品已经有 40 多年了，到现在鲁迅不少作品的故事我还记得很清楚。我希望我们埃及更加关注中国文化与文学，加强与中国的文化交流、介绍更多的中国作家作品。"[2] 从这段访谈可知，迈卡维还曾翻译过鲁迅的小说，但可惜这段访谈未提供该译本的更多详情，或许由于翻译出版的年代较早（但不会早于1956年伊拉克作家加伊卜在开罗出版的第一个译本），在互联网上无法找到该译本的有关信息。

叙利亚当代著名女作家乌勒法特·伊德里碧（1912—2007）在读了北京外文出版社出版的阿拉伯文版的《鲁迅小说选》后，曾于1976年写信给外文出版社："《鲁迅小说选》给我留下了很好的印象，由于作者的艺术描绘的才能，反映出

---

1 哈赛宁：《现代中国文学在埃及》，社会科学文献出版社，2020 年，第 35 页。
2 同上，第 57—58 页。

作者所处的那个时代中国人民生活的各个侧面。……我相信它们将成为不朽的文学，因为小说以艺术的形式忠实地反映出人民的事情。因此，尽管它们写作于半个世纪以前，但仍然使我们感到亲切。"[1]

　　埃及著名剧作家萨阿德丁·瓦哈巴（1925—1997）在谈到中国现代文学史上最有代表性的中国作家时，也高度评价鲁迅的成就："20 世纪 20 年代，中国现代的杰出文学家以鲁迅先生为代表，以文学为武器揭露当时压迫中国人民的恶势力，他们举起反抗帝国主义和封建主义的大旗，用自己的笔唤醒中国国民，以达到用文化启迪民众、振兴国家的目的。这个时期最有代表性的作家作品有鲁迅的《阿 Q 正传》等。"[2]

　　黎巴嫩作家优素福·哈罗赫勒维（或为优素福·哈勒）曾于 1981 年 11 月 3 日在黎巴嫩主流媒体《白天报》上发表《鲁迅：一个推倒偶像和腐败传统的中国伟人》一文，介绍了鲁迅的文学和思想成就，高度评价了他对中国现代文化的贡献：

　　当鲁迅发表他的小说《阿 Q 正传》时，罗曼·罗兰极表

1　李宗英、张梦阳编：《六十年来鲁迅研究论文选》，中国社会科学出版社，1982 年，第 497 页。

2　萨阿德丁·瓦哈巴：《中国的半个世纪》，开罗黎明出版社，1994 年，第 115—116 页。

欣赏，因为鲁迅把一个受屈辱、没有社会地位的人作为故事的主人公，这就等于给中国的旧文化以猛烈的一击。鲁迅在作品中注重人物的心理分析，其风格类似契诃夫，明快简约。他还明显受到欧洲浪漫主义的影响，作品中饱含着对社会的尖锐嘲讽。他曾说："我以为一切文艺固是宣传，而一切宣传却并非全是文艺。"基于这一观点，他拒绝将文化与教条主义、机会主义和肤浅化联系在一起……在《死火》中，他把即将化为灰烬的"火"与中国僵滞的社会现实做了对比，指出：唤醒社会的复苏是可能的，就像死灰复燃一样随时可能。他对中国文化的最重要贡献，是把传统礼仪、偶像崇拜和因循守旧抛在了一边，将自己的事业与解放的潮流汇合在一起，虽然他和中国的革命者之间曾经爆发过尖锐的论争。[1]

埃及著名汉学家、曾为米拉翻译的《狂人日记：鲁迅小说选》撰写长篇序言的穆赫森·法尔加尼也在多个场合表达过对鲁迅的钦佩。他在一次接受中埃学者的访谈时认为：

鲁迅的批判有具体的方向性和目的性，他通过笔下创造的

---

[1] 优素福·哈罗赫勒维：《鲁迅：一个推倒偶像和腐败传统的中国伟人》，转引自郅溥浩：《阿拉伯文坛评中国作家》，载1983年第4期《阿拉伯世界》，第122页。此处人名不像阿拉伯名字，疑为黎巴嫩著名诗人、翻译家优素福·哈勒（1917-1987）之误译。

典型人物表述自己的观念，呼唤狂飙式的革命和变革。他目睹了当时中国的极度衰败、混乱，又看到日本等国家追随西方后的崛起和变革，了解了西方世界的进步。鲁迅接受了大量的西方文学作品，掌握了重新解读和理解社会的工具。于是，基于对生活的认识，他"拿来"西方的批判意识和批判手法，以笔为武器改造人们的思想，笔法明快，淋漓尽致。《狂人日记》《孔乙己》的发表，是本土现实的压力和西方文化的纠缠后产生的呐喊。新文化运动是从文字和文本入手，标志中华文明开始系统地学习西方的新思想和表述方法……鲁迅小说是中国讽刺小说的巅峰，鲁迅针对特定的时代，在切肤的斥责和否定中寻找新生，在毁灭里发现希望，在忤逆后进行重塑。[1]

但是，穆赫森对鲁迅十分严厉地批判、否定中国传统文化的态度也表达了一些疑惑。他认为："当代中国如果继续否定传统文化的话，中国传统文化将会怎样？估计鲁迅只是在反省，而不是否定。反省是为了重构和更新，否定的目的是颠覆和毁灭。可如果是反省，他为何又是那样的极端？（情绪）那样泛滥？"穆赫森出于热爱中国文化而翻译了大量中国经典著作，

---

[1] 参见黄学呈、张福贵、哈赛宁：《和合兼容的中华文明是"一带一路"的文化起源》，载《华夏文化论坛》第22辑，第349—350页。引文对文字略作润色。

他对鲁迅怀有这样的疑惑不足为奇,但他还是感慨地认为:"鲁迅是泣血的子规鸟,是他的悲切声音唤醒了民族。也许动荡的埃及和阿拉伯就缺乏这种决绝勇毅的声音和斗志,所以这些年徘徊不前。"[1]

曾于 2014 年来华访问的埃及著名女作家、医生、女权活动家纳娃勒·赛阿达维(1931—2021)一向以大胆揭露阿拉伯社会的丑恶现象,尤其是针对女性的不公正现象而著称。她对鲁迅仰慕已久,视其为自己的精神同道。在为我国《世界文学》杂志刊登的《赛阿达维作品小辑》撰写的《致中国读者》一文中,她提及了鲁迅:

我得知,《世界文学》于 1953 年创刊,是为了纪念中国作家鲁迅先生。而鲁迅先生早年弃医从文,因为他深信,开启人们的理性、根除愚昧,远比开启人们的腹腔、根除疾病来得重要。20 世纪 50 年代,我在开罗大学医学院就读时,也有过和鲁迅先生相似的想法,想要弃医从文。[2]

在结束访华回国后不久,她在埃及《金字塔报》撰文,畅谈对于此次中国之行的感受。中国朋友跟她交流时谈及的鲁

1　载《华夏文化论坛》第 22 辑,第 350 页。

2　赛阿达维:《致中国读者》,牛子牧译,载《世界文学》,2014 年第 4 期,第 6—7 页。

迅及其领导的新文化运动的伟大意义,给她留下了深刻印象。
她写道:

> 新文化运动重新解读了中国的传统文化,取其精华,去其
> 糟粕。鲁迅及其同伴们都倡导和支持这次运动,因为真正的文
> 化运动是要重新解读传统遗产,不再把人分成三六九等,反对
> 将孔子神圣化,批判君权神授之说,将中国人民从各种神灵和
> 恶魔的摆布中拯救出来,不再依附任何国家。因此,中国人成
> 为自己的主人,在经济生产、文化思想、科技发明和文艺创作
> 各个方面实现了独立自主,并实现了男女平等,而这是民族崛
> 起的根本。[1]

叙利亚著名诗人阿多尼斯也对鲁迅情有独钟。了解阿多尼
斯作品和思想的中国朋友,称他为“阿拉伯的鲁迅”,阿多尼
斯也对这一称呼深感荣幸。阿多尼斯和鲁迅这两位中阿文学大
家,在精神和思想上确有颇多契合之处:两人都对本民族文
化有着极为深厚的造诣;都对西方的文化、思想和文学有深
刻而广博的认知;都对本民族传统文化持激烈批判的立场,
并都将矛头直指传统文化的根基;都特别强调文化和国民性
的改造,希望通过“立人”让国民摆脱奴性、走向自由;两

1　赛阿达维:《中国女孩和新文化运动》,载 2014 年 10 月 1 日《金字塔报》。

人还持有相近的文艺观，都提倡"撄犯人心"的新文艺，倡导用文艺改变国民；两人都是冷峻而清醒的爱国者，身上都体现出伟大知识分子的卓识和良知……2020年9月7日，在中国鲁迅文学院成立七十周年前夕，阿多尼斯应鲁迅文学院之邀，欣然为鲁迅文学院题写贺词，表达了他对鲁迅的理解和尊敬：

我把鲁迅的创作，形容为在"光的政治"拥抱的疆域旅行。这种政治以人为中心，意味着进步、解放、探究和前行，为人开辟未来的天际和道路。

在这个意义上，鲁迅是全世界一切创造者、先知先觉者的同道和朋友，他们致力于创建人的生活，使之更崇高和深邃，更具有人文精神，更加丰富和美好。[1]

叙利亚作家协会前主席、著名作家阿里·欧格莱·阿尔桑（1941— ）曾多次率团或独自访华，也曾多次接待过访问叙利亚的许多中国作家。在阿拉伯当代作家中，他对中国现当代文学的了解和认识，或许是最为全面、深刻的。他曾阅读过所有译成阿拉伯文的鲁迅作品，在其2008年出版的著作《中国：关系、阅读、见闻》中，他以较大篇幅探讨了鲁迅的作品，既

1　《外国作家祝贺鲁迅文学院建院70年的贺信》，见：http：//www.chinawriter. com.cn/n1/2020/1117/c434267-31934093.html。

表达了对鲁迅思想及文学成就的赞赏，也坦陈自己阅读鲁迅作品时产生的一些疑惑：

在读了鲁迅的传记和部分作品后，我有一些心得，可能会让部分中国人觉得诧异。我认为：鲁迅深受20世纪初流行于欧洲、发展于二战时期的破坏性无政府主义的影响；他主张破旧立新，建立现代社会，这种主张固然言之有理，体现了鲜明的革命精神，但与此同时，它对于中国文明、对中国文化身份的根源与特性、对中国传统中的积极因素而言，也是相当危险的。鲁迅把自己的工作称为"刨祖坟"，表示："我们目下的当务之急是：一要生存，二要温饱，三要发展。苟有阻碍这前途者，无论是古是今，是人是鬼，是《三坟》《五典》，百宋千元，天球河图，金人玉佛，祖传丸散，秘制膏丹，全都踏倒他。"他甚至号召青年不要读中国书，不要读线装书，表现出彻底的反封建主义的激情和决心。

鲁迅的主张固然有其道理，但是，他所反对的旧传统，需要一场以理性认知为基础的清醒的革命。而鲁迅的观点与欧洲现代主义者、无政府主义者对传统与现存社会的见解和态度出奇一致。"这儿没有任何模棱两可的地方：'传统'——世界上的所有各种传统都被放到了一起——简单地等同于驯顺的奴隶状态，而现代性则等同于自由；不存在不确定的目的。拿起你们的镐子、斧子和锤子，去无情地摧毁那些古老的城市！冲啊！去图书馆的书架上放一把火！让运河的水转向去淹没博物馆……来吧，烧黑了手指的快乐的纵火者！他们来了！他们来了！"[1] 中国当代文学记录了发生在"文革"期间的许多悲剧性实践，这场"革命"对中国的文明遗产造成了许多破坏。女作家霍达在其小说《穆斯林的葬礼》中写道："迅雷不及掩耳，一群身穿军装、臂缠红箍儿的陌生年轻人冲进了'博雅'宅，捣毁了木雕影壁，涂黑了抄手游廊上的油漆彩画，砸开了'密室'的门，把里面的藏品洗劫一空！……"[2]

鲁迅呼吁'踏倒百宋千元，天球河图，金人玉佛，祖传丸散，秘制膏丹"，如果把他的主张跟欧洲 20 世纪初现代主义者和无政府主义者的诉求相比较，我们不禁会问：在某种意义上，鲁迅难道不是"文化大革命"的精神之父？鲁迅的这些倡导中，有着显得鲁莽的激情，以及 20 世纪初无政府主义者的影响。

1 　原作者注释：马歇尔·伯曼：《一切坚固的东西都烟消云散了》（法迪勒·杰特卡译），大马士革迦南出版社，1993 年，第 15 页。中译文引自马歇尔·伯曼：《一切坚固的东西都烟消云散了》（徐大建、张辑译），商务印书馆，2003 年，第 28—29 页。
2 　小说译文引自霍达：《穆斯林的葬礼》，北京出版社，1996 年，第 722 页。

我现在提出这个问题，希望有人能对鲁迅的作品做出与我不同的新的解读。[1]

就此笔者认为，我们看待鲁迅和古今中外一切伟大的文学家、思想家时，都应该把他们置于其所处的特定历史、社会环境中，才能客观地理解其作品，对其做出恰如其分的评价。在鲁迅生活、思考的 20 世纪初期，中华民族在经过漫长的封建王朝统治之后，发展、进步的原动力已经大大衰退，最终陷入了内忧外患、积贫积弱的悲惨境地。为了拯救苦难的中国，越来越多的仁人志士把中国社会黑暗、落后的根源锁定在封建文化传统上，以反封建、反传统为特征的新文化运动由此兴起，鲁迅成为这场影响深远的思想启蒙运动的旗手。鲁迅作品的伟大意义，在于它汇入新文化运动的洪流，将几千年的旧传统冲下了神坛，使中国人开始摆脱对于传统的迷信，从而使后人在更从容、平和的语境中客观、全面地评价传统文化成为可能。鲁迅尖锐抨击中国传统文化的许多作品，在当时极为保守、僵化的历史环境中能起到振聋发聩的积极效应，其中许多观点，在今天看来仍然具有历久弥新的时代价值。因此，鲁迅绝不是全盘否定民族文化的虚无主义者，他是祖国与

1　阿尔桑：《中国：关系、阅读、见闻》，（出版社不详）2008 年，第 142—144 页。

文化的冷峻而清醒的热爱者。确实，鲁迅作品中的不少言论，在今天的中国人听来，在热爱中国文化的外国友人听来，会显得有些刺耳，甚至不无偏激之嫌，但是，我们不能脱离历史与社会环境孤立地看待这些言论，更不能要求他为后世的错误行为负责。

在笔者看来，叙利亚作家阿尔桑阅读鲁迅作品的上述心得，固然反映出他对鲁迅创作的历史、社会环境的认识存在不足，但也能启发我们更理性地看待中国传统，更客观地认识鲁迅及其作品。

在《中国：关系、阅读、见闻》这部著作中，阿尔桑还分别点评了北京外文出版社翻译出版的阿拉伯文版《鲁迅小说选》和《故事新编》中的 26 篇小说。他的许多观点在中国人看来都颇有新意，例如，他是这样评论《狂人日记》的：

……小说《狂人日记》总能让人联想到俄国作家果戈理的小说，但前者有着不可忽视的鲁迅笔法和中国特色，体现在环境介绍、社会问题以及应对这些问题的方式上。在艺术层面，《狂人日记》处于中等水平，我指的不是中国人在思想、智慧、行为处事中经常表现出的中庸之道，而是指这部作品的艺术价值和作品的地位。

深入刻画和分析人物心理并不是鲁迅首要关注的事情，尽管他曾经有段时间对心理分析流派着迷，比如弗洛伊德、荣格，但他并未专注于这个领域，在他之后的创作中几乎找不到心理分析的痕迹。在这方面，他实现了成功的转型。

《狂人日记》描绘了一位有被迫害妄想症的人，这或许是长期的压抑所致，但不止于此，还涉及社会的病态。小说可以解读为对封建社会的反抗，描写了社会及其堕落的方方面面，呈现了一个人吃人的社会。文本被赋予过于沉重的意旨，我认为鲁迅的这种暗示并非小说的核心和他要传达的旨意。或许作者不能通过自己的笔墨精确地表达这一切，"但事实就是人曾经互相吃掉彼此"。

可鲁迅全然相信这些吗，未来就不会再出现"吃人的人"吗？或者，他所说的"自盘古开天辟地以来，可有变过"的情形将会改变？在我看来，从鲁迅提到的那个盘古时代直到天地万物不复存在，"吃人的人"都可能存在。这跟人的本性、教育、法律、剥削、不公和压迫相关。行为、品德、工作上的不幸会产生相应的不幸，因为人们倾向于用不幸去回应不幸，反击不幸，企图以此摆脱不幸。[1]

---

1 《中国：关系、阅读、见闻》，第 145—146 页。

对于《阿 Q 正传》，阿尔桑并不认同阿 Q 代表了中国人的国民性，认为他只是一个特定环境和背景下产生的一个个例：

……阿 Q 是一种社会心理，但他首先是个体的状态，我认为这并非普遍的情况，不能以一概全，不能代表中国人的国民性。因此我不敢苟同《现代中国人》一书中对《阿 Q 正传》的分析，该书中有多处暗示，将阿 Q 这个人物从个体引申到群体，影射到民众。

……………

阿 Q 是生是死，无人牵挂，这种情形发人深省。在鲁迅的笔下，阿 Q 从寓意鲜明的病态人格到不被理解的荒诞人格，让他跟别人一起成为投机者，为了没做过的事付出生命的代价，这些安排都让阿 Q 成为一种特例，而不可作为代表群体的范例，或者说可以用来概括群体的模板。

那些侮辱阿 Q、跟他交往、尊敬他、惧怕他、审判他、处死他的人们，也都是中国人；审视和评判阿 Q 的，也是中国人的眼光。跟阿 Q 有关的故事，发生在特定的中国环境中；在这样的环境中，产生了形形色色的人物。阿 Q 怎么能代表鲁迅想要批判的所有中国人的国民性呢？

阿 Q 这个人物是要进行改造的，但他不能被利用来代表整个传统和各方立场。这一人物是病态的、愚昧的、机会主义的，内心有各种缺陷。但他代表的是一个独特的个体，而不是整个社会的缩影。[1]

在笔者看来，阿尔桑有关阿Q这个病态人物不能代表全体中国人之国民性的观点，与他对中国人民怀有友好情感有关，也与他对一个世纪之前中国人落后的精神面貌缺乏了解有关。同时我们也不得不承认，如果说鲁迅笔下的阿Q代表了文学的真实性，那么阿尔桑对阿Q的分析则更接近于人类学、社会学意义上的真实性。显然，从人类学和社会学角度而言，文学作品中的人物，无论其具有多么典型的意义，都不可能概括中国这么一个人口大国所有国民的共性。

鲁迅的作品和思想不仅引起了阿拉伯世界作家们、汉学家们的关注，也给在中国生活过、热爱中国文化与文学的各界阿拉伯人士留下了深刻印象。譬如，卡塔尔半岛电视台北京分社前社长伊扎特·夏赫鲁尔（1962—2017）很早就听说过鲁迅，青少年时代在叙利亚读书时，他接触过翻译成阿拉伯文的鲁迅作品，如《阿Q正传》《狂人日记》等。据他介绍，他在朝鲜工作期间，曾写过几篇关于鲁迅的文章，发表在阿拉伯报纸上。

1　《中国：关系、阅读、见闻》，第150—154页。

在他看来，鲁迅讲述的一些故事和其中的观点，非常贴近巴勒斯坦人民的现状和苦难；鲁迅与巴勒斯坦一位著名作家在看问题的角度上非常相像，很容易在思想上激起巴勒斯坦人的共鸣。伊扎特对鲁迅的尊敬和热爱，从他办公室的摆设也可见一斑："他身后书柜的高处，摆放着偶像鲁迅的画像，台历般大小，但很显眼。"[1]

　　伊拉克前驻华大使库巴先生对鲁迅及其作品也颇有研究，他认为："鲁迅并不简单描述人们的疾苦，而是去唤醒他们，使人们认识到——即使是少数人从现实的黑暗和由此产生的痛苦中觉醒，也将推动社会变革的车轮。"在他看来，鲁迅作品中中国民众的愚昧、无知、落后、软弱的性格，是当时封建势力的毒害、现实的残酷和统治者的剥削所造成的，他说："鲁迅的所有作品都力图让读者了解他对现实的远见卓识。如果我们仔细阅读他对普通农民的描写，就会发现，他表现出对他们人格的尊敬和对他们善良、真挚情感的敬佩，同时也不加隐瞒、淋漓尽致地揭露了他们在困难条件和长期封建制度的统治下，所形成的沾染着卑贱污秽的灵魂。"[2]

1　参见齐介仑：《十年半岛，三十年中国》，载 2011 年 5 月 26 日《南都周刊》。
2　库巴：《伊拉克现任驻华大使库巴先生谈鲁迅》，哈塔伊白译，载 1999 年第 5 期《鲁迅研究月刊》，第 71 页。

附一

评《道德经》的两个阿拉伯文译本 [1]

在中华民族的文化遗产中，老子的《道德经》占有极其重要的地位。老子及《道德经》代表的道家思想，与儒家思想一起，构成了中国人精神思想的重要经纬。这部哲学杰作还对东亚各国及西方世界产生过重大影响，《道德经》的英译本就有百余种之多，日文译本更多达 300 多种。令人遗憾的是，阿拉伯世界虽同中国有着颇为密切的政治、经济关系，在文化上却一直对中国比较陌生。但这种状况近年有所改变。笔者在叙利亚工作期间，就欣喜地觅得两种阿拉伯文《道德经》译本，分别由

---

[1] 本文曾刊登于《阿拉伯世界》2001 年第 1 期。本书对原文略作变动，以保持全书专有名词、体例的一致。

哈迪·阿莱维（هادي العلوي）及费拉斯·萨瓦赫（السواح فراس）译出。[1]
在两位译者及其他热爱中国文化的阿拉伯友人努力下，"道"
（التاو）这个纯属中国古代哲学范畴的概念，已在一些阿拉伯国
家的文化报章及学术论坛上频频出现。

众所周知，译事之难尤以哲学和诗为甚，而《道德经》素
有"哲学诗"之称，其语言古奥，内容"玄之又玄"，译成外
文难度可想而知。因此，《道德经》阿拉伯文译本质量如何，
恐怕是所有关心中阿文化交流的人士都会感兴趣的问题。

一、译者与译本介绍

哈迪·阿莱维（1932—1998），伊拉克籍学者、思想家，
曾于20世纪70年代及90年代两度来华工作，晚年寄居叙利亚，
在研究伊斯兰文化遗产、中国文明及阿拉伯语词典编撰等领域
著述颇丰。有关中国文化的著译，他译过《庄子·内篇》（与《道
德经》编入一书）、《中国简史》、《关汉卿剧作选》，著有
介绍中国文化的《中国拾珍》，并发表过多篇论文。费拉斯·萨
瓦赫（1941— ），叙利亚学者，主要从事神话学、东方宗教

---

1 阿莱维译文由贝鲁特文学宝库出版社1995年出版，费拉斯译文由大马士革阿
拉丁出版社1998年出版。

史研究，出版过大量相关学术专著，《道德经》译本是他有关中国文化的唯一作品。

阿莱维的译文（以下简称阿译）主要依据华裔学者冯家富（Gia-fu Feng）的英译本，同时参照汉学大师李约瑟的巨著《中国科学技术史》第11卷中《道德经》的部分译文。他粗通汉语，每遇疑难能借助字典查考汉语原文。费拉斯的译文（以下简称费译）则主要依据刘殿爵（D.C.Lau）的英译本，并以冯家富和张中元（Chang Chung-yuan）的两个英译本为参考，译完后又与刘楠祺（Liou Kia-hway）的法译本对照，对译文再作修润。由此可见，两位译者对这项译事都极为认真。更可贵的是，他们的翻译在很大程度上还具有学术研究性质：阿莱维在译文前撰有50多页介绍道家思想的序言，主要阐述道家的本体论、人生论和政治思想，并与伊斯兰哲学中有关思想（如苏非思想）进行比较，并分析了道家思想对现代中国革命的影响。费拉斯除在译文前写了长篇导读外，还在译文后附上对每章文字的详尽阐释，导读和阐述共占全书三分之二篇幅。他对老子思想与伊斯兰思想、西方思想的异同作了比较，还常用现代科学理论印证老子思想，多有精辟独到之见。因此，较之以往面世的几部中国古典名著阿拉伯文译本[1]，这两部译著无疑具有很高的学术价值。

由于两种译本依据的中介译文有所不同，在评价两种译本的得失时，还应考虑中介译文的因素。又鉴于两位译者都根据多种中介译文择善而从，两种译本并不具有严格意义上的可比性。但撇开中介译文，将阿译本直接对照《道德经》原文，两个译本的特点与得失仍足以令以后的译者受到启发。

二、"道"与"德"的译法

"道"是老子哲学的中心概念，在《道德经》中共出现 73 次。但在不同章节中"道"的含义又不尽相同，可较笼统地归纳为三类：一指感官不可达到的形而上的概念；二指事物的规律；三指人生的准则或处世的道理。其中第一类含义最耐人寻味，在老子看来，"道"是天地万物的本源与归宿。

在其他文化中，也有能与"道"大致对应的概念。如古埃及宗教中的"玛奥特"（Maat，意为真理），古埃及人认为，

1　大马士革出版社曾于 1985 年出版由苏海勒·艾尤布从英文转译的三卷本《水浒传》，但全书缺少序跋等介绍性文字，连原作者的国籍都未说明，译文中注释也极少。北京外文出版社出版的多部中国古典文学名著译本，介绍性文字也偏少，以致叙利亚作协主席阿尔桑先生误以为《红楼梦》缩译本是全本。

"玛奥特"就是世界应有的秩序，是衡量一切事物的依据。又如古希腊哲学概念"逻各斯"（Logos），在古希腊人眼里，存在一种蕴藏于宇宙之中、支配宇宙的神圣之理——"逻各斯"。在阿拉伯伊斯兰哲学中，是否也有和"道"类比的概念呢？苏非大师伊本·阿拉比认为：一切创造物的本质都可归为 الحق（真理、现实）。对道教及苏非主义做过比较研究的日本学者井筒俊彦就指出，"道"是伊斯兰教术语 الحق 的"一个精确的道教对应词"；但他又意识到，"道"的含义"有着种种不同的细微差别，附有许多连带的意识"[1]。看来，"道"比 الحق 具有更丰富的意蕴，两者并不等同。而且，"道"者"象帝之先"（《道德经》第 4 章），即先于天帝而存在，这就决定了伊斯兰文化中不可能有与"道"完全对应的概念。

如果考虑"道"的本义为"道路"，那么是否可以译为 طريق 一词呢？实际上，在诸多英译本中，许多西方学者就是用了表示"道路"的 way 一词译"道"。这其中有着深隐的理据，即 way 在《圣经》中具有崇高、神圣的含义，耶稣所昭示的 way，是通向彼岸世界的"光明大道"，用 way 来译"道"能

1　转引自周燮藩：《苏非主义与道教的比较研究》，载《宗教比较与对话》第二辑，社会科学文献出版社，2000 年，第 32—33 页。

传递给西方人一种独特的神韵[1]。相对而言，阿拉伯文طريق 一词则比较中性，在《古兰经》中，既有"正路"مستقيم طريق（《沙丘章》第 30 节），也有"火狱的道路"طريق جهنم（《妇女章》第 169 节）。显然，طريق 一词无法传达"道"的独特意蕴。

由此看来，干脆将"道"音译为（التاو）[2]，其实是经过深思熟虑的一种选择。通过阅读全部译文，相信阿拉伯读者能够大体领悟这个中国词语的神秘内涵。所以，在处理具有形而上含义的"道"时，哈迪和费拉斯不约而同选择了音译。如：

【原文】道可道，非常道。（《道德经》第 1 章）

【今解[3]】可以用言词表达的道，就不是常"道"。

【译文】

- التاو الذي يمكن الإخبار عنه ليس هو التاو الأبدي. (هادي)

- التاو الذي يمكن التحدث عنه ليس التاو السرمدي. (فراس)

由于"道"本身含义丰富，所以在翻译具有其他含义的"道"时，两位译者为使译文明白清楚，都做了灵活处理，有时音译

1　姚小平：《"道"的英译和〈圣经〉中的"道"》，载《比较与翻译》，上海外语教育出版社，1997 年，第 154 页。

2　确切的音译应是الداو，但التاو已普遍使用，再用新译容易造成混淆。也有人译为الطاو，1996 年沙特出版的《世界阿拉伯百科全书》即有الطاوية的辞条。

3　本文对古汉语原文所作"今解"，主要参照陈鼓应《老子注释及评介》（中华书局，1984 年）和冯达甫《老子译注》（上海古籍出版社，1991 年）。

为الطاو, 有时使用طريق 或其同义词, 有时还有更灵活的译法。如：

【原文】天之道, 损有余而补不足。人之道, 则不然, 损不足以奉有余。（《道德经》第 77 章）

【今解】自然的规律, 减少有余, 用来补充不足。人为的法规, 就不是这样, 而是剥夺不足, 用来供奉有余的人。

【译文】

ـ تاو السماء هو أن تأخذ من المكثرين وتعطي المقلّين،

ونهج الإنسان على النقيض،

فهو يأخذ من المقلّين ويعطي المكثرين. (هادي)

ـ طريق السماء يأخذ من الزائد ليعطي الناقص،

أما طريق الناس فيعطي الزائد ويأخذ من الناقص. (فراس)

原文有褒"天之道"而贬"人之道"之意, 阿译以تاو ـ 译前者, 以نهج 译后者, 是正确的。费译将两者都译为طريق, 两句内容形成对比, 也妥帖地传达了原意。

【原文】不窥牖, 见天道。（《道德经》第 47 章）

【今解】不望窗外, 能够了解自然的规律。

【译文】

ـ من غير أن تطلّ من النافذة يمكنك أن ترى دروب السماء. (هادي)

ـ من غير أن تنظر من النافذة تستطيع أن ترى طريق السماء. (فراس)

此处的"道"，两人分别译成 دروب 和 طريق，以两词在阿语中的引申义来指"规律"，读者也能理解。

【原文】明道若昧，进道若退……（《道德经》第 41 章）

【今解】光明的道好似暗昧，前进的道好似后退……

【译文】

‐ السنن الواضح يبدو قاتما، والتقدم شبيها بالتقهقر. (هادي)

‐ الطريق الواضح يبدو معتما، الطريق الذي يمتد إلى الأمام يبدو ممتدا إلى إلوراء. (فراس)

此两处"道"，费译都译为 طريق，阿译更灵活一些，两种译法都通达晓畅。

除"道"以外，《道德经》中还有一个出现了 41 处的高频字眼："德"。形而上的"道"落实到人生的层面上，便是"德"。冯友兰先生认为，"德"意指 power（力）或 virtue（德），"一物自然地是什么，就是它的德"[1]。所以，阿语中的 فضيلة 一词是比较贴切的译词，著名的辞书（المعجم الوسيط）对该词的释义之一是：

فضيلة الشيء: مزيته أو وظيفته التي قصدت منه.

两位译者在遇到"德"时，有时就是译为 فضيلة 的，但有时也音译为 الـ تي。如：

1　冯友兰：《中国哲学简史》中译本，北京大学出版社，1985 年，第 121 页。

【原文】孔德之容，惟道是从。（《道德经》第 21 章）

【今解】大德的表现，完全以道为依从。

【译文】

- الفضيلة العظمى أن تتبع التاو. (هادي)

- أهل الـتي هم في كل لحظة مع التاو. (فراس)

【原文】上德若谷……（《道德经》第 41 章）

【今解】崇高的德好似低下的川谷……

【译文】

- والـتي الأرقى خواء. (هادي)

- الفضيلة الكبرى مثل الوادي. (فراس)

　　以上两例中的"德"，两译本各有一处音译，一处意译。笔者认为，用 فضيلة 译"德"虽然不能完全传达其独特意蕴，但还是可以表达其基本意思的。用 التاو 音译"道"，是因为舍此无以传达道家思想的主旨，而且 التاو 已逐渐被人接受。而将"德"音译为 الـتي 则并不必要，而且不易被人接受。实际上，Te 这个英语中的音译词也未流行起来，一些主要英语辞书中有 Tao 的辞条，却没有 Te 字。而上述两例中将"德"译成 فضيلة 时意思已很清楚。

三、两个译本的比较

总体而言，两个译本各有千秋。阿译具有直译特点，但有时过于拘泥；费译近乎意译，译文比较流畅。如：

【原文】合抱之木，生于毫末；九层之台，起于累土；千里之行，始于足下。（《道德经》第 64 章）

【今解】合抱的大木，是从细小的萌芽生长起来的；九层的高台，是从一堆泥土建筑起来的；千里的远行，是从脚下举步开始走出来的。

【译文】

إن دوحة بقدر ذراعي الإنسان تنشأ من فسيلة،

ومدرج من تسعة طوابق يبدأ من لبنة،

ورحلة الألف لي تبدأ بخطوة واحدة. (هادي)

- إن الشجرة العملاقة قد نشأت عن سويقة،

ومدرج من الأرض بتسع مساكب قد صنع من قبضة تراب،

ورحلة طولها ألف ميل تبتدئ بخطوة واحدة. (فراس)

阿译将"合抱""千里"都作直译，并加注说明"里"是中国计量单位；而费译则以意译处理。两种译文都通达。但直译"千里"不便于译文流传，似乎不必。费译末句如将 طولها 删去，译文更为精练。又如：

【原文】天下皆知美之为美，斯恶矣；皆知善之为善，斯不善矣。（《道德经》第2章）

【今解】天下都视美的东西为美，那是由于存在丑的缘故；都视善良的东西为善良，那是由于存在不善的缘故。

【译文】

ـ كل من تحت السماء يمكنهم رؤية الجمال جمالا فقط لأن ثمة قبحا،

وكلهم يستطيعون أن يروا الخير خيرا لأن ثمة شرا. (هادي)

ـ يرى الجميع في الجميل جمالا لأن ثمة قبحا،

يرى الجميع في القبيح قباحة لأن ثمة جمالا. (فراس)

阿译照"天下"字面直译，意义确切，但缺少了原文音韵之美；费译保持了音韵之美，译文近似格言诗，可惜第二句将"善"与"不善"误译。又如：

【原文】天地不仁，以万物为刍狗；圣人不仁，以百姓为刍狗。（《道德经》第5章）

【今解】天地没有偏爱，把万物当成草扎的狗一样，（因此不存在亲疏贵贱）。"圣人"也无所偏爱，把百姓当成草扎的狗一样，（听任百姓自己去发展）。

【译文】

ـ السماء والأرض ليستا كريمتين، إنهما تعاملان كل الأشياء مثل دمى الحقول.

ولا الحكيم حكيما، فعنده أيضا مئات العشائر مثل دمى الحقول. (هادي)

ـ السماء والأرض لا شفقة عندهما، ولا قسوة، تعامل الآلاف المؤلفة في حياد،

الرجل الحكيم لا شفقة عنده، ولا قسوة، يعامل الآلاف المؤلفة في حياد. (فراس)

阿译仍是典型的直译，且无注释，读者可能不知所云，所用的 كريمتين 和 حكيما 都是褒义词，加否定词后容易造成对"天地""圣人"的误解；而将"百姓"一词照字面拆开直译，更有损文意。另，阿译中多处将"万物"译为 عشرة آلاف شيء，同样源于对汉语词义理解的似是而非。费译是意译，较好地体现了原意。但若能保留"刍狗"这一形象表达应更好。费译在阐述本章内容时，还以"自然规律不具有任何道德意义"的现代物理学理论，为原文观点提供佐证，有助于读者理解老子这一看似不符常情的深刻思想。

【原文】绝圣弃智，民利百倍。（《道德经》第 19 章）

【今解】抛弃聪明和智巧，人民可以得到百倍的好处。

【译文】

ـ تجنبوا القداسة، تخلصوا من الحكمة، ويصبح الناس أفضل مئة مرة. (هادي)

ـ إذا استبعدتَ الفقهاء والحكماء، يفيد الناس أضعافا مضاعفة. (فراس)

阿译采用了"命令句加结句"的句式，这种句式在译文其他各章中也多次出现。但这种含有命令、劝诫口吻的句式，语气上似乎有悖老子"行不言之教"的意旨。费译使用条件句式，语气较为合适，但若将第二人称的主动句改为被动句，则针对对象更为普遍，效果更佳。

【原文】不自见，故明；不自是，故彰。(《道德经》第22章)

【今解】不自我表扬，反能显明；不自以为是，反能彰显。

【译文】

- لا يضاهون بذواتهم... ويتآلقون، لا يبرزون أنفسهم... ويبرزون. (هادي)

- لا يظهر نفسه، ولذا يبدو للنظر، لا يعتبر نفسه على حق، ولذا يبرز. (فراس)

两种译文均通达，费译添加了表明逻辑关系的虚词 لذا 。虽然汉语（尤其是古汉语）具有句际关系隐而不露的"意合"特点，译成阿语时往往要添加虚词等成分以彰显逻辑关系，但在翻译《道德经》这样的"哲理诗"时，则应另当别论。笔者认为，阿译此处句式简古，平淡之中别有深意，细细体味，要胜于过于直露的费译。笔者请教的几位阿拉伯学者，对此也有同感。看来，只有既准确传达原文意旨，又尽量体现原文风格的译文，才堪称高水平的佳译。

四、若干不足之处

由于各种原因，两个译本还有一些不足之处。其中部分源于对中国文化某些精深细微之处的误解。如：

【原文】道生一，一生二，二生三，三生万物。(《道德经》第42章)

【今解】道萌生元始的整体，元始的整体分裂为对立的两方，对立的两方新生出第三者，第三者蕃生万物。

【译文】

ـ التاو أنجب واحدا، والواحد أنجب الثاني،

الثاني أنجب الثالث، والثلاثة أنجبت الآلاف المؤلفة. (فراس)

费译将"二""三"译成序数词，并在阐述时认为 الواحد 指"阳"、 الثاني 指"阴"，这种理解是否符合老子本意呢？任继愈先生认为，上节文字"并没有更多的意义，只是说，事物因混沌的气（或朴，或一）分化成为万物，由简单到复杂的过程罢了"[1]。照此理解，将"二""三"译为序数词并非不可，但把"一"注释为"阳"，把"二"注释为"阴"，即把阴阳分了先后，却不符合中国文化中认为阴阳对立而相互消长的概念。其实，老子把"一"看作统一的"道"本身，这在《道德经》

1　任继愈：《老子研究》，转引自陈鼓应《老子注释及评介》，第232—233页。

中并不少见。而学术界一般认为，"二"指的是对立的两者（而非第二），代表阴阳、有无、动静等相反相成的范畴。"三"可指阴阳相合形成的一种和谐状态。因此，将"二"译成基数词更加合适。当然这种哲学概念，对文化背景异于我们的阿拉伯人而言确实费解，难怪哈迪在序言中解释"阴""阳"含义时，也将这两个词弄反了。[1] 同样，两位译者在其他章节遇到"一"时，也只好谨慎地直译。如：

【原文】是以圣人抱一为天下式。（《道德经》第 22 章）

【今解】所以"圣人"坚守"道"这一原则，作为天下的范式。

【译文】

‐ من هنا يلزم الفقهاء الواحد، ويصبحون أسوة للجميع. (هادي)

‐ لذا فإن الحكيم يقف مع الواحد، ويجعل من نفسه أمثولة. (فراس)

可以想象，阿拉伯读者面对直译且缺少解释的 الواحد 时，很可能不知所云。

此外，近一二十年来，我国出现了传统文化热，在对《道德经》文字的理解、不同版本的取舍等方面都有突破性研究成果，但这些成果在两个阿译本中均未得到反映。如：

【原文】太上，不知有之……（《道德经》第 17 章）

1　见阿译本第 24 页。

【今解】最好的世代，人民根本不感到统治者的存在……

此节中"不知有之"，在通行的王弼本中作"下知有之"（即民众知道有统治者）。陈鼓应先生认为：作"不知"理解意义更为深长，所以应按明太祖本等其他版本将"下知"改为"不知"。[1] 而费译显然按"下知"理解，译文为：

ـ أفضل الحكام من شابَه الظلّ عند رعيته. (فراس)

将好的统治者说成与百姓形影相随，应该不是老子的本意。

【原文】夫兵者，不祥之器，物或恶之。（《道德经》第 31 章）

【今解】兵戈是不祥的东西，大家都厌恶它。

在 1973 年长沙马王堆出土帛书《道德经》以前，各版本中"夫兵者"都作"夫佳兵者"，虽有学者怀疑"佳"字多余，但直到帛书出现，才证实"佳"字确是衍文。而阿译则按此前通行版本译为：

ـ الأسلحة الجيدة آلات للخوف تمقتها كل الكائنات. (هادي)

对照帛书，可知译文中令人费解的 الجيدة 一词多余。

根据马王堆帛书而得到修正的原文，还有第 2 章中"高下相盈"（高和下互相包含），各通行本为避汉惠帝刘盈之讳，

---

1 《老子注释及评介》，第 131 页。

而改"相盈"为"相倾"。两个译本均照"相倾"翻译[1]，造成
文意不通。

【原文】故常无，欲以观其妙；常有，欲以观其徼。(《道
德经》第 1 章)

【今解】所以常在"无"中，去观照道的奥妙；常从"有"
中，去观照道的端倪。

在通行的王弼本等版本中，都以"常无欲""常有欲"断
句。陈鼓应先生认为：老子一贯主张无欲，反对有欲，因此，"常
有欲，以观其徼"是说不通的；只有以"常无""常有"断句，
才能通顺解释全章，因为"道"是"常无""常有"的统一（统
一于"常无"）[2]。两个译本均照"常无欲""常有欲"理解，
读来确实费解：

ـ دائم اللارغبة يرى المحجوب، دائم الرغبة يرى المشهود. (هادي)

ـ جرّد نفسك من رغائبها تعاين أسراره، إلزم نفسك رغائبها تعاين تجلياته. (فراس)

最后，两个译本还都有一些编排错误，如费译本将第 60
章首句"治大国，若烹小鲜"置于第 59 章末；阿译本则将第
50、51 两章合而为一；等等。

1　见费译本第 36 页，阿译第 63 页。
2　《老子注释及评介》，57 — 61 页。

五、结语

综上所述，《道德经》的两个阿拉伯文译本虽有值得商榷之处，但其开创的成就应予以充分肯定；两位译者为传播中华文明所做的艰辛努力，更值得我们钦佩与感谢。总结他们翻译中的得失，可以为后来译者提供宝贵的借鉴。要消除中阿两大民族文化上的陌生感，高质量地译介双方丰富的文化遗产乃是一项重要工作。因此，《道德经》虽然至少已有两个阿拉伯文译本，但我们仍期待更好的译本问世。一个质量上乘的译本，其译者大概要具备如下条件：应该精通中阿两种语言，对古汉语和古阿拉伯语都有深刻理解，并深谙两种语言的精妙细微之处；应该了解（中、阿、西）哲学史及哲学词汇，并具有广博的中阿文化背景知识；应该掌握我国及国际上学术研究的最新成果；在理解和表达时应能得到中阿权威学者的帮助或指导……自马坚先生以 28 岁之英年（1934 年）翻译《论语》以来，中国阿语界虽然在介绍我国传统文化方面取得了不少成就，但在译介文化典籍方面尚无重要建树，所以，我们期待中国译者在新世纪里能取得突破。

这是一项艰难而又激动人心的使命，也是我们新一代阿语工作者义不容辞的责任。

附二

"雨"在中、英、阿语际中的诗歌之旅[1]

　　阿拉伯民族的故乡是阿拉伯半岛，这里广漠无垠，黄沙漫漫，气候炎热，干旱少雨，早期阿拉伯人大都过着逐水草而居的游牧生活。对于生活在茫茫大漠中的阿拉伯人而言，雨水往往是久旱后的甘霖，其意义非同寻常。可以说，雨是沙漠中一切生命之本，也是人们快乐、喜悦的源泉。

　　在伊斯兰教的至高经典《古兰经》中，也不乏对雨的赞美。如："真主从云中降下雨水，并借雨水使已死的大地复活"（《蜜蜂章》，65 节），"我从云中降下清洁的雨水，以便我借雨水而使已死的大地复活，并用雨水供我所创造的牲畜和人们做饮

1　本文主要内容曾刊载于 2018 年 7 月 26 日《人民日报》，题为《"雨"的诗歌之旅》。

料"（《准则章》，48—49 节）；等等。根据伊斯兰教另一经典"圣训"所载，麦加一带遭遇大旱时，先知穆罕默德曾祈求真主恩降甘霖，在他念诵的祷词中，曾一连用了 9 个形容词赞美雨水。

对于自古喜爱诗歌，称"诗歌是阿拉伯人文献"的阿拉伯民族而言，对于雨的喜爱和对于诗的喜爱是可以相提并论的。因为雨和诗一样，都能打动人心，触发惊奇，让人踏上如梦似幻的奇异之旅。一位当代阿拉伯诗人说得好："只有雨，能让我们回到童年。下雨时，我们都成了快乐的儿童。雨，至今仍能让我们阿拉伯人变回牧童，变成诗歌宫殿的主人。雨让我们成为诗人，或者让我们向往诗歌，因为雨本身就是诗。"

因此，古往今来的阿拉伯诗歌中，雨，往往都与喜庆、欢乐、浪漫、吉祥联系在一起。阿拉伯文学史上第一位诗歌大师、贾希利叶时期的乌姆鲁勒·盖斯在其著名的悬诗中，如此描写雨后气象万千的壮观景象：

> 好大的一片云啊，我们齐把雨盼，
>
> 大雨倾盆，直泼在库泰法的地面，
>
> ……
>
> 清晨，泥沙俱下的洪水环绕着穆杰尔山，

使它像一架纺车的轮子，在不停飞转。

云彩在荒原卸下负担，瞬时葳蕤一片，

好似也门布商把五颜六色的衣料展览。[1]

　　同时期的诗人穆纳海勒，则将一段浪漫爱情故事的时空，设定为"蒙蒙的阴雨天"：

我走进姑娘的闺房，

在那蒙蒙的阴雨天

我拉拉扯扯，她忸忸怩怩

像一对鸽子彳亍走向小河边。

……

我爱她，她也爱我，

连我的公驼也将她的母驼爱恋。

　　阿拔斯王朝的大诗人、素有"诗人中的哲人，哲人中的诗人"之誉的麦阿里，则把"云雨"作为福祉、恩惠的象征，写下了这样传诵千古的名句：

即使恩准我进入天堂，

我也不愿将永生独享。

云雨若不能泽遍祖国，

1　本文中引用的几段阿拉伯古诗，均引自仲跻昆教授所译《阿拉伯古代诗选》。

就不必落在我的地上。

在现代，阿拉伯诗人大都继承了阿拉伯传统文化赋予雨的种种美好含义，常常邀雨入诗。被称为"情诗圣手"的叙利亚诗人尼扎尔·格巴尼写道：

雨水倾泻，如一首旷野的歌，

你的雨，

洒落在我的内心

如同非洲的鼓点，

洒落

如同印第安人的箭矢

我的爱伴随雨声

摇身一变

变成一只松鼠，

变成一匹阿拉伯马驹

变成一只月光下浮游的天鹅。

巴勒斯坦大诗人马哈茂德·达尔维什在《远秋的细雨》中，想象出一个秋雨蒙蒙的浪漫空间：

细雨落在遥远的秋天

鸟儿是蓝色的……蓝色的

　　　　大地是一个节日

　　　　鸟儿飞向不归的时间

　　总之，阿拉伯古今诗歌中雨的意象，与其在阿拉伯文化中的形象基本吻合，它总是与生命、繁衍、幸福、快乐、浪漫联系在一起。起源于大漠黄沙中的阿拉伯诗歌，经由雨水的滋润，在粗犷、豪放的本色之外，也不乏细腻和柔情。即便是当代阿拉伯先锋诗人，也难免受到民族文化积淀中的集体潜意识支配，为笔下的雨赋予了美好、浪漫的感情色彩。

　　不过也有例外。在伊拉克当代杰出诗人赛亚卜的笔下，雨之意象的含义呈现了明显的变化。

　　巴德尔·沙基尔·赛亚卜（1926—1964），是当代阿拉伯新诗运动的先驱，被公认为当代最杰出的阿拉伯诗人之一。赛亚卜出生于伊拉克城市巴士拉近郊，中学时代即开始写诗，1942年进入巴格达高等师范学院学习阿拉伯文学，后转入英语系学习。其间，他广泛涉猎阿拉伯古典文学和英美文学，深受济慈、雪莱、艾略特、庞德、西特韦尔等人影响。1947年，他发表《那是爱情吗？》一诗，这是阿拉伯诗歌史上最早出现的自由体新诗。在38年的短短一生中，他共出版《凋谢的花朵》《雨之歌》《淹没的庙宇》《盲妓》等10部诗集。他的诗歌擅长表达真切而深刻的感受，抒情意味浓厚，诗歌意象精美而独到，语言富有乐感。在赛亚卜看来，诗歌近乎宗教，诗人应该创造"向金与铁的逻辑发出挑战的世界"，并创造新的神话给苦难的人类提供慰藉。1957年，年仅31岁、已在贝鲁特《诗歌》杂志上发表许多佳作的赛亚卜应杂志之邀，前往贝鲁特作为期10天的诗歌之旅。30多年后，当年《诗歌》的主编、现已蜚声世界诗坛的阿多尼斯，还清晰记得赛亚卜与一帮诗友在他家中坐而论诗的情形："我们有的坐在藤椅上，有的紧挨着坐在餐桌上，有的干脆席地而坐，聆听赛亚卜朗诵诗歌。他的声音从隐秘的深处发出，仿佛发自一节同阿拉伯历史一样漫长的芦苇。他来自巴士拉，一位历史学家称这城市为'世界的心脏'；他的朗诵，把我们带到了诗歌的心脏。"赛亚卜在阿拉伯现代诗歌史的地位，由此可见一斑。

用短暂的生命尺度来衡量，赛亚卜堪称高产诗人。更难能可贵的是，他的每一首诗作几乎都是佳作，意境深邃，耐人寻味。雨，也是他诗中屡屡出现的意象，在《河流与死亡》中，他这样书写家乡的河流布韦卜：

啊，布韦卜，

我的像雨一样忧伤的河流。

……

你，到底是泪的森林，还是河流？

在这首诗中，他还以这样的笔触记录下对这忧伤世界的感受：

我感到血液、泪水像雨一样

在这忧伤的世界流淌，

我血管里死亡的铃声令呻吟颤抖。

在被人广为传诵的长诗《雨之歌》中，赛亚卜把对恋人的思念、对母亲的缅怀、对祖国的挚爱、对现实的愤懑、对未来的憧憬熔为一炉。"雨"是这首诗的主题词，在诗中以不同方式出现30多次，为全诗增添了具有浓厚抒情意味的仪式感。如：

你知道是哪一种忧愁把雨遣来？

为何当大雨倾注，连下水管也在泣哀？

孤苦的人如何在雨中倍感失落？

无休无止，如流淌的献血，如饥饿

如爱情，如儿童，如死亡——这便是雨！

……

在离别的夜晚，我们洒落多少泪水

因为害怕责骂，我们佯称那是雨水

雨，雨……

自从我们孩提的年代，天空

就在冬季布满乌云

雨水降下

每一年，当湿土长出青草，我们挨饿

没有哪一年，伊拉克没有饥荒

雨，雨，雨……

显然，在阿拉伯文化和诗歌传统中一直与欢乐、吉祥结伴的雨的意象，在赛亚卜的诗中被彻底颠覆了。这里，雨被赋予忧伤、苦难、孤独、饥馑、死亡等新的象征意义，这既引人注目，又耐人寻味。为什么偏偏在赛亚卜的诗中，雨之意象寄托的情思，迥异于阿拉伯集体潜意识对雨生发的联想？或许，赛亚卜命运多舛、天性忧郁，容易"感时花溅泪"，面对好雨、甘霖也无法开怀（起码在诗中如此）；然而，是否还有别的外在因素，促成诗人笔下雨的含义发生转变呢？

赛亚卜曾经撰文表白，西方诗歌，特别是英美现代诗歌曾对他产生过重要影响。1955 年，他出版过一本译作——《现代世界诗选》，收入 20 位外国诗人的 20 首诗作。其中一首诗，赛亚卜将其列在美国意象派诗人庞德的名下，阿拉伯文译作《河商妻信》。这本译诗选，曾多次重印，许多阿拉伯诗人得以借此一窥现代世界诗歌的新形式、新特点。重要的是，诗选中的《河商妻信》的确切来历，固然不为一般阿拉伯读者所知，但对于熟悉庞德或中西文学交流史的中国学人而言，这其中涉及一个他们颇为熟知的文学掌故。是的，这首《河商妻信》（*The River Merchant's Wife：A Letter*）的原型，其实是李白的《长干行》，原诗如下：

> 妾发初覆额，折花门前剧。
>
> 郎骑竹马来，绕床弄青梅。
>
> 同居长干里，两小无嫌猜。
>
> 十四为君妇，羞颜未尝开。
>
> 低头向暗壁，千唤不一回。
>
> 十五始展眉，愿同尘与灰。
>
> 常存抱柱信，岂上望夫台。
>
> 十六君远行，瞿塘滟滪堆。
>
> 五月不可触，猿声天上哀。
>
> 门前迟行迹，一一生绿苔。
>
> 苔深不能扫，落叶秋风早。
>
> 八月蝴蝶来，双飞西园草。

感此伤妾心，坐愁红颜老。

早晚下三巴，预将书报家。

相迎不道远，直至长风沙。

这首《长干行》和其他 18 首中国古诗一起，经庞德翻译被收入诗集《华夏集》（*Cathay*），于 1915 年出版。

在中国诗歌外译的历史上，庞德的《华夏集》无疑是一部具有里程碑意义的名作。从严格意义而言，这不是一部真正的译作，因为庞德不懂中文，这部"译作"是他在热爱中国诗歌的美国人恩内斯特·费诺罗萨（Ernest Fenollosa, 1853—1908）的遗稿基础上加工而成的。庞德有强烈的世界文学意识，对于诗歌翻译尤为重视，认为翻译可以为诗歌语言提供借鉴，其魔力无穷，"恰如给鬼魂注入血液一样"。他对译诗理论也见解独特，并不强调对原文词句表面意义的忠实，而更重视原诗的节奏、意象、变化和情感。由于他不通中文，而费诺罗萨关于中国古诗的遗稿又相当粗糙，因此，他难以确切地传译中国诗的诸多细节，但这反而"给予他最大的自由去探索自由诗的结构"。更为重要的是，他借助这部"译作"，实践了自己的意象派诗学理念，为中国古诗的"鬼魂"，注入了现代意象派诗学的"血液"。因此，庞德的《华夏集》的历史性价值是双重的：一方面，这部具有"至上之美"的译作让中国诗歌流行于英语世界，艾略特甚至称庞德为"我们时代的中国诗歌的创作者"；另一方面，这部英语译诗选又成了意象派诗歌的杰作，体现了现代意象派诗歌运动的重要成就。

既然赛亚卜从《华夏集》中择选出《河商妻信》（即《长干行》）译成阿拉伯文，收入《现代世界诗歌选》，那么几乎可以肯定，赛亚卜阅读过《华夏集》中的19篇诗作。《华夏集》是否对他的创作产生了影响，我们不妨择取若干段落加以简要分析。

……

阳和变杀气，发卒骚中土。

三十六万人，哀哀泪如雨。

且悲就行役，安得营农圃。

（李白，《古风·胡关饶风沙》）

英语译文

A gracious spring，turned to blood-ravenous autumn，

A turmoil of wars-men，spread over the middle kingdom，

Three hundred and sixty thousand，

And sorrow，sorrow like rain.

Sorrow to go，and sorrow，sorrow returning

Desolate，desolate fields，

And no children of warfare upon them

值得注意的是，庞德将原文"哀哀泪如雨"译作"And sorrow，sorrow like rain"，省去了"泪"字，将原文中的"哀"与"雨"直接建立起比喻关系，这一译法与其说是误译、漏译，不如说是出彩的妙译。哀何以像雨？"泪"的缺省，恰恰促成了诗句意义的开放，扩展了读者的想象空间。

再来看看赛亚卜的诗句："我的像雨一样忧伤的河流"，"你知道是哪一种忧愁把雨遣来？"也许就不难做出一个判断：赛亚卜将忧伤与雨直接建立联系，和经过庞德"误译"的中国古诗，是如出一辙的。

陶渊明的《停云》（其二）中也构建了一个"诗雨"空间：

停云霭霭，时雨蒙蒙。

八表同昏，平陆成江。

有酒有酒，闲饮东窗。

愿言怀人，舟车靡从。

[陶渊明，《停云》（其二）]

且看庞德的英译文：

The clouds have gathered，and gathered，

and the rain falls and falls，

Rain，rain，and the clouds have gathered，

The eight ply of the heavens are darkness，

The flat land is turned into river.

Wine，wine，here is wine!

I drink by my eastern window

I think of talking and man，

And no boat，no carriage，approaches.

这段译文的主要特点，是其体现的鲜明节奏感和音乐性。原文"停云霭霭，时雨蒙蒙"本身具有一定乐感，译文不仅通过"gathered，and gathered""falls and falls"这样的反复咏叹予以再现，而且在原诗外增加了一行"Rain，rain，and the clouds have gathered"以强化乐感。译文读来，朗朗上口而充满乐感，颇为典型地诠释了庞德给诗歌下的定义："诗歌，是谱了音乐的词语的合成物或组织。"

节奏感和音乐性，也是赛亚卜诗作的重要特点，无独有偶，庞德译诗中"rain，rain"的重复，在赛亚卜的《雨之歌》中也得到再现，如：

我听到村庄在呻吟，出海的人们

用船帆，用木桨，

搏击海湾的暴风和惊雷，还在吟唱——

雨，雨，雨……

在离别的夜晚，我们洒落多少泪水

因为害怕责骂，我们佯称那是雨水

雨，雨……

再来看看李白的《古风·胡关饶风沙》：

白骨横千霜，嵯峨蔽榛莽。

借问谁凌虐？天骄毒威武。

赫怒我圣皇，劳师事鼙鼓。

不知庞德有意或无意，将原文中的一个设问句译成三个设问句：

Bones white with a thousand frosts,

High heaps, covered with trees and grass;

Who brought this to pass?

Who was brought the flaming imperial anger?

Who has brought the army with drums and with kettle-drums?

Barbarous kings.

三个设问句的使用，给译文增添了一种适度宣泄情感的意味。这显然也是赛亚卜喜欢的诗歌套路，在他的诗中，反问句、设问句也屡屡出现，他的诗风总体是忧郁的，通过设问、反问，他似乎在情感上作低调的宣泄，对命运（以及决定命运的神灵）作含蓄的抗争，如：

> 为何当大雨倾注，连下水管也在泣哀？
>
> 孤苦的人如何在雨中倍感失落？
>
>
> 难道不是你，赐我这份黑暗？
>
> 难道不是你，赏我这番神迹？
>
> 大地难道要感激天降的甘霖？
>
> 它难道会气愤，当雨云不再光临？

限于篇幅，本文不再继续列举赛亚卜诗作与经过庞德翻译的中国古诗的契合之处。这种种契合，说明赛亚卜与庞德译介的中国古诗颇有几分"心心相印"，虽然它尚不足以构成赛亚卜受到中国古诗影响的充分证据，但是，它也不妨碍我们做出这样的假设：神州华夏的"愁雨"，经由庞德的播洒，降落在遥远的伊拉克大地，降落在诗人赛亚卜的笔下，令他发出这样的疑问：

你知道是哪一种忧愁把雨遣来？

然而，这段"雨"的跨文化诗歌之旅还没有结束。2015 年，旅居英国的伊拉克著名诗人萨迪·优素福（1934—2021）翻译出版了《金樽：李白诗选》，由贝鲁特骆驼出版社出版，其中共收入李白重要诗作 50 首。在题为《诗人李白如何悄悄走进了我们的生活……》的译者前言中，萨迪为始于李白《长干行》的这段诗歌之旅增加了新的驿站。他写道：

在五十年代中叶，巴德尔·沙基尔·赛亚卜出版了一本书，书名好像是《世界诗歌选集》[1]。由于时间比较久远，这本书已经被我们遗忘。

但我记得，其中有一首雅克·普莱维尔[2]的诗。

我还清楚地记得，这部诗选中有一首美国诗人埃兹拉·庞德的诗，题为《河商妻信》。

赛亚卜将这首诗从英文译成阿拉伯文，但是庞德并非原诗的作者。这首诗实为李白所作，后被翻译成日文，而庞德则根据日文译本将其翻译成英文。

---

1 实为《现代世界诗选》。

2 雅克·普莱维尔（Jacques Prévert），法国现代诗人与剧作家。

　　庞德的译文优美感人，但有几处翻译有待商榷。例如，原文的信并非写给商人或河商，而是写给长江上的一位船长。在巴士拉与海湾地区，我们称"船长"为"noukhiza"。

　　赛亚卜的译文非常华美。最专业的翻译一般会遵循韵律规则，他就是如此。

　　赛亚卜此次翻译的重要性有没有人留意或关注呢？

　　对我而言：

　　有段时间，我反复吟诵这首诗，甚至能倒背如流。

　　尽管如今我已不能"倒背如流"了，但这首诗依然藏在我的心里。

　　我那首为人们熟知的《萨利姆·马尔祖格》，是否曾受到这首诗的影响呢？

　　"萨利姆·马尔祖格呀，带我上船，上船

　　收下我急切的眼睛作为船费，

　　我愿为你做任何事情

　　除了谈论女人的是非……"

　　我这里谈到的李白这首诗，正是收入这本诗集的第一首诗。

　　…………

　　萨迪这里提及的《萨利姆·马尔祖格》一诗，是他早年创作的著名诗篇，曾由著名音乐家塔利布·加利谱曲，在伊拉克乃至整个阿拉伯世界广为传唱。诗中的萨利姆·马尔祖格是驾驶渡轮的一位船员，著名的幼发拉底河和底格里斯河流经巴士拉，在跨河大桥兴建之前，当地人主要靠渡轮走亲访友。在萨迪的这首诗中，一位身无分文的青年男子央求萨利姆·马尔祖格，让他上船去看望河对岸被父亲囚在家中的恋人：

> 萨利姆·马尔祖格呀
>
> 我的妻子被父亲关在家里
>
> 成天哀痛伤悲
>
> 萨利姆·马尔祖格呀
>
> 她跟别的女人不一样，
>
> 那么甜美，但哭泣已让她枯萎
>
> 她还是个孩子，看到月亮还会高兴
>
> 可她害怕下雨，因为雨天她会心碎
>
> ……

正如萨迪自己所说，我们从这首诗中确实能看出他曾经"倒背如流"的李白《长干行》的痕迹：我们不难想象那位巴士拉少女也曾"十四为君妇，羞颜未尝开"，想象她被反对这门婚事的父亲囚在家中而"感此伤妾心，坐愁红颜老"，想象她的心上人为了爱情而"相迎不道远，直至长风沙"……

　　至此，这段发轫于李白笔下《长干行》的跨语际诗歌之旅，经由庞德的创造性译介，再经赛亚卜的华美翻译，终于在萨迪的笔下暂告终结。李白诗中"长干里"那一对青梅竹马的恋人，在历时千年、跨越万里之后，在萨迪笔下托生为巴士拉两位矢志不渝的阿拉伯痴情人。由此，伟大诗人李白不仅在中国世代不朽，而且在阿拉伯的他乡获得了永生。

参考书目

一、中文参考书目

[1] 阿多尼斯 . 桂花：阿多尼斯中国题材长诗 [M]. 南京：薛庆国，译 . 译林出版社，2019.

[2] 阿多尼斯 . 在意义天际的写作：阿多尼斯文选 [M]. 薛庆国，尤梅，译 . 北京：外语教学与研究出版社，2012.

[3] 艾尼斯·曼苏尔 . 世界二百天 [M]. 石铁，译 . 北京：新华出版社，1986.

[4] 陈鼓应 . 老子注译及评介 [M]. 北京：中华书局，1984.

[5] 陈旭麓 . 近代中国社会的新陈代谢 [M]. 北京：中国人民大学出版社，2012.

[6] 陈越洋 . 阿拉伯文化在中国：以二十世纪为例 [M]. 银川：宁夏人民出版社，2016.

[7] 程裕祯 . 中国文化要略 [M]. 北京：外语教学与研究出

版社，2011.

[8] 冯友兰. 中国哲学简史 [M]. 北京：北京大学出版社，1985.

[9] 葛铁鹰. 天方书话——纵谈阿拉伯文学在中国 [M]. 北京：首都师范大学出版社，2007.

[10] 郭黎编译. 阿拉伯现代诗选 [M]. 长沙：湖南文艺出版社，2000.

[11] 郭应德. 中国阿拉伯关系史 [M]. 张甲民，译. 阿拉伯信息中心，2004.

[12] 哈赛宁. 现代中国文学在埃及 [M]. 北京：社会科学文献出版社，2020.

[13] 何明星. 新中国书刊海外发行传播 60 年（1949—2009）[M]. 北京：中国书籍出版社，2010.

[14] 何明星. 中国文化翻译出版与国际传播调研报告（1949—2014）[M]. 北京：新华出版社，2016.

[15] 拉吉布·班纳. 中国之旅 [M]. 蔡伟良，陈杰，译. 上海：上海外语教育出版社，2003.

[16] 李琛选编. 阿拉伯经典散文选 [M]. 北京：华文出版社，2017.

[17] 李琛. 阿拉伯现代文学与神秘主义 [M]. 北京：社会科学文献出版社，2000.

[18] 李荣建. 阿拉伯的中国形象 [M]. 北京：人民出版社，2010.

[19] 李振中. 马坚传 [M]. 银川：宁夏人民出版社，2017.

[20] 李振中. 尼罗河畔的回忆：新中国第一批留埃学生纪实 [M]. 北京：世界知识出版社，2010.

[21] 林非. 鲁迅和中国文化 [M]. 北京：学苑出版社，2000.

[22] 林丰民. 中国文学与阿拉伯文学比较研究 [M]. 北京：昆仑出版社，2011.

[23] 刘慧. 刘麟瑞传 [M]. 北京：世界知识出版社，2008.

[24] 鲁迅. 鲁迅全集（16 卷）[M]. 北京：人民文学出版社，1981.

[25] 毛泽东. 毛泽东诗词选 [M]. 北京：人民文学出版社，2000.

[26] 毛泽东. 毛泽东选集（4 卷）[M]. 北京：人民出版社，1951.

[27] 孟昭毅. 东方文学交流史 [M]. 天津：天津人民出版社，2001.

[28] 纳忠，朱凯，史希同．传承与交融：阿拉伯文化 [M]．杭州：浙江人民出版社，1996．

[29] 努埃曼．七十述怀 [M]．王复，陆孝修，译．兰州：甘肃人民出版社，1993．

[30] 努曼·贾拉勒．埃及人眼中的中国 [M]．王有勇，译．上海：上海外语教育出版社，2006．

[31] 苏莱曼．中国印度见闻录 [M]．穆根来，汶江，黄倬汉，译．北京：中华书局，1983．

[32] 汪榕培．比较与翻译 [M]．上海：上海外语教育出版社，1997．

[33] 许纪霖．二十世纪中国思想史论（上、下卷）[M]．上海：东方出版中心，2000．

[34] 薛庆国．阿拉伯语汉语互译教程 [M]．上海：上海外语教育出版社，2013．

[35] 杨朔．杨朔文集（上）[M]．济南：山东文艺出版社，1995．

[36] 杨孝柏、李延祜选编．中国古代诗文选 [M]．北京：北京语言文化大学出版社，1997．

[37] 伊宏编．纪伯伦全集（上、中、下卷）[M]．兰州：甘

肃人民出版社，1995.

[38] 伊宏选编 . 思想的金字塔 [M]. 天津：百花文艺出版社，2001.

[39] 袁行霈 . 中国文学史（4 卷）[M]. 北京：高等教育出版社，2005.

[40] 张松如 . 老子说解 [M]. 济南：齐鲁书社，1998.

[41] 郅溥浩，丁淑红，宗笑飞 . 中外文学交流史：中国—阿拉伯卷 [M]. 济南：山东教育出版社，2015.

[42] 郅溥浩 . 解读天方文学 [M]. 银川：宁夏人民出版社，2007.

[43] 仲跻昆 . 阿拉伯文学通史（上、下卷）[M]. 南京：译林出版社，2010.

[44] 仲跻昆 . 天方探幽 [M]. 北京：北京大学出版社，2017.

[45] 周宁 . 跨文化研究：以中国形象为方法 [M]. 北京：商务印书馆，2011.

[46] 周宁 . 天朝遥远：西方的中国形象研究（上、下卷）[M]. 北京：北京大学出版社，2006.

[47] 周燮藩等 . 苏非之道：伊斯兰教神秘主义研究 [M]. 北京：中国社会科学出版社，2012.

[48] 卓新平编 . 宗教比较与对话 [M]. 第 2 辑 . 北京：社会科学文献出版社，2000.

二、阿拉伯文参考书目

إبراهيم نافع: الصين معجزة نهاية القرن العشرين. مؤسسة الأهرام. القاهرة. 1999.

أتربي أبو العز وعبد العزيز حمد: نبذة عن الصين. مؤسسة هنداوي. القاهرة. 2012.

أحمد الشنتناوي: الحكماء الثلاثة. دار المعارف. القاهرة. 1953.

أدونيس: أوسمانتوس. دار الساقي. بيروت. 2020.

أمين الزاوي: الملكة. منشورات ضفاف ومنشورات الاختلاف. بيروت. 2015.

أنور عبد الملك: الصين في عيون المصريين. دار الهلال. القاهرة. 2006.

بدر الدين الحي: تاريخ المسلمين في الصين في الماضي والحاضر. دار الإنشاء. بيروت. 1974

جبران خليل جبران: المجموعة الكاملة لمؤلفاته. دار الجيل. بيروت. 1994.

جرجي زيدان: تراجم مشاهير الشرق في القرن التاسع عشر- المجلد الأول. مؤسسة هنداوي. القاهرة. 2012.

جمال الغيطاني: مقاصد الأسفار. دار نهضة مصر. القاهرة. 2011.

حسانين فهمي حسين (ترجمة): الذرة الرفيعة الحمراء (للمؤلف مو يان). المركز القومي للترجمة. القاهرة. 2013.

حسن شحاتة سعفان: كونفوشيوس النبي الصيني. مكتبة نهضة مصر. القاهرة. 1956.

حسين إسماعيل: سِفر الصين - رحلة فى فكر وحياة ومجتمع الصينيين. دار أطلس للنشر. القاهرة. 2017.

حميد حمدي: عراقي في الصين الشعبية. مكتبة النهضة. بغداد.

حنا مينا: المغامرة الأخيرة. دار الآداب. بيروت. 1997.

حنا مينا: حدث في بيتاخو. دار الآداب. بيروت. 1995.

حنا مينا: عروس الموجة السوداء. دار الآداب. بيروت. 2000.

رجب البنا: رحلة إلى الصين. دار المعارف. القاهرة. 2001.

زكريا شريقي: مدخل إلى الأدب الصيني. اتحاد الكتاب العرب. دمشق. 1994.

سامي مسلّم (ترجمة): تاريخ الأدب الصيني (للمؤلف هيربرت أ. جايلز). جامعة القدس المفتوحة. القدس. 2017.

سعد الدين وهبة: نصف قرن في الصين. دار الفجر. القاهرة. 1994.

سعدي يوسف (ترجمة): لي بو- جرار بلون الذهب. منشورات الجمل. بغداد. 2015.

سعدي يوسف: ثلاث مدن ثلاثة أسابيع في الصين. دار اليازوري العلمية. عمّان. 2011.

سلامة عبيد (ترجمة): مختارات من الشعر الصيني القديم. دار مجلة بناء الصين. بكين. 1983.

سلامة عبيد: الشرق الأحمر-جولة في الصين الشعبية. طبع في دمشق. 1966.

سلامة عبيد: الله والغريب. ديوان شعري طبع في دمشق. 1997.

سمير أمين: مستقبل الجنوب في عالم متغير. دار الأمين. القاهرة. 2002.

شوقي جلال: من وحي الشرق. إصدارات المجلة العربية. الرياض. 2013.

صلاح بسيوني: كونفوشيوس رائد الفكر الإنساني. دار قباء. القاهرة. 1998.

الطاهر قيقة: الصين الحديثة. المكتبة الوطنية التونسية. 1960.

عباس محمود العقاد: سن ياتسن- أبو الصين. مؤسسة هنداوي. القاهرة. 2012.

عبد الحميد سليم (ترجمة): الفكر الصيني من كنفوشيوس إلى ماو تسي تونج (للمؤلف هـ.

ج. كريل). الهيئة المصرية العامة للكتاب. القاهرة. 2007.

عبد العزيز حمدي (ترجمة): المقهى (للمؤلف لاو شه). المجلس الأعلى للثقافة. القاهرة. 2002.

عبد العزيز حمدي (ترجمة): لمحة عن الثقافة في الصين (للمؤلف تشنغ يوي تشن). هيئة أبو ظبي للسياحة والثقافة. 2014.

عبد العزيز حمدي (ترجمة): على قيد الحياة (للمؤلف يو هوا). المجلس الوطني للثقافة والفنون والآداب. الكويت. 2015.

عبد العزيز حمدي (ترجمة): مختارات من أشعار أسرة تانج. المركز القومي للترجمة. القاهرة. 2017.

عبد الغفار مكاوي (ترجمة): تاو تي كنج- كتاب الطريق والفضيلة. مؤسسة هنداوي. 2022.

عبد الغفار مكاوي: القيصر الأصفر ومسرحيات أخرى شرقية. مؤسسة هنداوي. 2021.

عبد المعين الملوحي (ترجمة): الشعر الصيني من أقدم أصوله حتى اليوم (للمؤلفة باتريسيا غويللرماز). وزارة الثقافة. دمشق. 1967.

علاء الديب (ترجمة): الطريق إلى الفضيلة- نص صيني مقدس. دار سعاد الصباح. الكويت. 1992.

علي عقلة عرسان: الصين: علاقات-قراءات-مشاهدات. طبع في دمشق. 2008.

عمر عبد الحي: الفلسفة والفكر السياسي في الصين القديمة. المؤسسة الجامعية للدراسات. بيروت. 2015.

عمر موسى باشا: أوراق مسافر. دار طلاس. دمشق. 1985.

غسان كنفاني: المؤلفات الكاملة له- المجلد الخامس. منشورات الرمال. بيروت. 2015.

فراس السواح (ترجمة): التاو تي تشينغ: إنجيل الحكمة التاوية في الصين. دار علاء الدين. دمشق. 1998.

فراس السواح وشوي تشينغ قوه (ترجمة): لاو تسي. دار تعليم ودراسة اللغات الأجنبية. بكين. 2009.

فهمي هويدي: الإسلام في الصين. المجلس الوطني للثقافة والفنون والآداب. الكويت. 1981.

فؤاد أيوب (ترجمة): مؤلفات ماو تسي تونغ المختارة. دار دمشق. 1965.

فؤاد محمد شبل: حكمة الصين. دار المعارف بمصر. القاهرة. 1967.

فوزي درويش: الشرق الأقصى- الصين واليابان. وكالة الأهرام. القاهرة. 1998.

فوزي معروف: سلامة عبيد: الأديب الإنسان. وزارة الثقافة. دمشق. 1998.

فيصل بن سويد: الحضارة الصينية في التراث العربي. طبع في الكويت. 2017.

لوشيون: قصص لوشيون المختارة. دار النشر باللغات الأجنبية. بكين. 1964.

ليو لينشوي رضوان (ترجمة): منتصف الليل (للمؤلف ماو دون). دار النشر باللغات الأجنبية. بكين. 1986.

مالك بن نبي: فكرة الإفريقية الآسيوية. دار الفكر. دمشق. 2006.

ماو تسي تونغ: مؤلفاته المختارة. دار النشر باللغات الأجنبية. بكين. 1968.

محسن فرجاني (ترجمة): سياسات الدول المتحاربة. المركز القومي للترجمة. القاهرة. 2008.

محسن فرجاني (ترجمة): كتاب الطاو. المجلس الأعلى للثقافة. القاهرة. 2005.

محسن فرجاني (ترجمة): ليتزو. المركز القومي للترجمة. القاهرة. 2011.

محسن فرجاني (ترجمة): محاورات كونفوشيوس. المجلس الأعلى للثقافة. القاهرة. 2000.

محمد الأسعد (ترجمة): الطريق الحق وفضيلة الهدى. منشورات ذات السلاسل. الكويت. 2021.

محمد حسنين هيكل: أحاديث في آسيا. دار الشروق. القاهرة. 2003.

محمد حمود (ترجمة): تاريخ الفكر الصيني (للمؤلفة آن شنغ). مركز دراسات الوحدة العربية. بيروت. 2012.

محمد عبد الرحمن يونس: رحلة بكين- ملامح من الصين المعاصرة. دار السويدي. أبو ظبي. 2004.

محمد عبد العزيز: عين على الصين. دار المصورات. الخرطوم. 2018.

محمد عبد الولي: الأرض يا سلمى. ضمن مشروع كتاب في جريدة. العدد 86. 2005.

محمد عودة: الصين الشعبية. المجلس الأعلى للثقافة. القاهرة. 2007.

محمد غلاب: الفلسفة الشرقية. مكتبة أنجلو. القاهرة. 1938.

محمد مكين (ترجمة): كتاب الحوار لكونفوشيوس. المطبعة السلفية. القاهرة. 1935.

محمد نمر عبد الكريم (ترجمة): حلم القصور الحمراء. دار النشر باللغات الأجنبية. بكين. 1992.

محمود البدوي: مدينة الأحلام. الدار القومية. القاهرة. 1975.

محمود المسعدي: مولد النسيان. الدار التونسية للنشر. 1984.

محمود عبد الغني: الأبدية في بكين. دار نثر للنشر. مسقط. 2020.

مسلم سقا أميني (ترجمة): كتاب الصين المقدس- كتاب التاو أو صراط الأبدال. دار الفكر المعاصر. بيروت. 2017.

مصطفى الخشمان: في ربوع الصين: من أدب الرحلات. مطبعة سفير. عمان. 2012.

مصطفى السفاريني: أيامي في الصين- تجربة حية لمبعوث دبلوماسي. دار النشر باللغات

الأجنبية. بكين. 2011.

ممدوح حقي (ترجمة): ما تسي تونغ: شعر من الصين. دار اليقظة العربية. بيروت. 1966.

منير شفيق: علم الحرب. المؤسسة العربية للدراسات والنشر. بيروت. 1988.

ميخائيل نعيمة: المراحل۔ سياحات في ظواهر الحياة وبواطنها. مؤسسة نوفل. بيروت. 1989.

ميخائيل نعيمة: النور والديجور. مؤسسة نوفل. بيروت. 1988.

ميخائيل نعيمة: سبعون. مؤسسة نوفل. بيروت. 2011.

ميخائيل نعيمة: كتاب مرداد. مؤسسة نوفل. بيروت. 1975.

ميرا أحمد (ترجمة): مذكرات مجنون (للمؤلف لو شون). الهيئة العامة لقصور الثقافة. القاهرة. 2016.

ناصر بن فلاح الشهراني: الكونفوشيوسية: ماضيها، حاضرها، موقف الإسلام منها. مركز الملك فيصل للبحوث والدراسات الإسلامية. الرياض. 2011.

نزار قباني: قصتي مع الشعر. منشورات نزار قباني. دمشق. 2000.

نعيم الحمصي وعبد المعين الملوحي (ترجمة): تاريخ الشعر الصيني المعاصر(للمؤلفة باتريسيا غويللرماز). دمشق.

هادي العلوي (ترجمة): كتاب التاو. دار الكنوز الأدبية. بيروت. 1995.

هادي العلوي: المستطرف الصيني. دار المدى. دمشق. 1994.

هادي العلوي: محطات في التاريخ والتراث. دار الطليعة الجديدة. دمشق. 1997.

هالة أبو الفتوح: فلسفة الأخلاق والسياسة۔ المدينة الفاضلة عند كونفوشيوس. دار قباء. القاهرة. 2000.

هنري زغيب (ترجمة): الأدب الصيني (للمؤلف أوديل كالتنمارك). منشورات عويدات. بيروت. 1988.

يوحنا قمير (ترجمة): الطريق وطاقته. منشورات جامعة سيدة اللويزة. بيروت. 2002.

后　记

　　回想起来，我当初是怀着完成一个学术课题的心态，从出版社接手了《阿拉伯文化中的中国形象》（现当代卷）这一项目。当时并没有想到，写作会遇到那么多的困难，但同时又让我沉醉其中，并在完成后生发许多感慨。

　　感慨的是——第一，我通过研究发现，竟然有那么多现当代阿拉伯文化、文学名家与中国有缘。或多或少书写过中国的阿拉伯名人，几乎能组成一个占据阿拉伯现当代文化半壁江山的豪华阵容，其中包括很多一流的阿拉伯作家与诗人，如纪伯伦、努埃曼、哈利勒·穆特朗、阿卡德、卡纳法尼、白雅帖、赛亚卜、迈卡维、马哈茂德·巴达维、尼扎尔·格巴尼、阿卜杜勒·瓦利、加伊卜·塔阿迈、哈奈·米纳、萨迪·优素福、阿多尼斯、麦卡里赫、黑托尼、赛阿达维、艾哈迈德·法格海、阿卜杜·穆阿提·希贾兹、穆罕默德·贝尼斯、阿里·欧格莱·阿尔桑，等等；还包括多位杰出的阿拉伯思想家和学者，如谢基卜、乔治·宰丹、马利克·本·奈比、哈赛宁·海卡尔、马鲁海、奥贝德、萨米尔·阿明、穆尼尔·谢菲格、阿莱维、费拉斯，等等。尤其值得一提的是，这其中许多人还曾来过中国，不少人对中国文化、中国友人怀有特别真挚、深厚的感情。这么多阿拉伯文化名流和中国之间的故事，以及他们留下的书写中国的文字，必将成为中阿友好交往史上弥足珍贵的佳话和文献。

第二，呈现在阿拉伯现当代文化中的中国形象，尽管依然延续了古代阿拉伯形成的叙述中国的话语传统，总体上对中国持较为正面的叙述方式；但是，较之古代阿拉伯文化中程式化的、不乏人云亦云的叙述中国话语，呈现于阿拉伯现当代文化中的中国形象，是鲜活、丰富、立体、真实的，而且大致经历了从怜悯、同情、困惑到欣赏、称羡、反观自我的变化。这种变化，折射出中华民族在过去一百多年经历的苦难与辉煌，以及中国大地上发生的沧海桑田之巨变。可以说，"阿拉伯他者"这多棱镜之一面，能丰富中国人对"自我"的认知。

第三，我曾有幸结识新世纪前后来华的好几位阿拉伯文化名人，还曾策划或陪伴过几位作家、学者的中国之行，与他们结下了深厚的友情。读着他们笔下记述中国之行的文字时，跟他们一起度过的许多瞬间也在脑际浮现，令我倍感亲切和自豪。按照原先的设想，本书还应包括《阿拉伯文化名人与中国》一章，主要记录我认识的阿多尼斯、黑托尼、赛阿达维、萨迪、阿莱维、费拉斯、阿尔桑等人与中国的缘分，以及他们在华访问或工作时的一些逸事。可惜因为时间关系，最终未能在交稿前完成此章。

　　可是，记忆里的有些瞬间是那么鲜活，就在撰写这篇后记的此刻，这些瞬间也跃入眼帘，仿佛争相要我跟读者分享。想起阿多尼斯跟我一起漫步上海街头时对我的忠告："你已过了中年，以后要集中精力，留下一些有价值的东西，证明你到这世上来过一趟。"想起我曾陪同黑托尼夫妇走过十三陵神路，当夫人抱怨长长的神路竟没有可以歇脚的凳子时，黑托尼恍然大悟："对了，这通往陵墓的神路，正是人生旅途的隐喻：人一旦上路，就不可能停下歇脚！"想起83岁高龄的赛阿达维抵达北京当天，我在宾馆初见她时两人的一段对话："您的身体和精神这么好，看起来只有60岁！""是吗，我有那么老吗？难道我不像二三十岁的姑娘？！"想起萨迪

2009 年来华时，仲跻昆教授照例在住处附近的一家烤鸭店设宴，请他和在京几位研究阿拉伯文学的朋友一聚；席间，当中国朋友问萨迪如何看待伊拉克的未来时，他叹一口气，指着身下的黑色椅子说道："就跟这个颜色一样。"想起阿尔桑两年前在阿拉伯报纸上读到我的文章后发来邮件："读着你的文章，一次次中国之行仿佛历历在目。我年事已高，身体也不如以前，此生可能无法再访问中国了；但我永远会为中国祈福，为中国朋友们祈福！"想起在费拉斯的寓所，我们一起切磋翻译中国经典的夜晚，当我俩终于为"富贵不能淫，贫贱不能移，威武不能屈"找到都感满意的译文时，费老轻拍桌子，用阿拉伯语喝彩一声，如译成中文就是——"大哉孟子！"还想起 1996 年，我到叙利亚工作后不久，去探望住在大马士革市郊的阿莱维，"终于有中国人来看我了！"他见面后很高兴，并谈及自己正在撰写一部关于苏非主义的著作，顺便问我："你知道苏非吗？"我尴尬地回答："我读过麦阿里写的一些苏非诗。"他把话题就此打住。后来我知道，伟大的麦阿里是一位苦行诗人，跟苏非却没有关系；在撰写本书中有关阿莱维对中国思想译介的章节时，我仍然为当年的无知而惭愧……

　　我接受本书的写作任务是在 2016 年，出版社告诉我此书已被列入"十三五"国家重点图书出版规划。随后，便从各种途径搜集资料，并开始阅读、整理、摘录，也着手写了部分章节的初稿。但后来因忙于他务，写作进度中断。2021 年，国家"十四五"规划也开始执行了，但这项"十三五"的任务还没有完成，责编和我都感到极大的压力。2021 年底开始，我终于能全力以赴，完善旧稿并补全新稿。面临的困难主要有三：一是时间太紧。一边写作，一边还要阅读新获得的各种资料；为了赶进度，每写完一章就给责编交稿；每一章的最后定稿，几乎都是通宵达旦的结果。因此，内容和文字难免会考虑欠周，顾此失彼。二是资料难以搜全。因为 22 个阿拉伯国家没有统一的图书市场，关于中国题材的旧书大都没有新版，所以很难将各国、各时期关于中国的图书、资料搜集齐全。三是疫情的不利影响。因为疫情，近三年无法出国采访有关阿拉伯人士，或搜集更多、更新的外文资料；而完成终稿的关键时刻，正是北京防疫措施最为严格的时候，我无法进入学校和学院的图书馆，只能委托校园内的学生帮助核实部分资料。因此，虽然已经尽了最大努力，但本书还是留下不少缺憾：例如上卷交稿之后，我从在京的一位巴勒斯坦朋友处获悉，该国最杰出的小说家卡纳法尼曾经来过中国，上网搜索，竟然找到了他记录 1965 年中国之行的长篇文章，只好从中摘译部分段落置于下卷。又如，第五章研究了《道德经》的 9 个阿拉伯文译本，但交稿后发现埃及汉学家阿卜杜勒·阿齐兹于 2022 年初又推出了一个新的译本，因手中没有这个译本，只能在此作一说明。类似的不足和遗憾一定还有不少，希望能有机会在再版时加以弥补。

本书写作过程中，得到中外许多朋友的鼎力相助。杜忠等阿语界前辈和同仁，一次次不厌其烦地回答我的问题，帮助我核实中阿文化交流的许多细节；他们的相关作品，也是本书中很多信息的重要来源；胡杨等许多北外同学，帮助我搜集、翻译、核实部分资料；哈赛宁等多位阿拉伯汉学家朋友，给我提供了部分宝贵的文献……需要感激的朋友实在太多，在此无法一一列举。尤其要感谢本书责编耿会芬女士的勤勉、信任、耐心和宽容，如果不是她一再坚决而得体的催促，本书的问世肯定还会推迟。

看到会芬发来的新书封面，我不禁自问：这部著作，按照阿多尼斯的说法，是否足以证明我到这世上来过一趟？我不能确定这个问题的答案，但可以确定的是，为了证明我到这世上来过一趟，还得继续努力，还得瞄准下一个目标……

薛庆国

2022 年 6 月于北京